生命力に溢れ

る雄大な山へ！

どこまでも広がる
澄みきった大空へ!

大自然を舞台にした冒険体験は、

世界を広げ、新しい扉を開いていく。

はじめに

子どもと一緒に挑戦する『冒険』は、一生忘れることができない、素晴らしい時間になります。

海、山、川、湖、洞窟、森、砂丘、雪、流氷、空、木……
大自然を舞台に挑戦する新しい体験は、子どもも大人も、真剣な表情に、そして笑顔にさせてくれます。

体の中から湧き上がる達成感を味わったり、美しい景色に心を穏やかにさせたり。そして、ほんの少しの恐怖を覚えたり。もしかしたら、泣き顔になってしまうことだってあるかもしれません。

そのような経験が子どもの頃に多ければ多いほど、人生は豊かになると言われています。
感受性が育まれたり、自信がついたり、挑戦する勇気を持てたり、他者を思いやる心を学べたり……。
五感を刺激する冒険体験は、きっと人生の宝物になるでしょう。

このガイドブックは、自然の中で楽しめる冒険的アクティビティを集めたものです。
比較的低年齢でも参加できる施設や団体、会社をアクティビティごとに紹介しています。

まずは、子どもと一緒にページをめくるところから、はじめてみてください。
きっと、ワクワクと胸が高鳴り、子どもたちの好奇心に火がつくはずです。

家族みんなで楽しむ『週末の冒険』を応援します。

FACTORY A-WORKS

KIDS ADVENTURE
CONTENTS

海の人気者、イルカと一緒に遊ぼう！

DOLPHIN SWIM
"ドルフィンスイム"
冒険 KIDS ADVENTURE……P20

暗闇の先を目指す、洞窟探検！

CAVING
"ケイビング"
冒険 KIDS ADVENTURE……P28

宙を飛んで、鳥になろう！

ZIPLINE
"ジップライン"
冒険 KIDS ADVENTURE……P36

木の上の秘密基地に登ってみよう！

TREEHOUSE
"ツリーハウス"
冒険 KIDS ADVENTURE……P44

犬ぞりに乗って、雪原を疾走してみよう！

DOGSLED
"犬ぞり"
冒険 KIDS ADVENTURE……P52

風を掴んで、大空を散歩しよう！

PARAGLIDER
"パラグライダー"

06 冒険 KIDS ADVENTURE......P60

帆を揚げ、海の上を自在に走ろう！

YACHT
"ヨット"

07 冒険 KIDS ADVENTURE......P68

熱気球に乗って、大空を旅しよう！

HOT AIR BALLOON
"熱気球"

08 冒険 KIDS ADVENTURE......P76

馬の背中に乗って、自由に歩いてみよう！

HORSEBACK RIDING
"乗馬"

09 冒険 KIDS ADVENTURE......P84

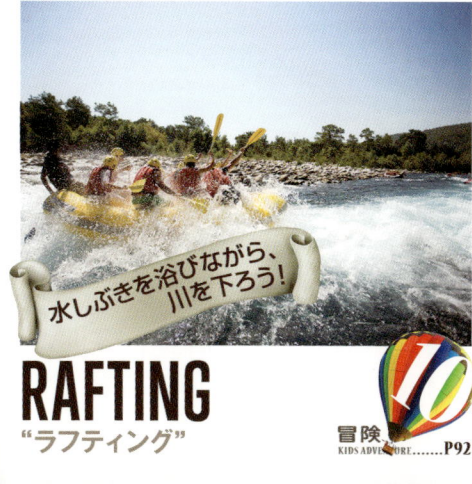

水しぶきを浴びながら、川を下ろう！

RAFTING
"ラフティング"

10 冒険 KIDS ADVENTURE......P92

自分の力だけで、そびえる岩の壁を登ろう！

CLIMBING
"クライミング"

11 冒険 KIDS ADVENTURE......P100

海の上に漂う、氷の上を歩こう！

DRIFTICE**WALK**

"流氷遊び" 冒険 KIDS ADVENTURE …… P108

ロープを使って木の上へ。新しい木登り体験！

TREECLIMB

"ツリークライム" 冒険 KIDS ADVENTURE …… P116

風と共に、体で海を感じる冒険へ！

WINDSURFING

"ウィンドサーフィン" 冒険 KIDS ADVENTURE …… P124

自然の中、マウンテンバイクでオフロードを走ろう！

MOUNTAINBIKE

"マウンテンバイク" 冒険 KIDS ADVENTURE …… P132

魚を釣り上げて、食べてみよう！

FISHING

"フィッシング" 冒険 KIDS ADVENTURE …… P140

カヌーやカヤックで、秘密の場所に行ってみよう！

CANOE/KAYAK

"カヌー/カヤック" 冒険 KIDS ADVENTURE …… P148

自由な移動を楽しむ、水上散歩！

STANDUP**PADDLE**
"スタンドアップパドル"

18 冒険 KIDS ADVENTURE P156

白銀の世界を巡る、雪上散歩！

SNOWSHOE
"スノーシュー"

19 冒険 KIDS ADVENTURE P164

静寂に包まれる夜に、星に願いを！

STARWATCHING
"天体観測"

20 冒険 KIDS ADVENTURE P172

美しい水を全身に浴びながら進む、川の冒険！

CANYONING
"キャニオニング"

21 冒険 KIDS ADVENTURE P180

人生観を変えてしまうほどの、水中冒険へ！

SCUBADIVING
"スキューバダイビング"

22 冒険 KIDS ADVENTURE P188

誰もいない別世界、無人島に上陸しよう！

UNINHABITEDISLAND
"無人島"

23 冒険 KIDS ADVENTURE P196

冒険
KIDS ADVENTURE
01

海の人気者、イルカと一緒に遊ぼう！

DOLPHINSWIM
"ドルフィンスイム"

Kids Adventure
01
"DOLPHIN SWIM"

「海の人気者、イルカと一緒に遊ぼう」

水面から3メートル以上もジャンプしたり、仲間と追いかけっこしたりと、イルカは遊ぶことが大好き。好奇心も強く、人間を危険なものとは思っていないようで、野生動物であるにもかかわらず、人間とだって遊ぶことができる、数少ない海の生き物です。

イルカと一緒に泳ぐことを、英語でドルフィンスイムと言います。船に乗って、イルカがよく遊びにくる場所に探しに行ってみましょう。とっても広い海だけど、船長さんが頑張って探してくれます。イルカを発見すると、ドルフィンスイムのはじまりです。さっそく、太陽の光でキラキラと輝く海の中に入ってみましょう。水面にぷかぷかと浮かんでみたり、ゆっくりと泳いだり、ちょっと潜ってみたり……。海遊びをしていると、「一緒に遊びたい」と思った好奇心旺盛なイルカが、手が届くほどの距離にまで近づいてきます。そして、「カッ、カッ、カッ、ジー、ジー」という声も聞こえてきます。この声で、イルカ同士はコミュニケーションを取ったり、音の跳ね返りを利用して、対象物の大きさや位置などを把握したりしているのです。この不思議な能力は『エコロケーション』と呼ばれています。「一緒にこっちに行ってみようよ！」と頭の中で描いたら、その通りにイルカがついてくることもあります。もしかしたら、イメージが波長としてイルカに伝わっているのかもしれません。

イルカとふれあっていると、いつの間にか笑顔になり、どんどん心が癒されているような気分になります。一緒に泳いだり、遊んだり、触れたりすることによって、心理治療的効果を得られると言われ、『イルカ・セラピー』という言葉もあるほどです。
イルカとのふれあいは楽しいだけではなく、心を癒し、健康にもしてくれるのです。言葉が通じないのに、不思議ですね。
初めて会ったのに、もうずいぶん前から友達だったかのような気持ちになるイルカと泳ぐ温かい時間。沖合だけでなく沿岸部のイケスでもできる、イルカと遊ぶ冒険に行ってみましょう。

SAMPLE PLAN
KIDS ADVENTURE:01
"DOLPHIN SWIM"

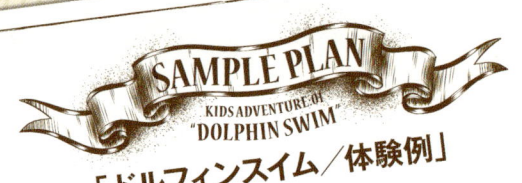

「ドルフィンスイム／体験例」

10:00 受付に集合

受け付けや精算などの手続きをしましょう。

●着替え
水着の上から、レンタルのウエットスーツを着ます。サイズが色々あるので、自分の身長にあったものを選んでもらいましょう。

●イルカプログラムの説明（約15分）、イケスへ移動
イルカと楽しむ遊ぶ為の説明があります。注意事項をちゃんと聞きましょう。説明を聞いたら、イルカが待っているイケスへGO!　イルカに出会うとその可愛らしい表情が早速みんなを笑顔にしてくれます。

●触れ合いプログラム（約20分）
給餌台というイケスを囲む台の上からイルカにタッチしたり、エサをあげてみたり。みんなのほっぺたにイルカがキスしてくれることもあります。一緒に泳ぐ前に、ふれあいを楽しみます。

●イケスに入る準備（約10分）
イルカとのふれあいをしたら、いよいよ一緒に泳ぐための準備をはじめます。フィンやマスク、シュノーケルに加え、グローブやライフジャケットも装着します。準備ができたら、イケスの中へ！

●ドルフィンスイム（約20分）
スタッフの人にコツを聞いたりしながら、自由にイルカと泳ぎます。ウエットスーツの浮力によって、簡単に浮くことができるので初めてでも安心です。イルカと一緒に泳ぐひとときは、一生の思い出になるでしょう！　その後、シャワーを浴びて着替えて終了です。

12:00 プログラム終了

ドルフィンスイムコースの特典として、漁船乗船体験（約30分）が付いてきます。希望者は、船にのって名所を巡りましょう。地元の海を知り尽くしている漁師さんが操船してくれるので、秘密の場所をたくさん案内してくれます。

協力：＜自然体験倶楽部＞　www.sizen-taiken.com

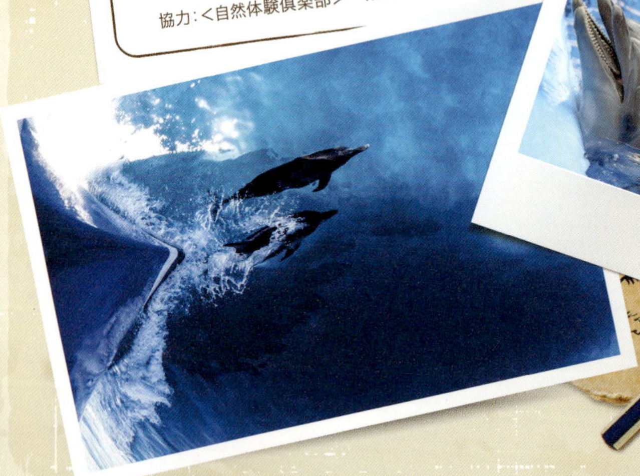
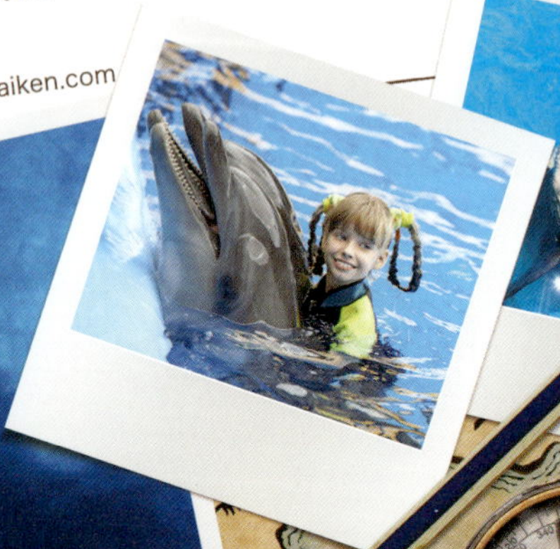
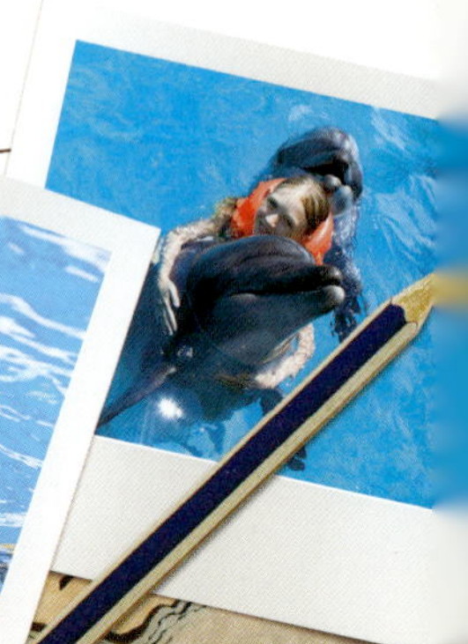
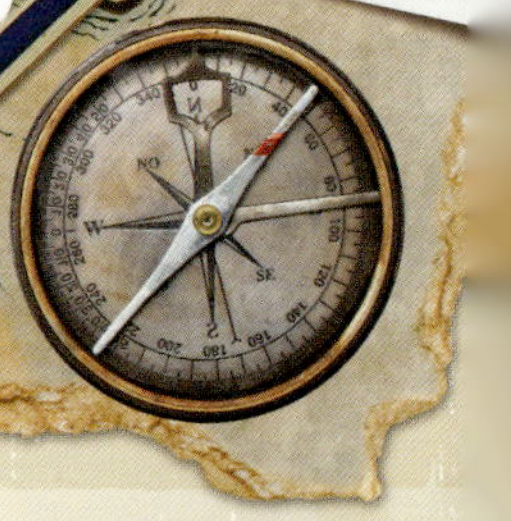

ADVENTURE INFORMATION

MAP

01 ADVENTURE INFORMATION

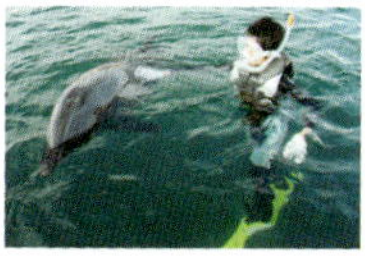

ADVENTURE INFORMATION: 01

静岡県 MAP 1

※伊東ダイビングサービス内
※5歳未満は保護者同伴

自然体験倶楽部

相模灘の伊東港周辺にて、イケス内でのドルフィンスイムをはじめ、磯遊び・磯観察、無人島アドベンチャー、体験ダイビング、シュノーケリングなどを多数催行。伊豆・伊東の海や自然を体験するプログラムを通じて「生きる力」を育むことをコンセプトのひとつにしています。

金 料金:『ドルフィンスイムコース』
¥10,185+税(4~11月)/¥5,500+税(12~3月)
対 対象年齢: 4歳~ 時 所要時間: 約2時間
住 静岡県伊東市新井2-4-14 TEL 0557-38-9133
URL www.sizen-taiken.com

02 ADVENTURE INFORMATION

ADVENTURE INFORMATION: 02

東京都 MAP 2

まるごと御蔵島ツアー

野生のイルカと泳げる御蔵島。当ドルフィンツアーに参加するには、事前に御蔵島への交通(東海汽船)の手配が必要。ツアー代金にはドルフィンスイムツアー(1回)、1泊2日の宿泊費(民宿次郎丸)や食事(一部除く)、東京都認定ガイドと歩く御蔵島の里散策などが含まれています。

金 料金:『1泊2日まるごと御蔵島ツアー』¥27,400~
対 対象年齢: 小学生~、保護者同伴が条件
日 所要日数: 現地1泊2日
住 東京都御蔵島村 TEL 04994-8-2605
URL marugotomikurajima.com

03 ADVENTURE INFORMATION

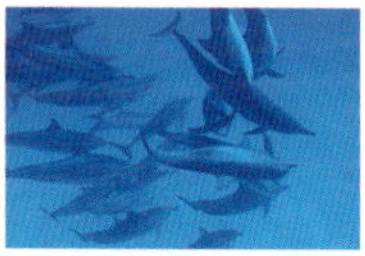

ADVENTURE INFORMATION: 03

東京都 MAP 3

※小学生までは保護者同伴が条件

Take Nature Academy

世界遺産の海でイルカと泳ぐことができます。小笠原の海には、体長2.5mほどのミナミハンドウイルカや、数十頭の大きな群れで行動するハシナガイルカが暮らしています。ドルフィンスイムだけでなく、小笠原の海も山も満喫できるツアーを多数実施しています。

金 料金:『半日コース』¥6,600(税込)
対 対象年齢: 小さい子どもからOK
時 所要時間: 約3時間30分
住 東京都小笠原村父島字東町 TEL 04998-2-3305
URL take-na.com/academy

04 ADVENTURE INFORMATION

ADVENTURE INFORMATION: 04

東京都 MAP 4

DIVE KIDS

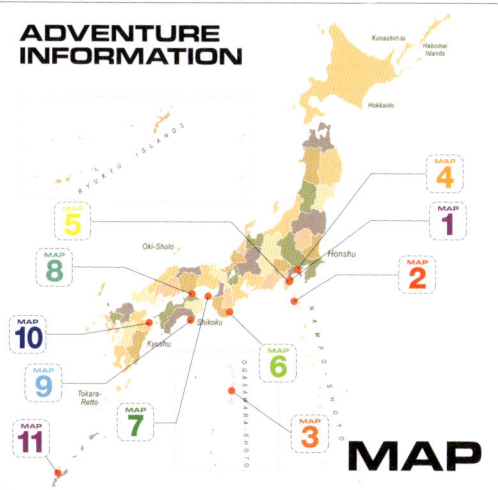

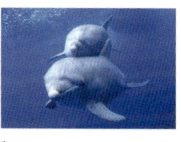

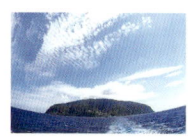

東京竹芝桟橋を出発して御蔵島に1泊2日滞在するドルフィンスイムツアー。その他に、東伊豆・富戸港を出発して沖合をクルージングしながら行うドルフィンスイムツアー、ドルフィンスイムの前に練習できるシュノーケリングスクールなどを企画しています。

金 料金:『御蔵島ドルフィンスイムツアー』¥48,148+税~
対 対象年齢: 年齢制限なしだが小学校中学年からが望ましい
住 神奈川県横浜市戸塚区深谷町667-9
TEL 090-2153-3798 / 045-851-1826
日 所要日数: 1泊2日 URL www.divekids.net

05 ADVENTURE INFORMATION

ADVENTURE INFORMATION: 05

静岡県 MAP 5

ポパイズハウス

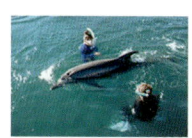

温泉や宿泊施設が整う伊豆。その伊東漁港湾内のイルカ飼育施設にて、イルカと触れあったり、泳いだりすることができます。ダイビングのライセンスを取得することもできるので、この場所をきっかけにダイバーを目指すのもオススメです。

金 料金:『ドルフィンスイム』¥11,000+税
対 対象年齢: 4歳以上(6歳未満は保護者同伴が条件)
住 静岡県伊東市岡308-2 TEL 0577-36-7380
時 所要時間: 約2時間
URL www.popeyeshouse.com

06

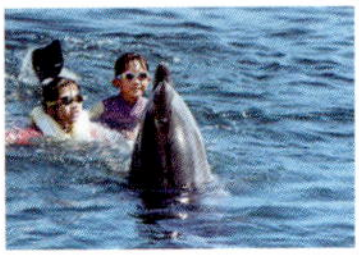

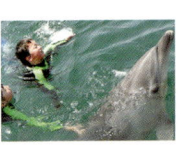

ADVENTURE INFORMATION: 06

和歌山県

MAP 6

※小学生以下ウェットスーツ必須
※ウェットスーツレンタル¥1,000+税、マスク、足ひれ各¥500+税

ドルフィン・ベェイス

1994年、日本で初めてイルカと遊ぶプログラムを公開したドルフィン・ベェイス。太平洋と繋がったイケスの中で、イルカと触れあったり、泳いだりできます。2歳でもイルカに触れることができるので、兄弟、姉妹で訪れるのもオススメです。

金 料金：『ドルフィン・スイム（泳ぐコース）』大人¥7,000+税
子ども（小学生以下）¥4,000+税
対 対象年齢：3歳〜（触れあうだけなら2歳からOK）
住 和歌山県東牟婁郡太地町大字森浦686-17
TEL 04994-8-2605 時 所要時間：40〜50分
URL www.dolphinbase.co.jp

07

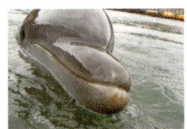

ADVENTURE INFORMATION: 07

兵庫県

MAP 7

淡路じゃのひれアウトドアリゾート

海と山に囲まれた淡路島の最南端で、キャンプやバーベキュー、海釣り堀、イルカとの触れ合いを楽しむことができます。イケスの中で、イルカと泳げることに加え、サインを出してジャンプをさせるなどのトレーニングをする『トレーナーコース』も用意されています。

金 料金：『スイムコース』¥8,000（税込）
対 対象年齢：4歳〜、小学生未満は保護者同伴が条件
住 兵庫県南あわじ市阿万塩屋町2660
TEL 0799-52-1487 時 所要時間：約1時間
URL www.janohire.co.jp

08

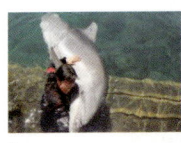

ADVENTURE INFORMATION: 08

香川県

MAP 8

※別途施設入場料

日本ドルフィンセンター

津田湾とイルカプールを見渡せるマリンレストという建物から、浮き桟橋を渡り、周囲40mのイケスへ。イルカへのエサやり体験、トレーナー体験、触れ合い体験、ドルフィンスイムを楽しむことができます。近くにはビーチがあり、海遊びも可能。また、近郊には温泉もあります。

金 料金：『ドルフィンスイム』大人¥8,000（税込）
子ども¥6,500（税込）
対 対象年齢：5歳以上かつ身長110cm以上
住 香川県さぬき市津田町鶴羽1520-130 TEL 04994-8-2605
時 所要時間：約40分間 URL www.j-dc2.net

09

ADVENTURE INFORMATION: 09

高知県

MAP 9

※子どものみで参加が可能

室戸ドルフィンセンター

太平洋に面した室戸岬の西側に位置する、海の駅「とろむ」に室戸ドルフィンセンターはあります。イケスおよびプールで暮らすイルカたちに触れたり、調教したり、一緒に泳ぐことができます。レストランや地場産品が揃う市場が併設されています。

金 料金：『『ドルフィンスイム』大人¥8,640（税込）
子ども¥5,400（税込） 時 所要時間：約40分
対 対象年齢：小学生（身長110cm以上）〜
住 高知県室戸市室戸岬町字鯨浜6810-162
TEL 0887-22-1245 URL www.muroto-dc.jp

10

ADVENTURE INFORMATION: 10

大分県

MAP 10

※小学生以下は保護者同伴が条件

うみたま体験パーク つくみイルカ島

4〜7歳向けのKids用の浅い水深でのドルフィンスイムから、8歳以上の対象のプログラムまで用意されています。イルカと一緒に泳いだり、パフォーマンスを見られるだけでなく、アザラシやペンギンにも出会えます。他にフィッシングや餌やりなども楽しめます。

金 料金：『イルカと泳ごう！』Kids（4〜7歳）¥5,000（税込）
一般（8歳〜）¥8,000（税込）
対 対象年齢：4歳〜 時 所要時間：約20分
住 大分県津久見市大字四浦2218-10
TEL 0972-85-3020 URL www.tsukumi-irukajima.jp

11

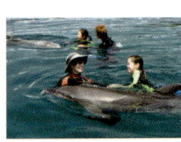

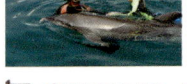

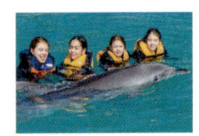

ADVENTURE INFORMATION: 11

沖縄県

MAP 11

もとぶ元気村

ぬれずにイルカと遊べる『ドルフィンわくわく散歩』から、イルカと存分に遊べる（所要時間90分）『ドルフィンプレミアムスイム』まで、多様なイルカプログラムがあります。また、シーカヤックやシュノーケリング、SUP、乗馬、三線の弾き方教室、三線作りなど様々な体験も。

金 料金：『イルカとおよGO』¥10,000+税
対 対象年齢：小学生以上、身長125cm以上かつ25m以上泳げる方
時 所要時間：約50分
住 沖縄県国頭郡本部町字浜元410
TEL 0980-51-7878 URL www.owf.jp/genkimura

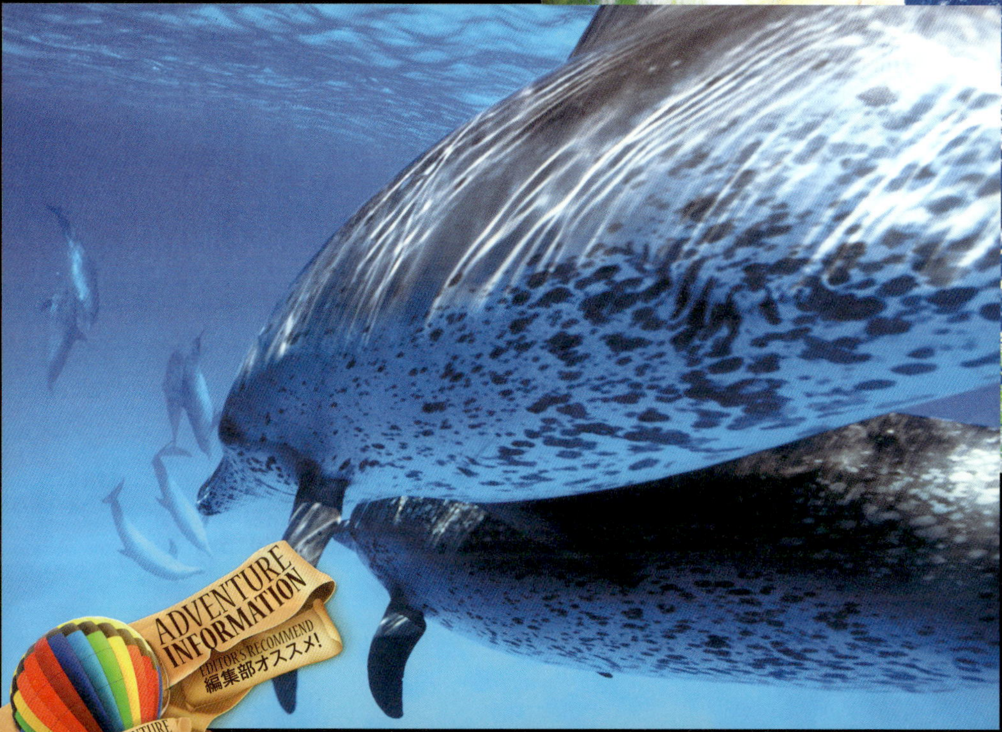

世界の「ドルフィンスイム」の旅

 バハマ/Bahamas

「透き通るバハマの海を船で放浪しながら、野生のイルカと泳ぐ旅」

アメリカはフロリダ州の南東部に位置する街ウエストパームビーチから、船で約6時間。到着するのは、常夏の楽園バハマです。このバハマ諸島北部にあるイルカの生息地は、イルカとの遭遇頻度や水質、水温、どれをとっても世界一を誇り、同時にこの地に暮らすイルカは世界一フレンドリーだと言われています。

南国の日射しに照らされて輝く、どこまでも透き通るカリブ海。その真ん中を数日間、船でクルージングすれば、何度もイルカの群れに出逢うことでしょう。海面下の別世界へと潜れば、珊瑚の群生と真っ白な砂の海底、そして無邪気に泳ぎ回るイルカの姿。突き抜けるような青空の下の航海は、イルカとの出逢いだけでなく、美味しい食事に、豊かな時間を供してくれる贅沢な日々となるでしょう。世界一のドルフィンスイムが体験できる、常夏のバハマの海へダイブしてみましょう。

 旅の予算 HOW MUCH?　　大人1名分の総予算　29万円〜　※現地予算は本書プラン例、個人手配時の目安料金
※飛行機代、宿泊費、クルーズ代含む、一部食事、燃油サーチャージ除く

 **8泊10日のプラン例**
1日目： 成田発〜米国1都市乗り継ぎ〜パームビーチ着
2〜7日目： ドルフィンクルーズ
8〜10日目： パームビーチ発〜米国1都市乗り継ぎ〜成田着

TRAVEL PLAN

 この旅の相談、手配先 ARRANGING THE TRIP　　[PLAY THE EARTH]　　www.play-the-earth.com

冒険 02
KIDS ADVENTURE

暗闇の先を目指す、洞窟探検！

CAVING
"ケイビング"

Kids Adventure
02
"CAVING"

「暗闇の先を目指す、洞窟探検」

『ケイビング』とは洞窟探検を意味する、冒険心をくすぐる世界的にも大人気のアクティビティです。遊歩道などが整備されたところを歩くのではなく、自然そのままの真っ暗な洞窟の中を、ヘッドライトの灯りを頼りに、濡れながら、時には泥だらけになりながら進んでいくものです。
日本各地には、洞窟や鍾乳洞が多くあります。長いものや短いもの、広いものや狭いもの。それぞれ姿形は異なりますが、どれも神秘的な雰囲気に満ちています。むしろ、ちょぴり怖いと思ってしまうものも多いでしょう。

洞窟の入口に到着すると、まだ明るいので不安になることもないでしょう。しかし、数メートルも中へと進んで行けば、そこは地上に降り注ぐ光がまったく届かない闇の中。ひとりだと心細くて逃げ出してしまいたくなるような場所だけど、そこは大丈夫。みんなの周りにはプロのガイドさんや、一緒に探検に行く仲間がいるのです。

ヘルメットに装着したライトの光を頼りに一歩、一歩、足下を確認しながら前に進んでいきましょう。時には、「こんなに狭いところ通れるの?」と思うような狭い岩の間を、体を屈めたり横に歩いたりして抜けていったり、頭上に迫る岩をよけるために、ほふく前進して進んでいったり……。専用の服は水に濡れ、泥まみれになっていきます。それでも次々と暗闇の奥へ、奥へと進んでいくのです。声を潜めて耳をすませば、しーんとした静けさの中に、時折、ポチャ、ポチャッと、水滴が落ちる音が聞こえてくるでしょう。突然、バサバサッと、コウモリが羽ばたく音も聞こえるかもしれません。そうして進み続けると、光が射し込む場所が見えてきます。そう、地上への出口です。太陽の光が懐かしく、そしてとても嬉しく感じるでしょう。一歩外の世界へと出れば、みんな顔も手も泥だらけ。それでも笑顔で「やったー」と声を上げながら、ハイタッチして喜んでしまうでしょう。
真っ暗闇を恐れずに進んだ人だけが、味わうことのできる喜びを求めて、いざ洞窟探検へ。

SAMPLE PLAN
KIDS ADVENTURE:02
"CAVING"

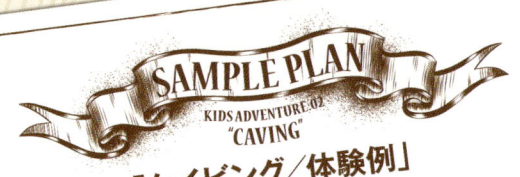

「ケイビング／体験例」

8:30　受付に集合

申込書を記載して、精算を済ませます。

●着替え
ツナギに着替えて、ヘルメットやヘッドライト、ベルトなどを装着。
ツアー中の注意事項などをしっかり聞いて、いよいよ洞窟探検に出発します。

●ケイビング（約2時間）
漆黒の闇に染まる、洞窟探検スタート。行き先を照らすヘッドライトの光を頼りに、一歩一歩、進んで行きます。濡れたり、泥だらけになったりしながら、気が遠くなる程の年月によって作られた地下世界の芸術を楽しみましょう。時にはコウモリに出会えることもあります。

●地上へ
2時間に及ぶ地下世界の冒険を終え、出口へ。青空や太陽、緑の自然がとても懐かしく感じるでしょう。

11:45　プログラム終了

泥だらけになった、服を着替えます。泥がたくさんついているほど、頑張った証。近くに温泉があるので、さっぱりするのもオススメです。

協力：<ODSS>　www.odss-nagaragawa.jp

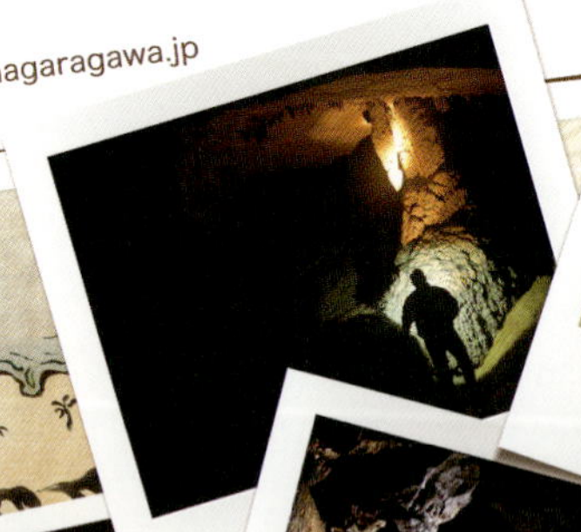
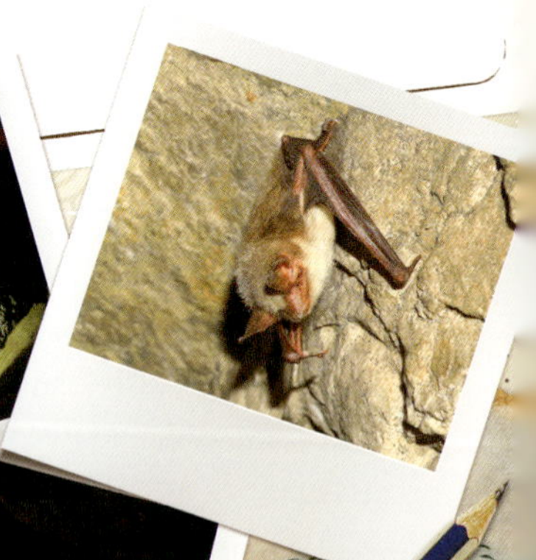
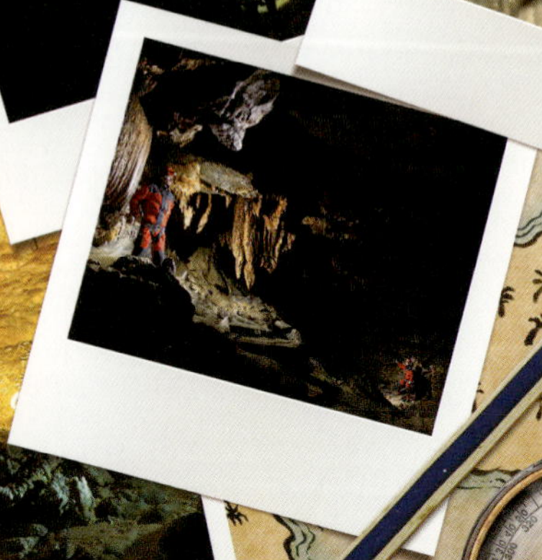
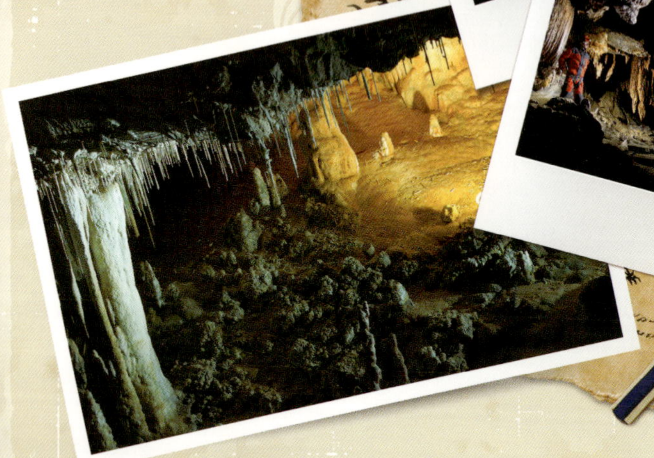

ADVENTURE INFORMATION

MAP 8
MAP 3
MAP 6
MAP 5
MAP 1
MAP 2
MAP 4
MAP 7

MAP

01

ADVENTURE INFORMATION: 01 **MAP 1**

岐阜県

※料金は『ケイビングファミリーコース』。

🕳 ODSS

2億5千万年もの時間が創造した、郡上八幡の美山鍾乳洞。世界的にも珍しい縦穴の鍾乳洞で、前後左右だけでなく上下移動も多いものです。「立体型迷路鍾乳洞」とも呼ばれています。近辺ではラフティングやカヤック、冬はスノーシューやネイチャースキーなども楽しめます。

- 料金：中学生以上￥7,037+税、小学生￥5,093+税
- 対象年齢：小学生〜、小学生は保護者同伴が条件
- 所要時間：約3時間
- 岐阜県郡上市美並町大原2290-1
- 0575-79-9708　URL www.odss-nagaragawa.jp

02

ADVENTURE INFORMATION: 02 **MAP 2**

埼玉県

※小学生は保護者同伴が条件

🕳 洞窟マン

和紙で有名な小川町や秩父、長瀞近くに存在する鍾乳洞でのケイビングツアーを実施しています。近年まで前人未踏だった洞窟奥部まで行くことができ、鍾乳石の他、洞窟のオーロラといわれる"光る石"も見られます。温泉入浴料も含まれているので、冒険後はさっぱりすることができます。

- 料金：「ケイビングツアー」大人￥11,000+税、小学生￥9,000+税
- 対象年齢：小学生(身長135cm以上)〜
- 所要時間：約6時間(洞窟内は約3時間)
- 埼玉県北本市西高尾8　048-885-1532
- www.doukutsuman.com

03

ADVENTURE INFORMATION: 03 **MAP 3**

群馬県

※小学生は保護者同伴が条件

🕳 ジャグスポーツ

参加者自身に探検隊の隊長になってもらうため、「ガイドがガイドをしない?」をテーマにしたスタイルでケイビングツアーを実施しています。もちろんガイドが冒険を安全にサポートするので安心です。初心者でも本格的なリアルケイビングを楽しむことができます。

- 料金：『1日ケイビングツアー』大人￥10,185+税　小学生￥8,333+税
- 対象年齢：小学生(身長140cm以上)〜
- 所要時間：約6時間　群馬県上野村勝山684-1
- 0278-72-3372　URL www.j-caving.net

04

ADVENTURE INFORMATION: 04 **MAP 4**

山梨県

カントリーレイクシステムズ

世界遺産に登録された富士山の裾野に広がる青木ヶ原樹海。そこに点在する珍しい溶岩洞窟を樹海と共に探検できます。気温が0℃の洞窟の奥では、氷柱や氷筍などが見られます。他にもカヌーや8輪バギー、ムササビウォッチング、ほうとう作りなど、様々な体験が可能です。

- 料金：料金：『樹海洞窟体験』大人￥5,400(税込)
- 対象年齢：小学生〜、小学生は保護者同伴が条件
- 所要時間：約3時間
- 山梨県南都留郡富士河口湖町大石2954-1
- 0555-20-4052　URL www.c-ls.jp

Caving 33

05

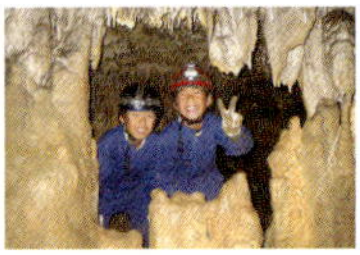

ADVENTURE INFORMATION: 05

岡山県

MAP 5

※料金は『洞窟探検！お手軽ケイビング』。保険料¥300/1名。

大佐山オートキャンプ場

大佐山キャンプ場には、トレーラーハウスやロッジ、テントサイトなど様々なタイプの宿泊施設が揃っています。鍾乳石やコウモリに出会えるケイビングの他、パラグライダーやカヌー、渓流を歩くシャワートレッキングなどのアクティビティも楽しむことができます。

金 料金：大人¥6,000+税、小学生¥4,500+税
対 対象年齢：小学生～、小学生は保護者同伴が条件
時 所要時間：約2時間30分
住 岡山県新見市大佐小南1
TEL 0867-98-3711　URL www.0380.jp

06

ADVENTURE INFORMATION: 06

福岡県

MAP 6

ハートランド平尾台株式会社

日本有数のカルストの大地が広がる平尾台。そこには、大小200余りの洞窟が点在しています。そのひとつ「目白鍾乳洞」ではケイビングを楽しむことができ、また地表では豊かな自然を学ぶことも可能です。キャンプ場や野草園、果樹園などもあります。

金 料金：『ケイビング初心者コース』¥3,100（保険料込）
対 対象年齢：小学3年生～
時 所要時間：約2時間
住 福岡県北九州市小倉南区平尾台1-1-1
TEL 093-452-2714　URL www.hiraodai.jp/sato

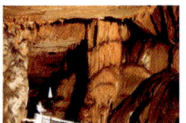

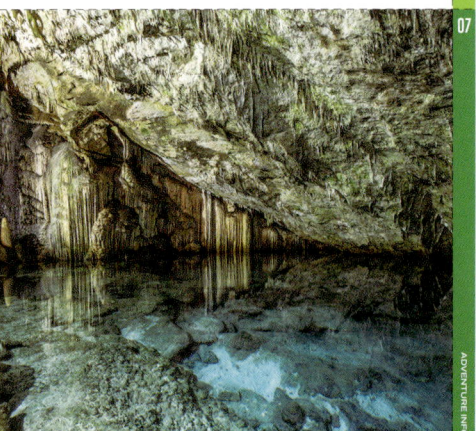

07

ADVENTURE INFORMATION: 07

鹿児島県

MAP 7

※中学生以下は保護者同伴が条件

沖永良部島ケイビングガイド連盟

200～300もの鍾乳洞が点在する沖永良部島の地下世界。国内のケイビングの聖地のひとつにも数えられ、その美しさは折り紙付き。幾つかあるコースの中で最も難易度の高い銀水洞で出会えるのは、まさしく地下の絶景。島へは鹿児島又は沖縄から飛行機やフェリーでアクセスすることができます。

金 料金：『洞窟探検ケイビングツアー』¥16,000～+税
対 対象年齢：10歳～
時 所要時間：約3時間
住 鹿児島県大島郡知名町知名520
TEL 0997-84-3335　URL caver.jp

08

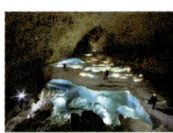

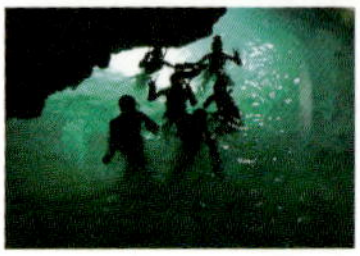

ADVENTURE INFORMATION: 08

沖縄県

MAP 8

GUIDE-YA-SAN（ガイド屋さん）

潮位の関係で訪問可能な期間や滞在時間が限定される、幻の鍾乳洞「パンプキンホール」を探検するツアーを実施。入口が海に面している珍しい鍾乳洞でもあります。熱帯魚に出会えるシュノーケリングや、体験ダイビングなどとのセットツアーも実施しています。

金 料金：『鍾乳洞パンプキンホールツアー』¥6,000+税
対 対象年齢：小学生～55歳以下
時 所要時間：約2時間30分
住 沖縄県宮古島市平良字西里356-2F南
TEL 0980-75-5880　URL guide-ya-san.com

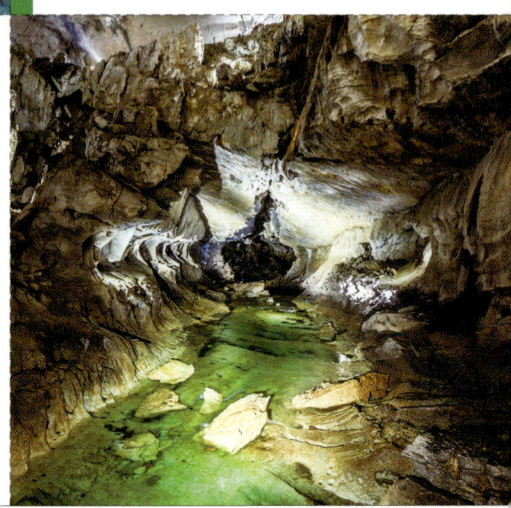

世界の「ケイビング」の旅

 マレーシア/Malaysia

「ジャングルの奥地、太古の原生林に点在する地下世界を探検する旅」

ボルネオ島は、マレーシア、インドネシア、ブルネイの3カ国が領土を分け合う島。そのマレーシア領内中部、熱帯雨林の奥深くにグヌン・ムル国立公園はあります。太古の原生林が広がるジャングルの6割は今なお未踏だという秘境です。公園内には無数の洞窟があり、石灰岩が美しいラングスケイブ、鍾乳洞の列柱が見事なウィンドケイブ、全長100kmを超えるクリアウォーターケイブ、そして開口部の高さが120m、幅175mにも及ぶ巨大なディアケイブなどがあります。それらの洞窟群を舞台に、登ったり、降りたり、這ったりしながら進んでいく、アドベンチャー・ケービングが楽しめます。また、ディアケイブでは、エサを求め洞窟を一斉に飛び立つ、数百万匹ものコウモリの姿を見ることもできます。連なりながら右へ左へと旋回してく様は、ドラゴンダンス＝龍の踊りと呼ばれるほど大迫力です。ジャングルの奥地に点在する地下世界を冒険してみましょう。

旅の予算 HOW MUCH?
大人1名分の総予算　14万円〜　※現地予算は本書プラン例の目安料金です。
※飛行機代、宿泊費、現地送迎、2・3日目のツアー代含む、一部食費、燃油サーチャージ除く

TRAVEL PLAN
3泊5日のプラン例
- 1日目：成田発〜クアラルンプール乗り継ぎ〜コタキナバル着
- 2,3日目：コタキナバル発〜ムル着、洞窟散策、ドラゴンダンス鑑賞、キャノピーウォーク体験
- 4,5日目：ムル発〜コタキナバル、クアラルンプール乗り継ぎ〜成田着

この旅の相談、手配先 ARRANGING THE TRIP
[ジスコ・ボルネオ旅行社]　http://jisco.borneotravel.jp/

冒険 03
KIDS ADVENTURE

宙を飛んで、鳥になろう！

ZIPLINE
"ジップライン"

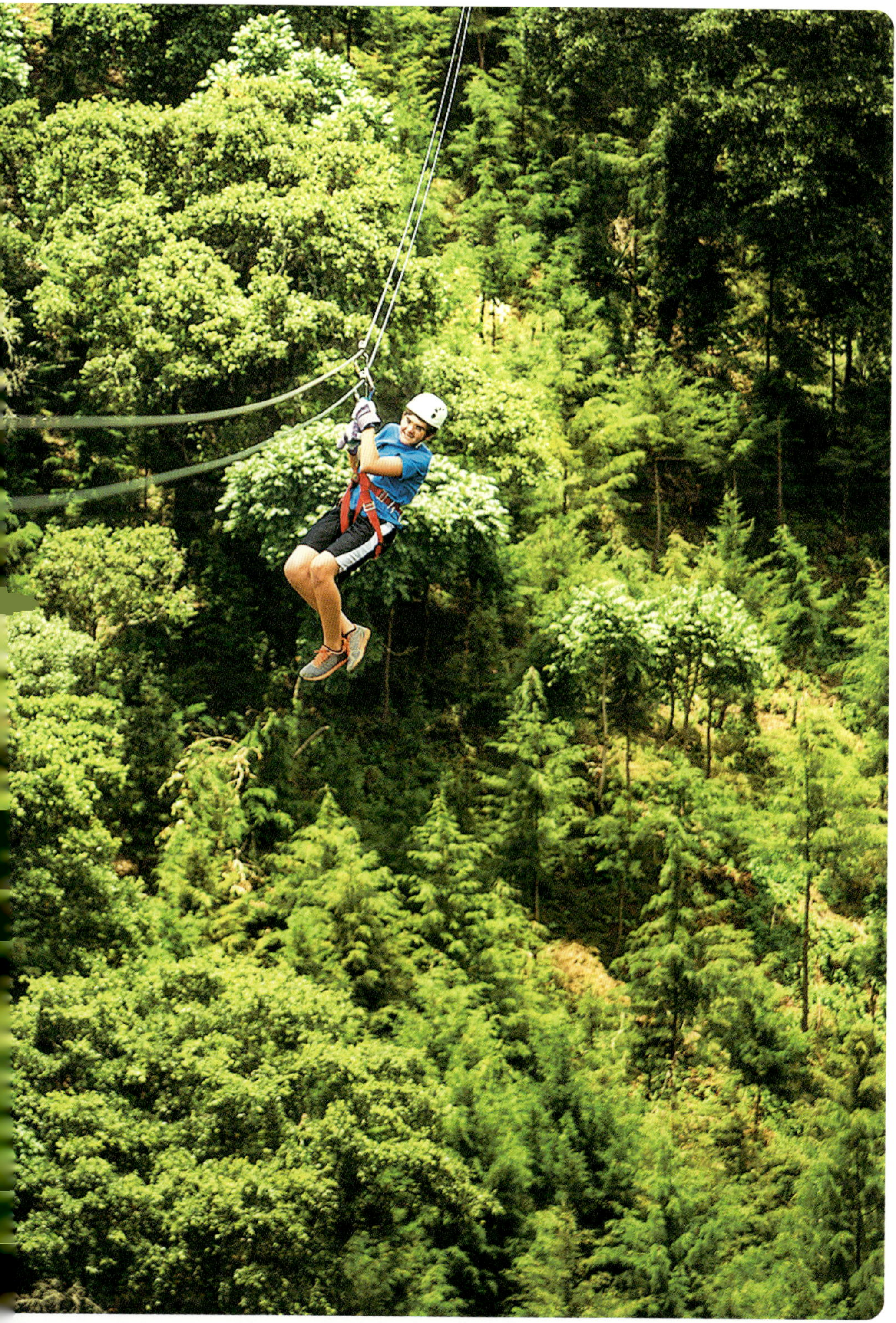

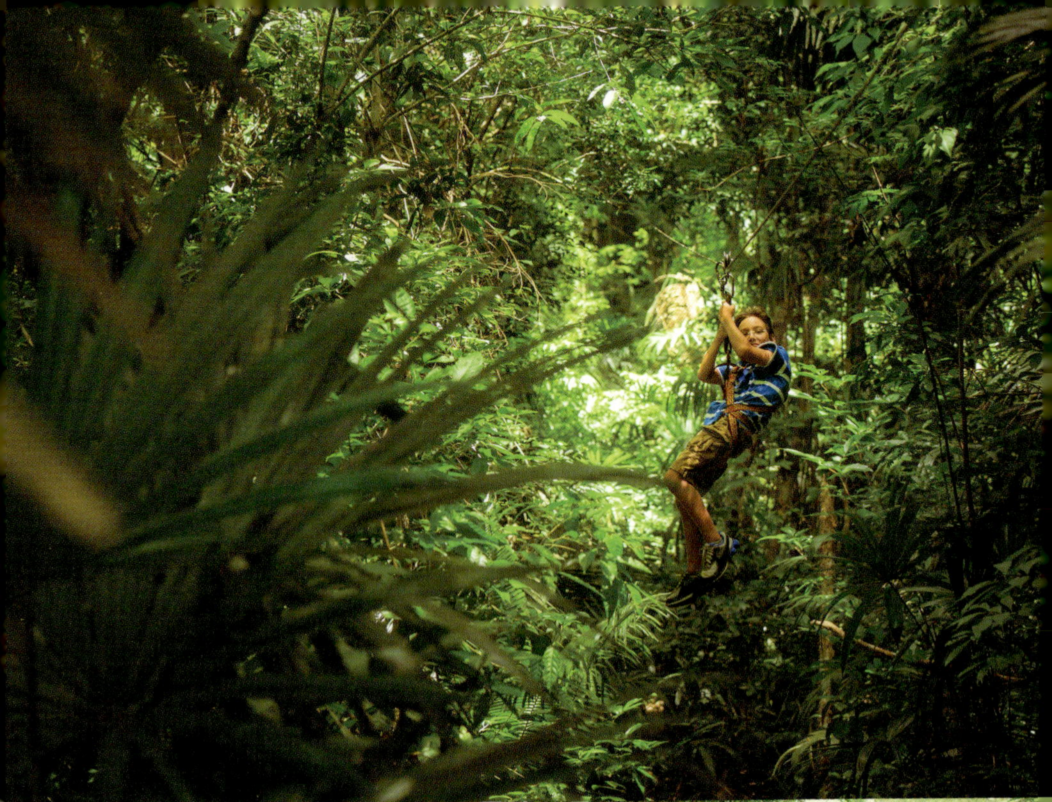
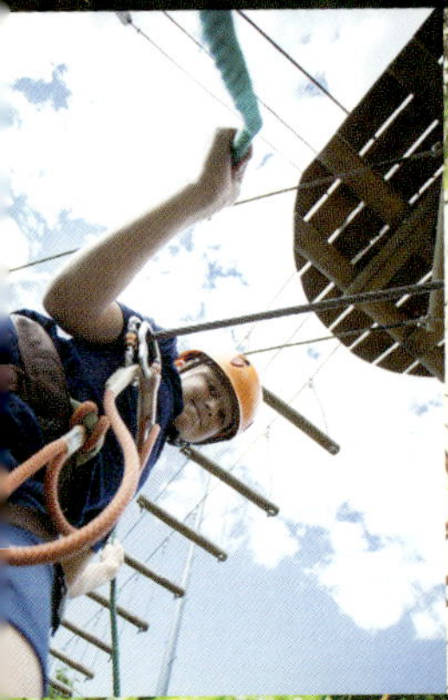
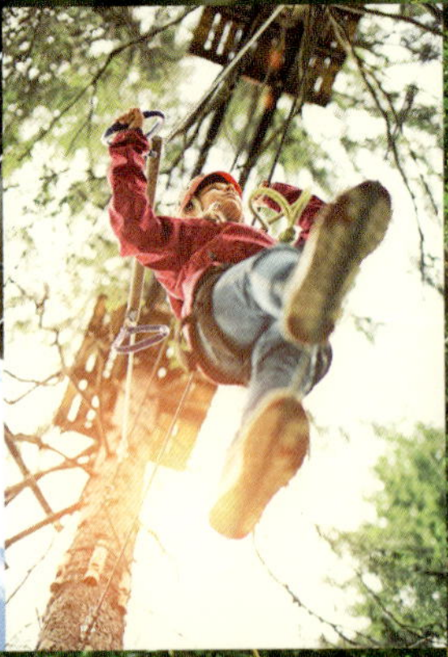
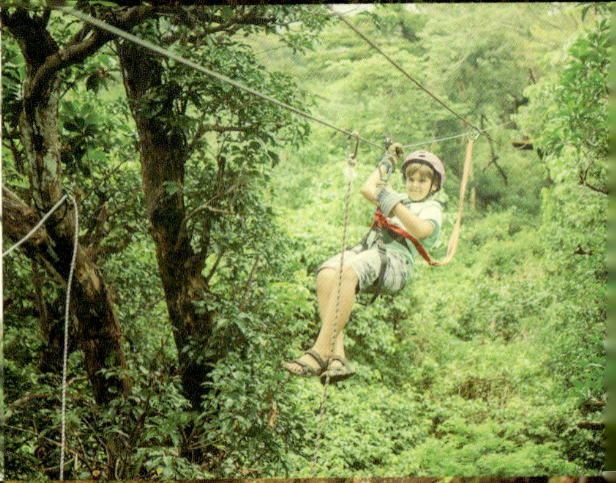
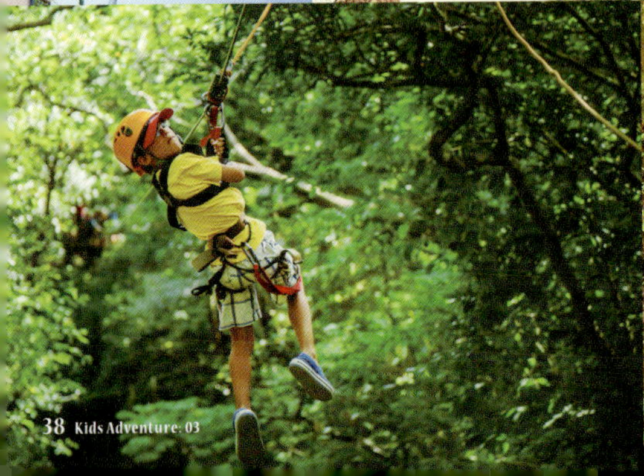
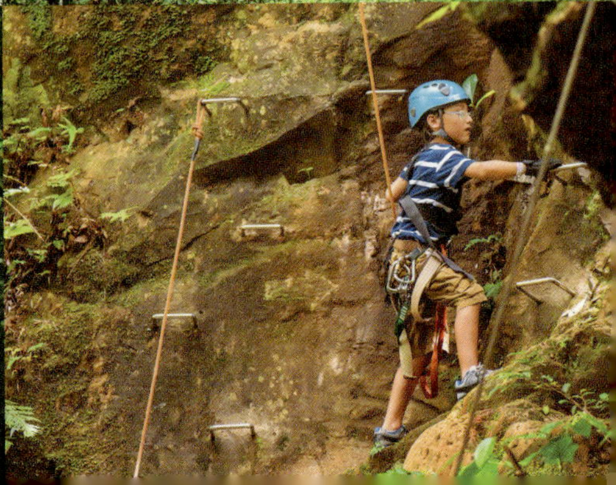

Kids Adventure
03
"ZIP LINE"

「宙を飛んで、鳥になろう」

清々しい空気が満ちる緑の森の中を。太陽の光でキラキラと輝く海を見ながら。時には草原の上やコンクリートの上を……。ジップラインでは、まるで鳥のように宙を飛ぶことができます。

フランスが発祥といわれるジップライン。自然の地形をそのまま利用するこのアクティビティは、とっても環境に優しく、多くの国々でも大人気の遊びです。

仕組みはとっても簡単。スタート地点とゴール地点を結ぶ丈夫なワイヤーに、体に装着するハーネスという安全ベルトと繋がる滑車（プーリー）をつけて空中に飛び出すだけ。そうすると、ゴール地点に向かって下がるようにワイヤーが繋がれているので、みんなの体重によって、前へ前へと、そして下へと進んでいくのです。

注意点などを聞いて準備が整ったら、いざ、スタート地点へ。
ゴール地点ははるか遠くに見えて、とってもドキドキしてきます。勇気を振り絞って「せーの！　ゴー！」の声で、宙へと飛び出せば、風を切って、ぐんぐんと進んでいきます。思わず「ひゃっほーーーい！」とか「わーーーーー！」と叫びたくなるでしょう。下を見れば高さは10メートル以上！　左右を見れば、景色は慌ただしく後ろに流れていきます。時間にして十数秒、どんどんとゴールが間近に迫ってきます。そして、みんなが出迎える中に着地！　思わず笑顔になっていることでしょう。
ゴール地点に降りたって、後ろを振り返ってみれば、飛んできた興奮が蘇ってきます。しかし、まだまだ続くのです。コースによって5本前後のラインを飛び続け、次々と移動していきます。ラインによって見られる景色が違うので、飛ぶ度に違った興奮や感動があるでしょう。

まさにターザンのように。まさに鳥のように。大自然の間を飛んでみましょう。

SAMPLE PLAN
KIDS ADVENTURE 03
"ZIP LINE"

「ジップライン／体験例」

10:30　受付
10:00には山の下のロープウェイ駅に到着して、一気に山頂へ。5〜7分の間、ロープウェイを登りながら、眼下に広がる絶景を楽しみましょう。山頂駅に到着したら、受付を。

11:00　ジップライン(約1時間30分〜2時間)
ハーネス(安全ベルト)を装着したり、ジップラインの注意事項や飛び方などのレクチャーをスタッフから受けます。準備が整ったら、いよいよ飛び立つ時です。大海原を見たり、木々の間を飛んだりと、素晴らしい体験ができます。7つのラインを順番に飛んでいきます。7つのラインのうち、3つは2本のラインが並列する、ダブルライン。両親や友達と横に並びながら一緒に飛ぶこともできます。

13:00　終了
全ラインを飛んで、再びロープウェイで山頂の駅に戻り、終了です。

協力：〈びわ湖バレイ〉　www.biwako-valley.com

ADVENTURE INFORMATION

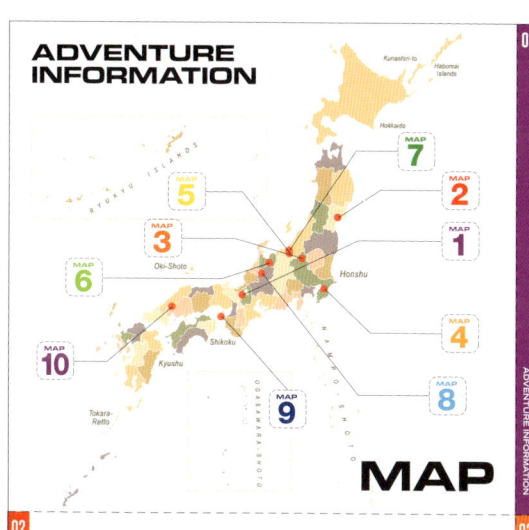

MAP

ADVENTURE INFORMATION: 01 — MAP 1

滋賀県

※小学生以下は保護者同伴が条件
※『ロープウェイ往復』
大人¥1,900、小学生¥900

びわ湖バレイ

日本一の速さを誇るロープウェイで山頂へと上れば、眼下には琵琶湖の絶景が広がっています。そこには、7つのコースが設定されたジップラインの他にアスレチック「スカイウォーカー」もあります。また、身長100〜195cm、体重20〜29kgが参加条件となる「ちびっこジップ」コースも設定されています。

- 料金：『ちびっこジップ』¥1,500（税込）、『ジップライン』¥3,200（税込）
- 対象年齢：身長120〜195cm、体重30〜100kg
- 所要時間：約1時間30分〜2時間（ジップライン）
- 滋賀県大津市木戸1547-1
- TEL 077-592-1155　URL www.biwako-valley.com

ADVENTURE INFORMATION: 02 — MAP 2

宮城県

※小学生以下は保護者同伴が条件

スプリングバレー泉高原スキー場

「空の冒険王国」と名付けられた体験型の遊園地。地上11mから命綱一本で飛び降りるブレイブジャンプ、手足を駆使して壁を登るウォールクライマー、超巨大3D迷路などがあります。7つのラインがあるジップラインでは、ツバメのように地面すれすれを飛んだり、目前に太平洋を望んだりすることができます。

- 料金：『ジップラインアドベンチャー』¥3,100（税込）
- 対象年齢：120cm〜、体重25〜120kg
- 所要時間：約1時間30分
- 宮城県仙台市泉区福岡字岳山14-2
- TEL 022-379-3755　URL www.springvalley.co.jp

ADVENTURE INFORMATION: 03 — MAP 3

群馬県

※水上高原リゾート200内
※小学生以下は保護者同伴が条件

水上高原フォレストジップライン

8本のジップラインの総延長は、1,200mと国内最長クラスです。コース途中には朝日岳など周囲の山々の絶景も。森の中を探検しながら進むので、自然とのふれあいもたっぷりです。その他、木の上のアスレチック「ツリートレッキング」は身長90cm〜と120cm〜参加できる2コースがあります。

- 料金：『水上高原フォレストジップライン』¥3,600（税込）
- 対象年齢：身長130cm〜、体重30〜100kg
- 所要時間：約1時間30分
- 群馬県利根郡みなかみ町藤原6152-1
- TEL 0287-75-2222　URL www.minakamikogen200.jp/zip

ADVENTURE INFORMATION: 04 — MAP 4

千葉県

※小学2年生以下は保護者同伴が条件。
※すべて予約制です。

ターザニア（生命の森リゾート内）

総面積330万㎡の広大な敷地を持つ生命の森リゾート。その中にあるのが、自然と共生するエコパーク「ターザニア」です。身長110cm以上から参加できる「キャノピーコース」、身長140cm以上から参加できる「アドベンチャーコース」、日本最長となる445mの「ロングジップスライド」などがあります。

- 料金：『キャノピーコース』小学生以上¥2,100（税込）
- 対象年齢：小学生（身長110cm以上）〜
- 所要時間：約1時間
- 千葉県長生郡長柄町味庄東台1067（生命の森リゾート内）
- TEL 0475-35-0071　URL www.tarzania.jp

ADVENTURE INFORMATION: 05 — MAP 5

新潟県

※小学生以下は保護者同伴が条件

湯沢高原パノラマパーク／アルプの里

標高1,000mに位置する湯沢高原には、四季折々の風景が広がります。ジップラインでは、爽やかな空気に満ちるブナの原生林の間を飛んだり、高台からゴンドルのように下界へと飛び出したりと、7つのラインの合計600mを楽しめます。高山植物が見られるトレッキング、親子で滑れるボブスレーもあります。

- 料金：『ジップラインアドベンチャー』大人¥3,800（税込）、子ども¥3,300（税込）
- 対象年齢：身長120cm〜、体重25〜120kg
- 所要時間：約1時間30分
- 新潟県南魚沼郡湯沢町大字湯沢490
- TEL 025-784-3326　URL www.yuzawakogen.com

Zip line 41

ADVENTURE INFORMATION: 06 富山県 MAP 6
※小学生以下は保護者同伴が条件

ジップラインアドベンチャー立山

立山山麓スキー場では、スキーのオフシーズンにジップラインをはじめ、トレッキングなどのアクティビティを体験できます。ジップラインの舞台は、ゴンドラで行ける山頂駅の周辺に張り巡らされた、それぞれ48〜158mある全8本のライン(うち6コースをツアー実施)。立山連峰を一望できる景色が自慢です。

- 料金:『ジップライン』大人¥3,400(税込) 中・高校生¥2,900(税込)、小学生¥2,400(税込)
- 対象年齢: 身長120cm〜、体重25kg〜120kg
- 所要時間: 約1時間30分
- 住: 富山県富山市本宮字花切割3-25
- TEL: 076-481-1633
- URL: zip-tateyama.com

ADVENTURE INFORMATION: 07 長野県 MAP 7
※小学生以下は保護者同伴が条件

斑尾高原ホテル・斑尾高原スキー場

避暑地でもありスキー場でもある斑尾高原。ジップラインでは、全13コースのうち6コースを使用します。雨天でも楽しむことができ、様々な天候によって見える景色が変わる魅力があります。ガイドの付いたツアー形式なので、子どもでも安心。ライトの明かりのみを頼りに夜の森を飛ぶ「ナイトライダー(中学生以上)」もあります。

- 料金:『ジップラインアドベンチャー』¥3,600+保険¥200円(税込)
- 対象年齢: 120cm〜、体重25〜120kg
- 所要時間: 約2時間
- 住: 長野県飯山市斑尾高原
- TEL: 0269-64-3211
- URL: www.madarao.jp

ADVENTURE INFORMATION: 08 岐阜県 MAP 8
※小学生以下は保護者同伴が条件

花の駅ひるがの高原 コキアパーク

冬もスキー客で賑わう、ひるがの高原。ジップラインには、二人で飛べるコースが新登場！親子で手をつないで飛ぶこともできます。鳥のさえずりが聞こえる森の木漏れ日の中や、広い草原の上を飛んでいきます。また2015年にツリークライミングのアクティビティもオープン。山頂ではバーベキューも可能です。

- 料金:『ジップライン』¥3,800(税込)
- 対象年齢: 小学生〜
- 所要時間: 約2時間
- 住: 岐阜県郡上市高鷲町ひるがの
- TEL: 0575-73-2311
- URL: www.hiruganokogen.com/summer

ADVENTURE INFORMATION: 09 兵庫県 MAP 9
※小学生以下は保護者同伴が条件

淡路ワールドパーク ONOKORO

様々な乗り物が楽しめる他に、童話の世界が広がる「童話の森」や、世界の建築物のミニチュアが並ぶ「ミニチュアワールド」などもあります。ジップラインでは4つのライン、合計362mを滑走します。1日で様々な体験ができる一大パークです。

- 料金:『ジップラインアドベンチャー』¥2,500(税込) 別途要入園料(大人¥1,000、4歳〜小学生¥500)
- 対象年齢: 身長120cm〜、体重25〜100kg
- 所要時間: 約1時間30分
- 住: 兵庫県淡路市塩田新島8-5
- TEL: 0799-62-1192
- URL: www.onokoro.jp

ADVENTURE INFORMATION: 10 広島県 MAP 10
※小学生以下は保護者(20歳以上)同伴が条件、お子様2名毎に1名、3名毎に2名の大人同行者が必要。

ユートピアサイオト

冬でなくとも芝生の上で「グラススキー」というスキーができ、他にも川遊びやプール遊び、バーベキューなども可能です。ジップラインは65〜147mまでの6つのラインを飛ぶことがでます。ジップラインに加え、火おこし体験やバーベキュー、アイスクリーム作りがセットになったイベントもあります。

- 料金:『ジップライン』大人¥3,500(税込) 小学生以下¥3,500(税込)
- 対象年齢: 身長620cm〜、体重25〜120kg
- 所要時間: 約2時間
- 住: 広島県山県郡北広島町才乙
- TEL: 0826-35-1234
- URL: www.saioto.co.jp

世界の「ジップライン」の旅

オーストラリア/Australia

「森の中を右へ、左へ。木々の間を縫うように飛んでいく世界最長のジップライン」

オーストラリア最大、南半球を代表するグローバル都市であるシドニー。シンボルとされるハーバーブリッジや世界遺産のオペラハウスなどをはじめ、美しいビーチに賑やかなショッピング街、おしゃれなレストラン……加えて、少し足を伸ばせば青く輝く世界遺産のブルーマウンテンへも行くことができます。世界最長、1kmものジップライン「TreeTop Crazy Rider」は、シドニーから約70分離れた森の中にあります。ジップラインは2点を繋ぐワイヤーを一直線に進むのが一般的ですが、ここには蛇行を繰り返し、途中には540度も回転する世にも珍しいラインがあります。これはワイヤーではなく、ジェットコースターのように鉄のラインが森の中に通っているからこそ現実可能になったもの。1kmの宙を飛ぶ旅は、日本のそれとは異なり5分も続きます。木々の間を絶叫しながら、縫うように飛んでいく世界最高のジップラインを楽しみましょう。

旅の予算 HOW MUCH?
大人1名分の総予算　15万円〜
※飛行機代、宿泊費、ジップライン代含む、一部食事、燃油サーチャージ除く

TRAVEL PLAN
2泊4日のプラン例
1、2日目：成田発〜シドニー着、ジップライン
3日目：シドニー滞在
4日目：シドニー発〜成田着

この旅の相談、手配先 ARRANGING THE TRIP
[ism] shogai-kando.com
[Tree Tops] www.treetopcrazyrider.com.au

冒険 04

木の上の秘密基地に登ってみよう!

TREEHOUSE
"ツリーハウス"

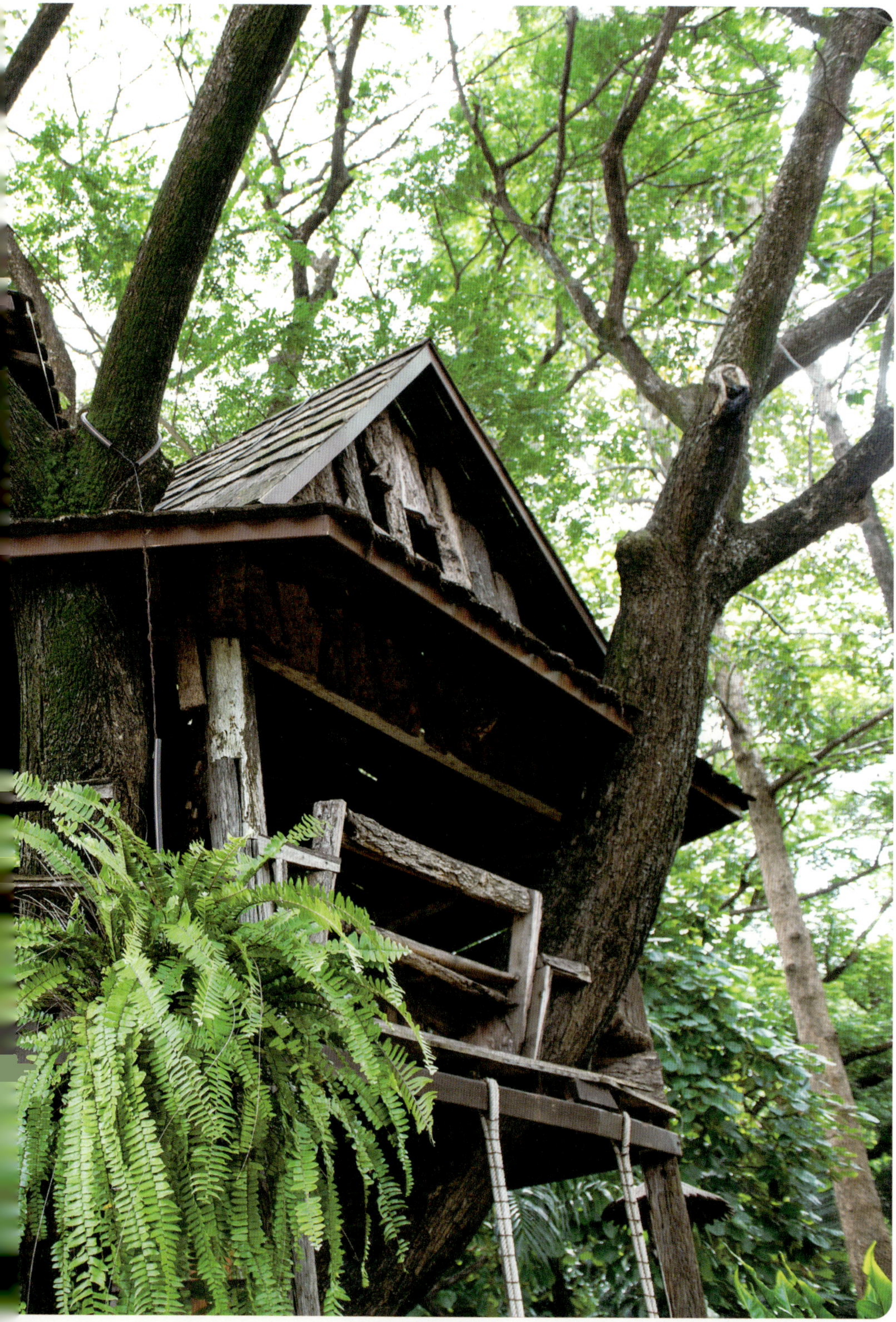

46 Kids Adventure 04

Kids Adventure
04
"TREE HOUSE"

「木の上の秘密基地に登ってみよう」

緑豊かな自然の中、それも木の上で過ごせる場所。
「トムソーヤの冒険」や映画「スタンドバイミー」にも出てくる、木の上に作られた家。
見ているだけでワクワクしてしまう、秘密基地のようなツリーハウスに実際に登ってみましょう。

大地に根を張って生きる木を土台に、自然と一体化するように作られるツリーハウス。友達の顔や体がみんな違うように、木だって、大きさも形もすべてバラバラです。それに合わせて作られるツリーハウスは、どれもが唯一無二の存在。世の中に同じ物は絶対に存在しません。自然を壊さないように考えて作られているのはもちろん、その地域の風土やアートのエッセンスも上手に取り入れて作られていたり……。「なにこれ！　すごい！」と驚くようなデザインも多く、見ているだけでも楽しい気持ちになるはずです。

しかし、本当の魅力は実際に登ってみてこそ。もちろん高さも怖さも、ツリーハウスそれぞれです。手が届きそうな高さにあるものもあれば、想像するだけでぞっとしちゃうような高さに浮かんでいるものもあります。

実際にツリーハウスに登って、その中で過ごす時間は本当に独特です。高い場所に登った人だけが見える景色が目の前に広がり、葉っぱを揺らす風を体に受けるのも最高に気持ちがよく、自然の一部になったような感覚に包まれます。それはまさに木や鳥と同じ気持ちになると言えるでしょう。

ツリーハウスは、大人も子どももワクワクさせてしまう不思議な魅力に満ちています。中には、宿泊が可能なものもあるので、泊まって、木の上で目を覚ます、そんな鳥のような素敵な体験も、一度はしてみたいですね。

SAMPLE PLAN
KIDS ADVENTURE:04 "TREE HOUSE"

「ツリーハウス/体験例」

【1日目】
14:00　受付
キャンプサイトに到着したら、今日と明日の秘密基地となるツリーハウスへ。階段を1段ずつ登って中に入ってみましょう。

●終日　キャンプ場を遊ぼう
ツリーハウスで荷物を解いたら、後は自由な遊び時間。約1万坪もの雑木林の中を歩けば、透き通った水が流れる小川や滝で水遊びを楽しめます。敷地内にも大きなトランポリンや滑り台、スパイダー（滑車つき遊具）があるので、たくさん体を動かして遊ぶことができるでしょう。また、まるで絵本の世界から飛び出してきたような遊べるツリーハウスもあるので、こちらにも登ってみましょう。

●夕方　夕食
寒い時期であれば部屋に備わる薪ストーブを使っての料理も楽しめるけど、暖かい時期はぜひBBQを。火を起こしたり、お米を研いだり。みんなで協力しておいしいご飯を作ろう。お腹いっぱいになったら、後片付けを。その後は花火をしたりおしゃべりしたり。就寝前までの時間を楽しもう。

【2日目】
11:00　チェックアウト
目が覚めたら、デッキに出てみよう。静かな朝に耳をすませば、鳥の声が聞こえてくるでしょう。朝食を食べたら、出発時間までもうひと遊び。森に行ったり、川に行ったり。最後まで自然を満喫しよう。

協力：<Sweet Grass>　sweetgrass.jp

ADVENTURE INFORMATION

MAP

ADVENTURE INFORMATION: 01 — MAP 1
群馬県

Sweet Grass

浅間高原に広がる3万坪の敷地に森と小川、草原を抱くキャンプ場「北軽井沢スウィートグラス」。宿泊できるツリーハウスに加え、遊び場としてのツリーハウスもあり、種類が豊富です。また、「スウィートグラスアドベンチャー」という幼児から大人までが楽しめるアウトドアパークもあります。

- 料金：『ツリーハウス「フォレスト」宿泊』¥10,300＋税～2名、以降1名ごとに¥1,000＋税
- 所要日数：1泊2日
- 群馬県吾妻郡長野原町北軽井沢1990-4448
- 0279-84-2512　URL sweetgrass.jp

ADVENTURE INFORMATION: 02 — MAP 2
北海道

Sunbu farm

定員6名のツリーハウスに加え、テントサイトもあります。宿泊費と別料金にて、石窯ピザなどの夕食や、バター作り朝食セット、搾乳体験、五右衛門風呂での入浴が可能です。また、バードウォッチングや然別湖でのカヌー、ハイキング、熱気球などのアクティビティも楽しめます。

- 料金：『ツリーハウス宿泊』大人¥5,000（税込）小学生以下¥2,500（税込）
- 所要日数：1泊2日
- 北海道河東郡鹿追町柏ヶ丘16-3　三部牧場
- 0156-66-2802　URL www.sanbufarm.com

ADVENTURE INFORMATION: 03 — MAP 3
栃木県
※料金は部屋によって異なります

おだぎりガーデン

広大な那須高原の大地に誕生した、ツリーハウスとテントサイト、バーベキューサイトを備えたキャンプ場。那須岳から流れる清流に囲まれ、水遊びが可能で、夜には満天の星空鑑賞も。13種類ものツリーハウスの他、2つのバンガローもあります。軽食やドリンクを楽しめる、カフェも備わります。

- 料金：『ツリーハウス宿泊』¥8,000（税込）、12,000（税込）
- 所要日数：1泊2日
- 栃木県那須郡那須町大字高久丙4597-12
- 090-3316-0475
- URL www13.plala.or.jp/nasu-treehouse

ADVENTURE INFORMATION: 04 — MAP 4
栃木県

Santa Hills

35,000㎡の敷地には、売店やギャラリーカフェが備わり、受け付けやレンタル備品の貸し出しを行うセンターハウス、4種類のツリーハウスを含めた20棟のコテージ、炊事棟、トイレ棟、コインシャワー、風呂などがあります。同施設を代表するツリーハウス「エミル」は、キッチンやトイレも備わる本格的なものです。

- 料金：『天使のツリーハウス「エミル」』¥23,000/4名、以降1名ごとに大人¥3,800、小学生¥2,700、幼児¥1,600
- 所要日数：1泊2日
- 栃木県那須郡那珂川町三輪967
- 0287-96-4622　URL www.santahills.co.jp

Tree house 49

ADVENTURE INFORMATION 05　千葉県　MAP 5

ホウリーウッズ久留里キャンプ村

都心部から車で約1時間という好立地にありながらも、樹齢100年を超える木々が立ち並ぶキャンプ場。林間としては珍しく平坦であることに加え、腐葉土がもたらすふかふかの絨毯のような地面はとても気持ちいいものです。ツリーハウスは宿泊者専用となるので、事前に予約を。

- 料金：『ツリーハウス宿泊』¥20,000〜 2名、以降1名ごとに¥2,000
- 所要日数：1泊2日
- 千葉県君津市芋窪282
- 090-1817-8269　holywoodscamp.jimbo.com

ADVENTURE INFORMATION 06　神奈川県　MAP 6

茅ヶ崎市　市民の森

茅ヶ崎市が管理している公園。森に佇む見事なツリーハウスの他に、空中移動を楽しめるターザンロープや傾斜がついた壁を登るロッククライミングなどの遊具もあります。

- 料金：無料
- 開場期間：5〜10月（毎日）、11〜4月（土曜・日曜・祝日）
- 所要時間：10〜15時まで利用可能
- 対象年齢：小学3年生以下は保護者同伴が必要
- 0467-82-1111（茅ヶ崎市建設部公園緑地課）
- 神奈川県茅ヶ崎市堤716
- www.city.chigasaki.kanagawa.jp

ADVENTURE INFORMATION 07　京都府　MAP 7

風蘭の館

かつて小学校だった建物を改装し作られた宿泊施設とお食事処を備えた施設「風蘭の館」から徒歩20分。日本海を見下ろす地に、高さ約16mのタブノキが立っています。その上段にはヒノキで作られたハウスが、中段には螺旋階段と展望台があります。木上から見る日本海の景色を楽しみましょう。

- 料金：無料（要利用申請：申請は風蘭の館まで）
- 対象年齢：小学3年生以下は保護者同伴が必要
- 所要時間：9〜16時まで利用可能
- 京都府京丹後市久美浜町蒲井518-1
- 0772-83-1033　www.furan-yakata.com

ADVENTURE INFORMATION 08　沖縄県　MAP 8

Beach Rock Village

ビレッジには遊牧民スタイルの巨大テント「ティパ」、ネイティブアメリカンスタイルの個室テント「ティピ」、亜熱帯のパノラマを一望できるコテージなどの宿泊施設と共に、空、海、森が視界いっぱいに飛び込んでくるツリーテラスや世にも珍しい和室のツリーハウスがあります。宿泊しなくても利用が可能です。

- 料金：ピザ¥1,200（税込）、デザート¥300（税込）〜
- 沖縄県国頭郡今帰仁村謝名1331
- 0980-56-1126
- www.shimapro.com

世界の「ツリーハウス」の旅

スウェーデン/Sweden

「スウェーデンの山中に浮かぶ、他に類を見ないホテルに泊まる旅」

宙に浮かぶツリーハウスならぬ、ツリーホテルがスウェーデンにあります。目指すは、スウェーデン北部の街ルレオから車で北西へ約1時間走った場所、ハラッズ村。ツリーホテルがある森に足を一歩踏み入れると、澄み切った空気と鳥のさえずりが出迎えてくれます。そして、5分も歩けば突如として奇想天外な人工物、ツリーホテルがその姿を現すのです。

小枝を密集させて作る、鳥の巣の外観を模した「バードネスト」、臨むは広大な針葉樹の海「ブルーコーン」、ルレ川の渓谷の素晴らしい眺めを堪能できる箱型の「キャビン」、周囲の景観に溶け込み存在を消す、鏡張りの「ミラーキューブ」、少年の憧れを形にした宇宙船「UFO」…など、宙に浮かぶ6つの個性溢れる部屋。デザイン王国、北欧ならではの世にも珍しい「ツリーハウス」で、森に溶け込む滞在を楽しみましょう。

旅の予算 HOW MUCH?
大人1名分の総予算　28万円～
※飛行機代、宿泊費、一部食事含む、現地送迎、燃油サーチャージ除く

TRAVEL PLAN
5泊7日のプラン例
1,2日目：成田発～コペンハーゲン、ストックホルム乗り継ぎ、ルレオ着、ツリーホテルに移動
3～5日目：ツリーホテル、ルレオ発～ストックホルム着
6～7日目：ストックホルム発～コペンハーゲン乗り継ぎ～成田着

この旅の相談、手配先 ARRANGING THE TRIP
［フィンツアー］　www.nordic.co.jp

冒険 05
KIDS ADVENTURE

犬ぞりに乗って、雪原を疾走してみよう!

DOGSLED
"犬ぞり"

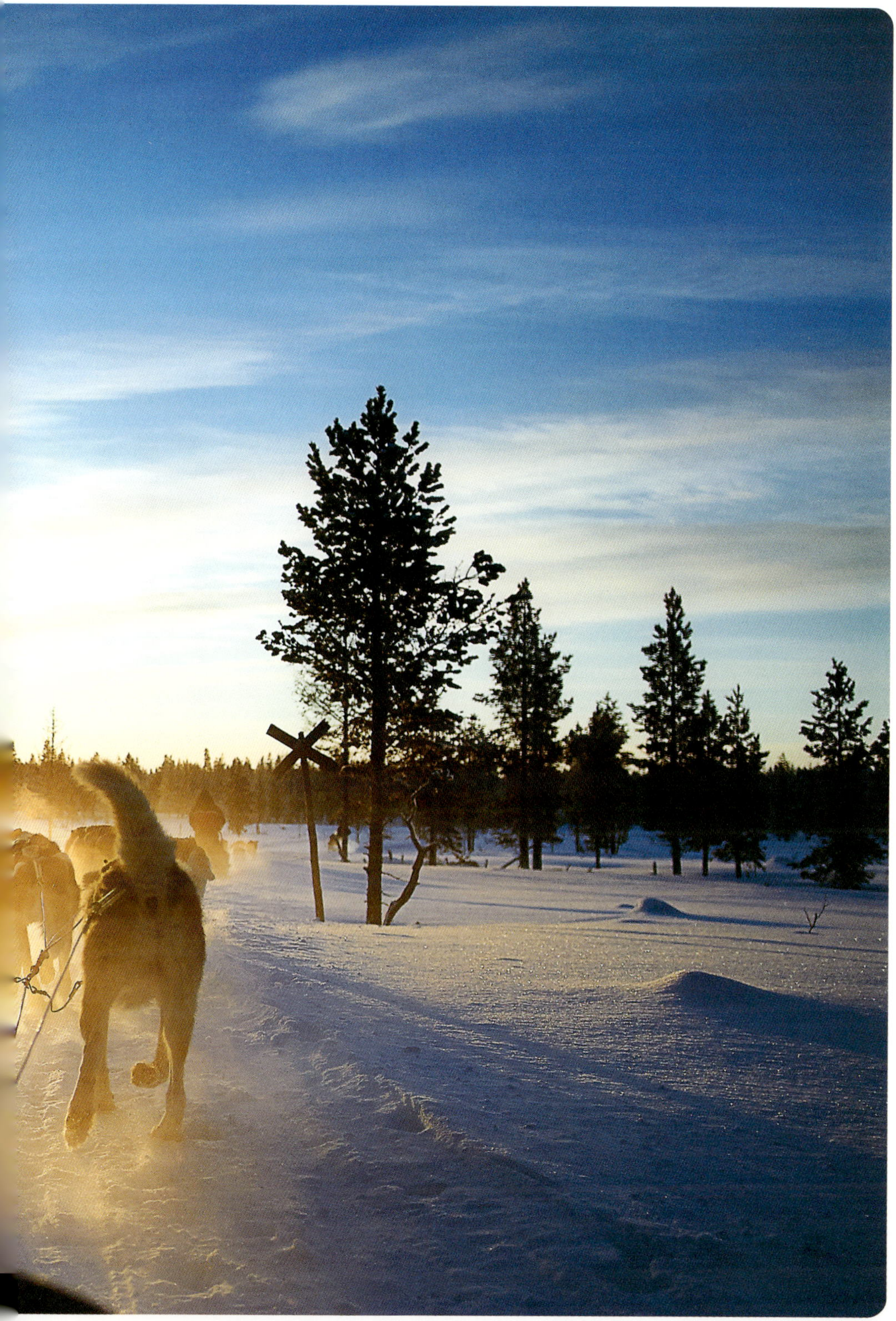

54 Kids Adventure 05

Kids Adventure 05 "DOG SLED"

「犬ぞりに乗って、雪原を疾走してみよう！」

ソリを犬に引っ張ってもらう移動手段「犬ぞり」は、数千年前から人々の生活を支えていたとも言われています。温暖な地域では馬や牛が人や荷物を運んできましたが、カナダやアラスカ、グリーンランドといった寒冷な地域では、寒さに強い犬ぞりが大活躍してきたのです。一部の地域では現在でも人々の手助けをしていますが、基本的にその役目はスノーモビルに変わり、犬ぞりはレジャーやレースなどで見られるのがほとんどです。

犬ぞりのレースでは数十km〜1,000km以上まで、様々な距離を走ります。その中で、世界最高峰の犬ぞりレースと呼ばれる「ユーコンクエスト」は、10日間で1,600kmもの距離を走る、とっても過酷なもの。それだけに途中リタイヤも多く、完走するだけでもとても名誉なことだと言われています。

みんなが体験するのは、1km〜10kmほどです。1,600kmと比べると短く感じるかもしれませんが、十分に犬ぞりの魅力を感じることができるはずです。まずは、一緒のチームとなる犬とご対面。初めて会う人に吠える犬もいればシッポを大きくふって近づいて来る犬もいるでしょう。どの犬も大きいので、最初はちょっと恐く感じてしまうかもしれませんが、きちんと人への接し方を教えられているので安心です。恐れることなく、仲良くなりましょう。
犬を統率し操縦する人のことを「マッシャー」と呼びます。防寒具を着て、手袋や帽子、ゴーグルを付けたら、いよいよあなたはマッシャーです。そりに乗る人数や重さによって、引く犬の頭数は変わります。犬への合図を覚えたら、さぁ、白銀の世界へと出発しましょう。
走り出してすぐは、そのスピードに驚くことでしょう。自転車の漕ぐよりもずっと速く、速度は30km/h近くになることもあります。聞こえてくるのは、犬の息づかいやそりが雪の上を滑る音、そして風を切る音です。最初は周囲の景色を見る余裕などないかもしれませんが、犬たちとの呼吸が合ってきたら、少しずつ真っ白に染まった美しい景色を楽しめるはずです。犬ぞりを降りたら、犬たちにきちんと「ありがとう」を伝えることも忘れずに。
映画『南極大陸』でも描かれた犬ぞりを、冬の日本で楽しんでみましょう。

SAMPLE PLAN
KIDS ADVENTURE 05 "DOG SLED"

「犬ぞり／体験例」

午前の部 9:30／午後の部 13:30　受付

受け付けを済ませたら、着替えと説明があります。そりの仕組みや各部位の取り扱い、体験中の体重移動方法など、実際にそりを使いながら習います。スタートやストップの手順やかけ声など本番さながらの練習をしたり、20〜25kgほどもある大きな犬たちにハーネスを付けたりもします。まずは、チームとなる犬たちと仲良くなりましょう。

●犬ぞり体験

いよいよ、出発です。2〜3名で同乗して8〜10頭の犬と共に再び白銀の世界へ。自らもマッシャーとなり、犬たちと雪の世界を駆け抜けていきます。

午前の部 12:00／午後の部 16:00　終了

終わる頃には、もう慣れたものです。すっかりたくましいマッシャーになっていることでしょう。犬たちに感謝をきちんと伝えてプログラムは終了。駅まで送迎があります。

協力：<MUSHING WORKS（マッシングワークス）> www.mushingworks.com

ADVENTURE INFORMATION

MAP

ADVENTURE INFORMATION: 01
北海道　MAP 1

※料金は『半日プラン/ベーシック』
※家族連れの方にはお得な割引プランあり

MUSHING WORKS

約12kmのコースでは、広大な雪原や針葉樹の防風林の中、川沿いなど変化に富んだ地形を楽しめます。お友達や親子で1台の犬ぞりに2〜3名ずつ乗って楽しめるツアーや、もっと本格的にチャレンジしてみたい方には、『半日プラン/チャレンジ』コースで完全に1人での操縦を体験することも可能です。

- 料金：大人¥16,000+税、子ども（9歳以下）¥7,000+税
- 対象年齢：6歳〜
- 所要時間：約2時間30分
- 住：北海道河東郡鹿追町瓜幕西31線25
- TEL：080-3232-8119 / 0156-67-2201
- URL：www.mushingworks.com

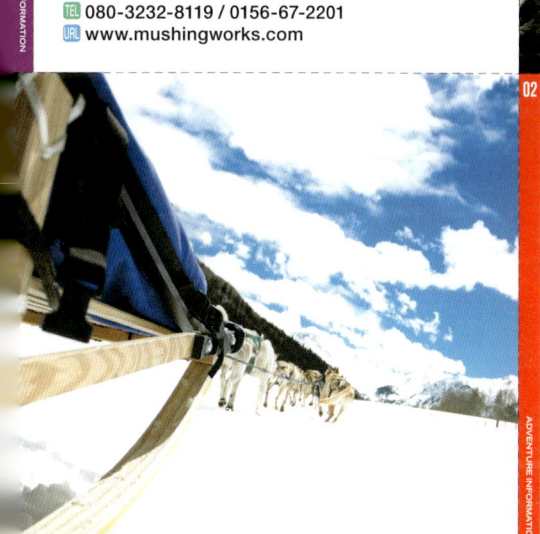

ADVENTURE INFORMATION: 02
北海道　MAP 2

※料金は『フレンドリーコース』
※小学4年生以下は事前に要相談

北海道アドベンチャーツアーズ

希望や体力にあった形で複数のコースが用意されています。まずはお手軽な『フレンドリーコース』から。真っ白に輝く約5kmの道のりを体験することができます。約10kmを走破する『アドベンチャーコース』や2泊3日の『ソラプチ・エクスペディション』まで、様々な犬ぞり体験を楽しめます。

- 料金：大人（中学生以上）¥12,000+税
  　　　子ども（小学生以下）¥9,000+税
- 対象年齢：5歳〜
- 所要時間：約2時間
- 住：北海道空知郡南富良野町北落合308-6
- TEL：0167-39-7810
- URL：www.hokkaido-adventures.com

Dog sled 57

ADVENTURE INFORMATION:03 北海道 MAP 3

NPO法人 どんころ野外学校

犬と触れ合うのもマッシャー（犬ぞり使い）の大事な仕事と考え、安全レクチャー後に犬舎で犬と戯れるところからツアーはスタートします。巡るのは、片道1km、往復2kmの林間コース。犬が苦手だったり、体力に自信がなくても参加できる『半日ツアー』に加え、『1日コース』、『キャンプコース』もあります。

- **料金**：『犬ぞり 半日ツアー』大人¥9,000（税込）、子ども（小学生以下）¥7,000（税込）
- **対象年齢**：3歳～　**所要時間**：約2時間30分
- **住**：北海道空知郡南富良野町落合
- **TEL**：0167-53-2171　**URL**：www.donkoro.com

ADVENTURE INFORMATION:04 群馬県 MAP 4

水上高原リゾート

本州でも本格的な犬ぞりを体験することができます。小学生以上2人1組での申し込み。マッシャーと呼ばれるインストラクターと一緒に往路と復路でそれぞれ犬ぞりを体験。折り返し地点に到着したら交代します。往復約2kmの雪原コースを犬たちと一緒に駆抜けます。

- **料金**：『体験ドライバープラン』大人子供共同料金¥8,500（税込）
- **対象年齢**：小学生～、10歳以下は大人とペアで参加
- **所要時間**：約50分
- **住**：群馬県利根郡みなかみ町藤原6152-1
- **TEL**：0278-75-2222　**URL**：www.minakami-ski.jp

58　Kids Adventure:05

世界の「犬ぞり」の旅

フィンランド/Finland

「北極圏を舞う光のショー・オーロラを求めて、犬ぞりを走らせる旅」

フィンランド随一のリゾート地・レヴィは、北緯68度、北極圏内に位置する町です。一生に一度は見たい、オーロラの鑑賞に最適な場所のひとつとして知られ、犬ぞりと共に楽しむことができます。片道25～50kmの距離を犬ぞりに乗って走り、大自然に包まれた秘境の森のコテージへ。宿泊しながら、空一面に広がるオーロラを心ゆくまで眺めるのです。しかも、犬ぞりは自分自身で操作する本格派。もちろん道案内のガイドがついてくれるので迷ったりする心配もありません。真っ白い雪に覆われた静かな森、一面に広がる樹氷のパノラマ、凍った河や湖……厳しくも美しい大自然の中を冒険家のように疾走してみましょう。

レヴィでは、トナカイが引っ張るソリに乗っての森林散歩やスノーモビルで雪上ツーリング、スキーにスノーボードなど、様々なウインターアクティビティも楽しめます。北極圏で犬ぞりに乗り、極上のオーロラに出逢う。そんな極地だからこそ体験できる旅へ。

旅の予算 HOW MUCH?　大人1名分の総予算　29万円〜　※旅の予算は本書プラン例の目安料金です。
※飛行機代、現地ツアー代、食事含む、燃油サーチャージ除く

TRAVEL PLAN　4泊6日のプラン例
1日目：成田発〜ヘルシンキ乗り継ぎ〜キッティラ着、レヴィに移動
2〜4日目：レヴィ、犬ぞり1泊2日ツアー、オーロラ鑑賞
5、6日目：キッティラに移動、キッティラ発〜ヘルシンキ乗り継ぎ〜成田着

この旅の相談、手配先 ARRANGING THE TRIP　［フィンツアー］　www.nordic.co.jp

冒険06
KIDS ADVENTURE

風を掴んで、大空を散歩しよう！

PARAGLIDER
"パラグライダー"

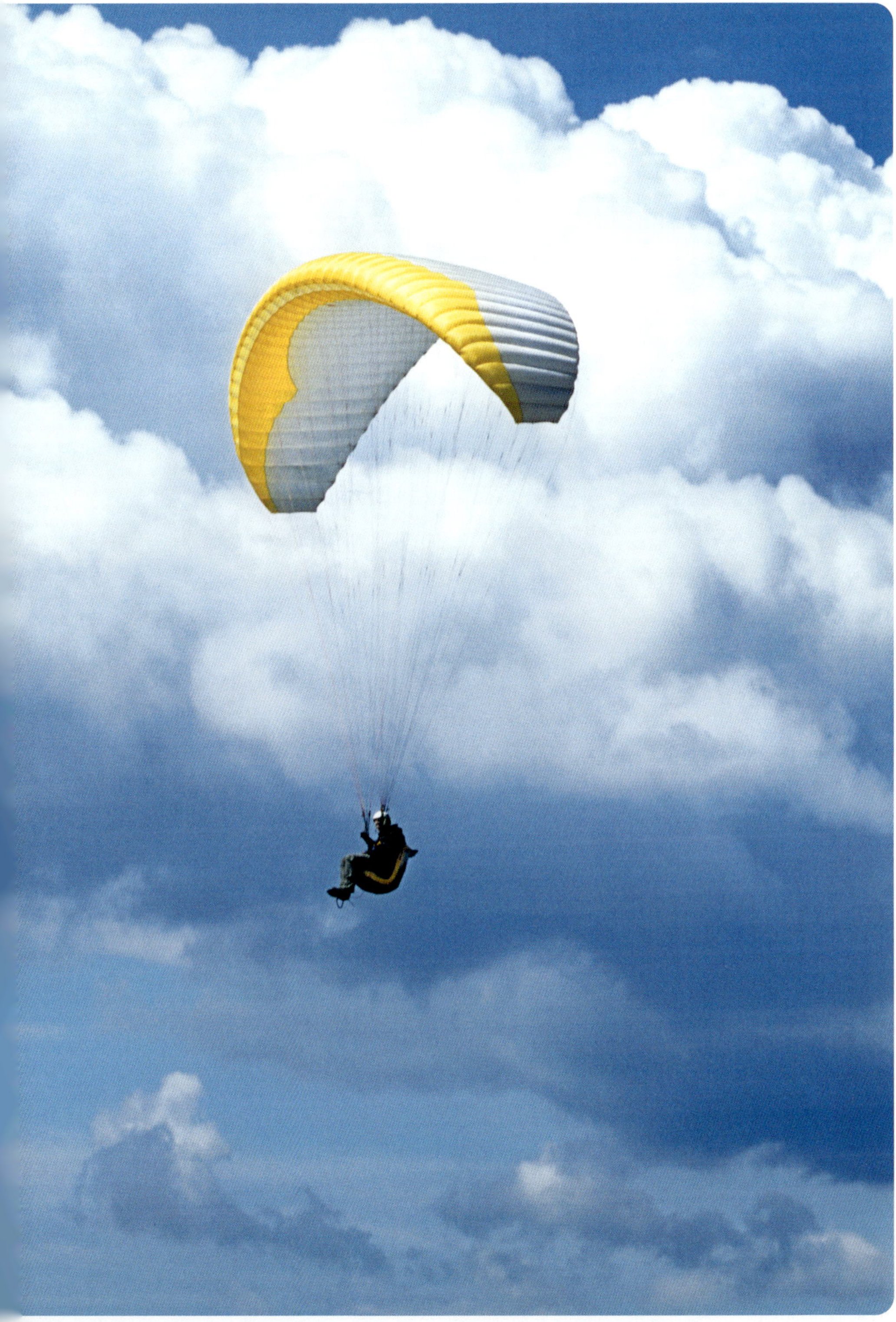

62 Kids Adventure 06

Kids Adventure
06
"PARAGLIDER"

「風を掴んで、大空を散歩しよう」

「鳥のように空を飛べたら……」と、誰しもが一度は考えたことがあるのではないでしょうか？
昔から人類が挑戦し続けてきた、空を飛ぶということ。パラグライダーは、その夢を叶えてくれる冒険です。

パラグライダーの構造は、とっても簡単です。空気をつかまえる大きな翼の部分をキャノピーと言い、そこから丈夫なラインが、体に装着したハーネスと繋がっているだけです。手の近くには、ブレークコードというパラグライダーをコントロールする紐があり、右に引けば右に、左に引けば左に曲がることができるのです。万が一に備え、高い高度を飛行する場合には緊急用のパラシュートを装備することもあります。
パラグライダーは、初めての体験で、数十mまたは100m以上もの高さを1人で飛ぶことはできません。きちんと知識をつけた上での練習が必要だからです。でも、ふわっと浮く体験ならいきなり1人でもOK。もちろん経験を積んでいけば大空を1人で飛ぶことができるようになります。
準備体操を終えて、説明を聞いて、ハーネスを装着して。パラグライダー体験の準備ができたら、「どんな感じになるんだろう？」とワクワクと不安が押し寄せてくるでしょう。そんな思いと共に、勇気を出して丘の斜面を下に向かって駆けてみましょう。風をつかまえると、まるで上から引っ張られるように、体がふわっと浮かび上がります。最初のうちは数m浮く場合もあれば、数十cmぐらいしか浮かないこともあるでしょう。自分の体が宙に浮くという感覚は独特です。ちょっとした不安な気持ちがありながらも、胸が高鳴り、なんとの言えぬ興奮と喜びが沸き上がり、思わず笑顔になってしまいます。そうして、何度も宙に浮く体験を楽しんでいくのです。

「せっかく来たんだから、大空の素晴らしさを体験したい！」と思う人もいるでしょう。その場合は、経験豊富なインストラクターと共に2人乗り（タンデムフライト）で大空を舞いましょう。いつか自分1人で空を舞う時のために。大空から眺める、眼下に広がる素晴らしい景色を目に焼き付けましょう。

SAMPLE PLAN
KIDS ADVENTURE:06 "PARAGLIDER"

「パラグライダー／体験例」

9:30　受付
受け付けをすませたら、パラグライダーの概要について説明を受けます。

●準備運動、ハーネスを装着
パラグライダーのフィールドに移動して準備運動。ケガを防ぐためにも、念入りに体を伸ばします。ガイドさんと一緒に、ハーネスを体に装着します。

●飛び立つ前に
飛行中の体の動かし方を習います。そして、キャノピーへと繋がるラインのチェックを行ったり、キャノピーを広げて構造を学びます。

●いざ、空中へ
「せーの！」で、地面を走ります。風を捕まえて上手くいけば、体がふわっと宙に浮いて、飛ぶことができます。そして、空の旅を終えたら、ふわっと着地。これを何度か繰り返して、パラグライダーに慣れていきます。天候や風のコンディションによっても異なりますが、だいたい3回ほどふんわり体験を楽しむことができます。

11:30　終了
後片付けをして終了です。（体力に自信があれば、最初から「1日チャレンジコース」に参加して、更に高く、更に遠くへと飛ぶ練習をするのもオススメです。）

協力：<GRAND VOLEE>　www.g-v.jp

ADVENTURE INFORMATION

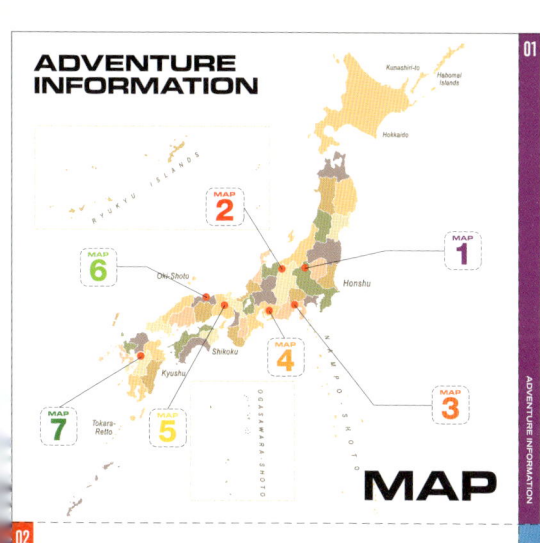

MAP

ADVENTURE INFORMATION: 01 — MAP 1
群馬県

🅟 GRAND VOLEE

「イージー浮遊体験コース」は、約2時間、スキー場の初級コースレベルの斜面で行うものです。「1日チャレンジコース」もありますが、子どもには浮遊体験、または、タンデムフライトコースがオススメです。

- 料金：『イージー浮遊体験コース』¥5,093+税
- 対象年齢：5歳～
- 所要時間：約2時間（天候、人数、年齢によって変更あり）
- 群馬県利根郡みなかみ町師2151
- 0278-62-1274
- www.g-v.jp

ADVENTURE INFORMATION: 02 — MAP 2
長野県

※タンデムフライトの対象者は体重30～90kg、30kgに少し満たない場合は要相談

🅟 スカイブルー 八方尾根パラグライダースクール

「半日体験コース」、「タンデムフライトコース」に加え、それらを合わせた「タンデム＋ミニ体験コース」があります。タンデムフライトでは、標高1,400mの地点から標高差650mを10分前後かけ、北アルプスを背景に白馬の空を遊覧できます。

- 料金：半日体験コース』¥6,000(税込)
- 対象年齢：小学3年生～
- 所要時間：約2時間
- 長野県北安曇野郡白馬村八方3901 白馬八方尾根スキースクール内1F
- 0261-72-7013　URL www.geocities.jp/skyblue_pgs

ADVENTURE INFORMATION: 03 — MAP 3
静岡県

🅟 アサギリ高原パラグライダースクール

世界有数の広大な練習場を持つパラグライダースクール。富士山を一望しながらパラグライダーの体験ができます。「お手軽体験フライト」では高低差22mほどの丘で宙を舞います。高高度からの景色を気軽に楽しみたい場合は「タンデムフライト」でインストラクターと大空に舞うこともできます。

- 料金：『お気軽体験フライトコース』¥4,259+税
- 対象年齢：体重30kg～
- 所要時間：約3時間
- 静岡県富士宮市根原282-1
- 0544-52-1031　URL www.asagiri-para.com

Paraglider 65

ADVENTURE INFORMATION: 04
MAP 4
愛知県

※料金はWEB予約時。

🪂 スカイトライ

小さな斜面を利用して体験する「パラグライダー 1人乗り」、インストラクターと2人乗りして三河湾の景色を眺める「パラグライダー遊覧飛行」に加え、家族で乗ることができる「パラグライダー親子体験」もあります。インストラクターと3人乗りして、親子で大空の冒険をすることができます。

- 料金:『パラグライダー1人乗り』¥8,000+税(WEB予約時)
- 対象年齢: 8歳〜、条件により異なります
- 所要時間: 約3時間
- 愛知県岡崎市保母町三反田19-1
- TEL 0564-47-3239　URL www.skytry.jp

ADVENTURE INFORMATION: 05
MAP 5
兵庫県

🪂 ア・ロールアウト パラグライダースクール

「半日体験コース」では、なだらかな斜面の講習場でふわっと浮遊体験します。「タンデムコース」では兵庫県の岩尾山の標高600mの地点、スカイツリーの頂上と同じ高さから、大空へと飛び出します。「半日体験コース」と「タンデムコース」がセットになった「半日体験&タンデムコース」もあります。

- 料金:『半日体験コース』¥6,204+税
- 対象年齢: 10歳〜
- 所要時間: 約2時間30分
- 兵庫県丹波市青垣町市原645-1
- TEL 0795-87-1825　URL rollout.jp

ADVENTURE INFORMATION: 06
MAP 6
鳥取県

🪂 ゼロパラグライダースクール

「半日スクール」でも、鳥取砂丘では十分パラグライダーを楽しむことができます。風向きに合わせて斜面を選ぶことができるので、練習にとってもいい場所です。また、「タンデムフライト」では、約300mの霊石山からのフライトが可能で、鳥取の町並を一望することが可能です。

- 料金:『半日スクール』¥7,000+安全管理費¥500
  「タンデムコース」¥12,000+安全管理費¥500(全て税込)
- 対象年齢: 5歳くらい〜(事前に要相談)
- 所要時間: 約2時間30分
- 鳥取県鳥取市浜坂1-16-45-2
- TEL 0857-29-9098　URL www.zero-para.co.jp

ADVENTURE INFORMATION: 07
MAP 7
熊本県

🪂 パラフィールド火の鳥

「2時間体験」では1〜5mほど浮いて、空の旅を体験することができます。「1日体験」では、午前中に地上にて練習し、30〜50mの高さをフライトすることができます。またインストラクターと共に大空を舞う「タンデム(2人乗り)」では、高さ50〜200mの阿蘇の空を楽しめます。

- 料金:『2時間体験』¥4,000+税
- 対象年齢: 体重30kg〜
- 所要時間: 約2時間
- 熊本県阿蘇郡西原村小森2180
- TEL 096-279-3903　URL parafield-hinotori.com

Kids Adventure: 06

世界の「パラグライダー」の旅

🇹🇷 トルコ/Turkey

「絶景ビーチを飛び越える、世界の空を飛ぶ旅」

トルコ南西部に位置するオルデニスは、エーゲ海に面したこぢんまりとした町です。目前には、対岸へ向かって伸びる白砂のビーチ、目が覚めるほどのトルコブルーに染まる海。そのあまりの美しさから、世界の美しいビーチランキングにも度々登場するほどです。同時に毎年パラグライダーの世界大会が行われる町でもあり、パラグライダーの聖地のひとつにも数えられています。魅力はなんといっても大空から見ることのできる絶景。標高約1,700mの地点から、タンデムフライトで空へと飛び出せば、眼下には美しい海岸線や、グラデーションを描く海、周囲に聳える緑の山々を望むことができるのです。色とりどりのパラグライダーが空に舞うのは、春から秋にかけてですが、空遊びに加えて最高の海遊びもしたい場合は、夏に訪れましょう。異国の空で体験するパラグライダーに、また新しい感動を覚えることでしょう。

旅の予算 HOW MUCH?
大人1名分の総予算　29万円〜　※現地予算は本書プラン例、個人手配時の目安料金
※飛行機代、現地ツアー代、食事含む、燃油サーチャージ除く

3泊6日のプラン例
1,2日目： 成田発〜イスタンブール乗り継ぎ〜ダラマン着、オルデニスに移動着
3,4日目： オルデニス滞在、パラグライダー
5,6日目： ダラマンに移動、ダラマン発〜イスタンブール乗り継ぎ〜成田着

冒険 07
KIDS ADVENTURE

帆を掲げ、海の上を自在に走ろう！

YACHT
"ヨット"

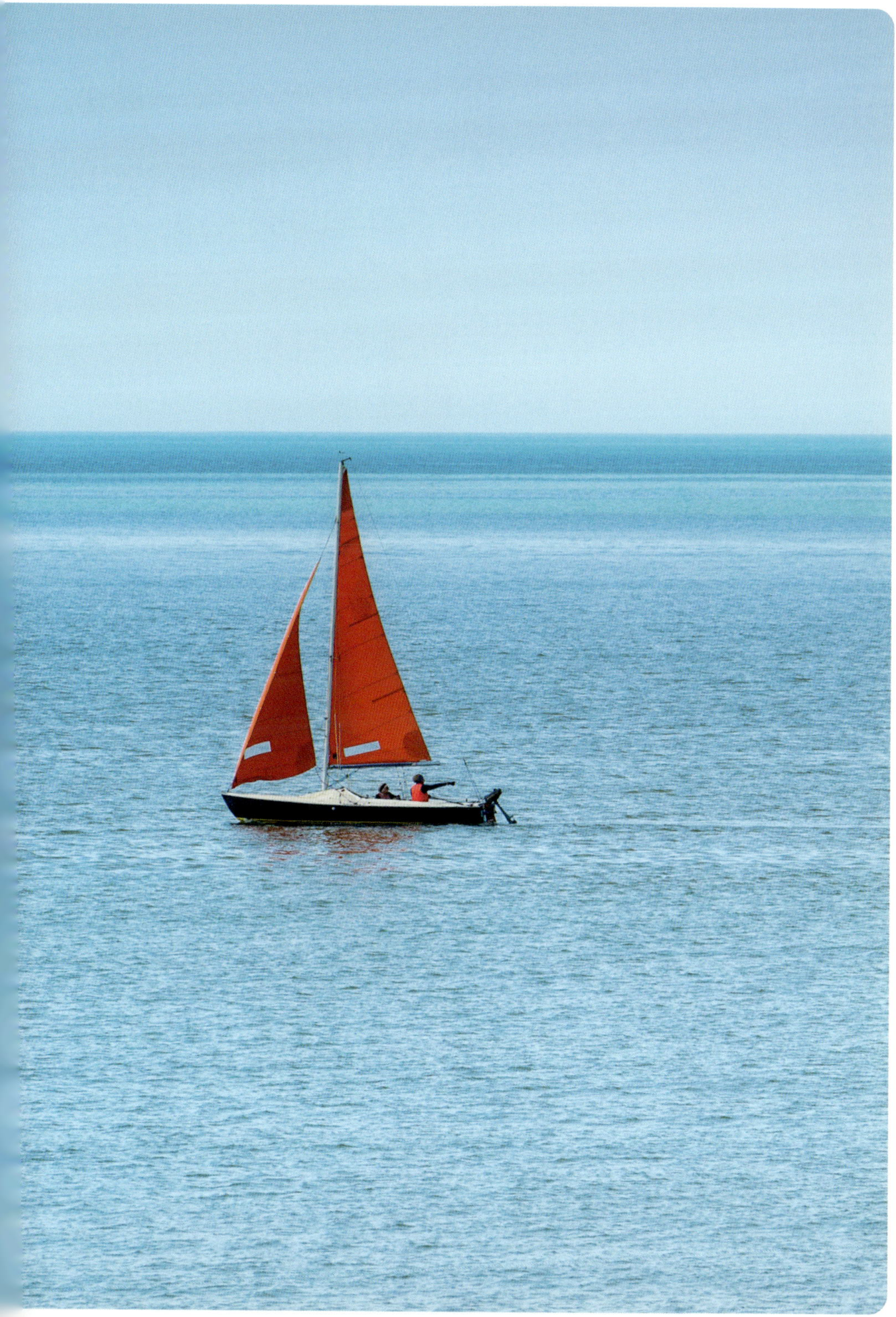

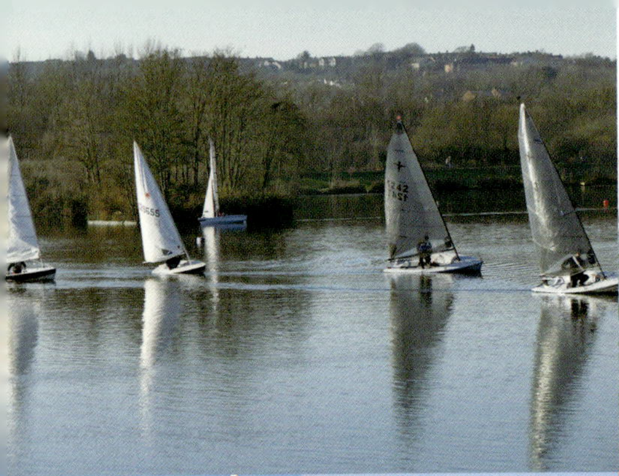
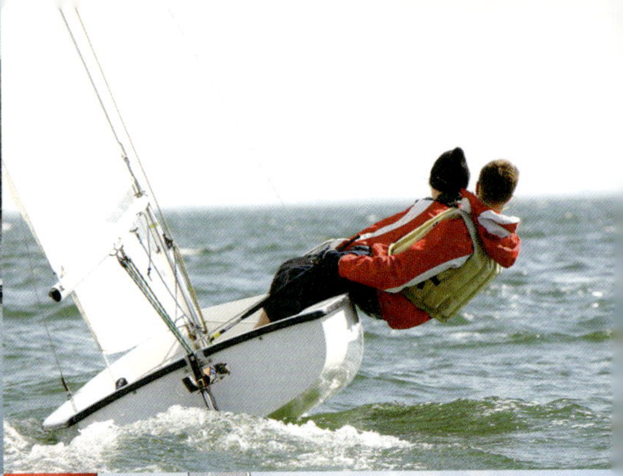
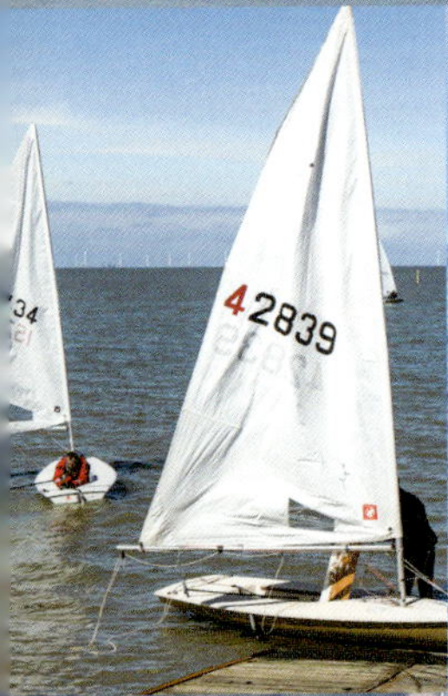
42839
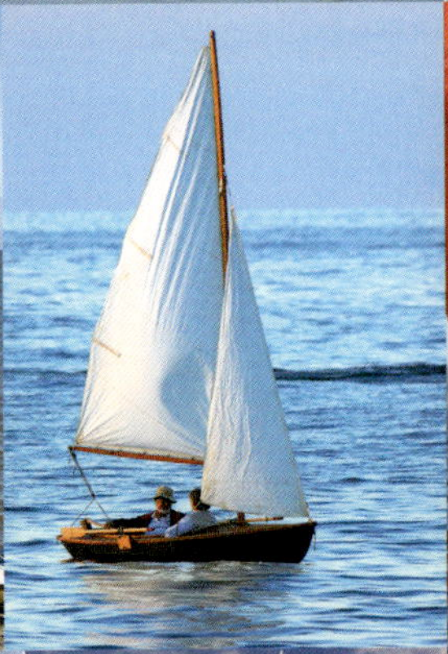
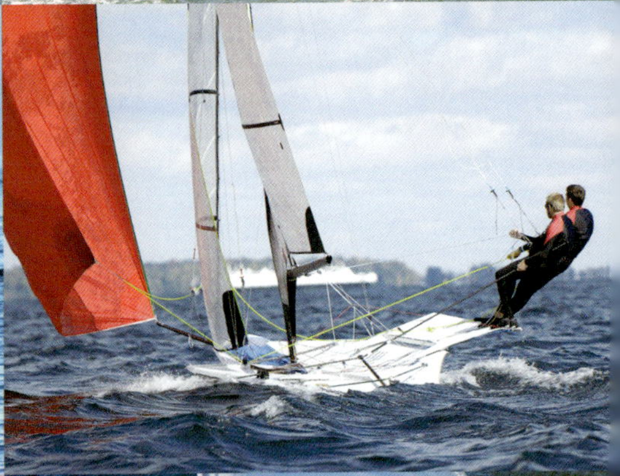
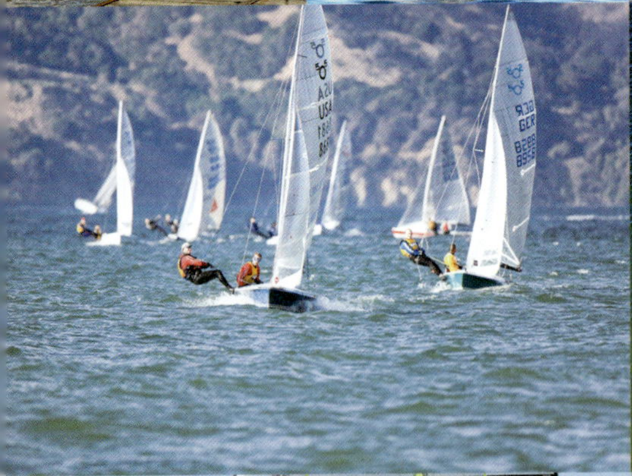
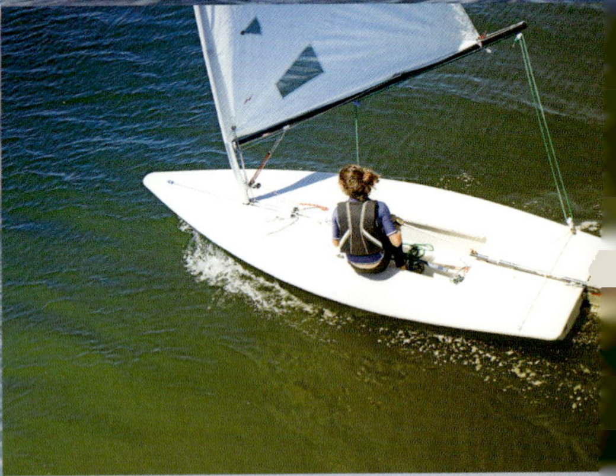
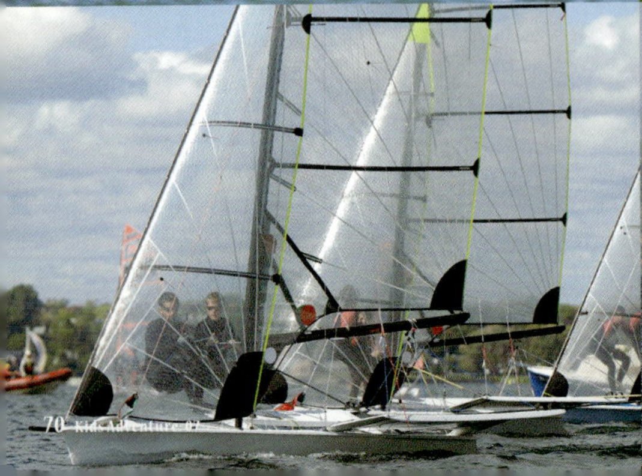
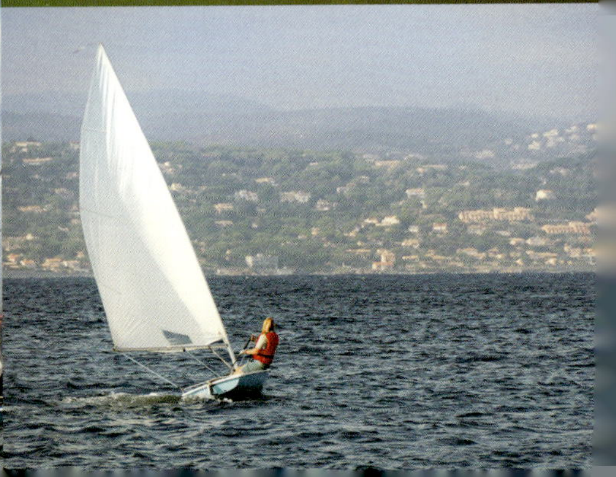

Kids Adventure
07
"YACHT"

「帆を掲げ、海の上を自在に走ろう」

大きな白い帆を掲げ、優雅に進む大きな船……ヨットって、そんなイメージがありませんか？
実はヨットの種類は多種多様です。1人乗りの小型ヨットから、広いキャビンにキッチンや寝室のある10人以上乗れるクルーザー型の大きなヨットまで、日本だけでもその種類は数十種類はあるのです。
わかりやすいヨットの定義は、「帆（セイル）に風を受けてその力で進む船」といったところでしょうか。

まずは、「ディンギー」と呼ばれるシンプルな小型ヨット（1〜2人乗り）から体験してみましょう。小さいヨットだからこそ、自然をダイレクトに感じることができるはずです。
もちろん最初から1人で操船することはできませんが、しばらくレッスンを受けていると、段々とヨットのバランスに慣れてきて、自分で舵や帆を操作しながら走ることができるようになっていきます。自転車に初めて乗った時のように、最初はふらふらするけれど、何度か練習するうちにコツをつかみ、自信を持って乗れるようになるのとよく似ています。

「のんびり悠々と海を進むヨットは、とても気持ち良さそう！」
そんなイメージしているかもしれませんが、実際に乗ってみると、のんびりというよりもちょっと忙しい感じです。しかし、ヨットの上で体感できる気持ちよさや爽快感は、きっと想像をはるかに超えるでしょう。
全身を撫でる風、水上ならではの疾走感、波の揺らめき、ヨットが水を切る音、帆のはためき、きらきらと輝く海景色……それらすべては、海上だからこそ味わえる特別なものです。

帆を掲げ、風を操り、海上を自在に進む冒険。
ヨットに乗って、潮風を全身に受けながら、海と一体となる快感を味わってみませんか？

SAMPLE PLAN
KIDS ADVENTURE 07
"YACHT"

「ヨット／体験例」

9:30　集合、着替え
クラブに集合し、レンタルウェアに着替えます。ライフジャケットも着るので安心です。

10:10　説明、海へ移動
ヨットに乗る時の安全に関する注意点をインストラクターから説明を聞いたら、早速海へ出ていきましょう。

●ヨットに慣れよう
インストラクターが最初は操船しますので、ヨットのバランスに慣れましょう。

●景色を楽しもう
江の島や名島、灯台などきれいな景色を楽しみながらセーリングしましょう。季節によっては富士山もきれいに見えます。

●操船を体験しよう
周りの景色を楽しむ余裕が出てきたら、操船もしっかり体験してみましょう。舵の持ち方、正しいセーリングフォームを教わりながら、操船してみます。風が弱ければ意外と簡単ですが、風が強いとスピード感にびっくりするかも。
操船に少し慣れてきたら、方向転換をしながら葉山の景色を楽しみましょう。

12:00　着艇、終了
ヨットの後はもう少しゆっくり海で遊んだり、夕日を見たり、カフェでゆっくり。美味しいお店や夕日のスポットも案内してもらえます。

協力：＜葉山セーリングカレッジ＞　sailco.com

ADVENTURE INFORMATION

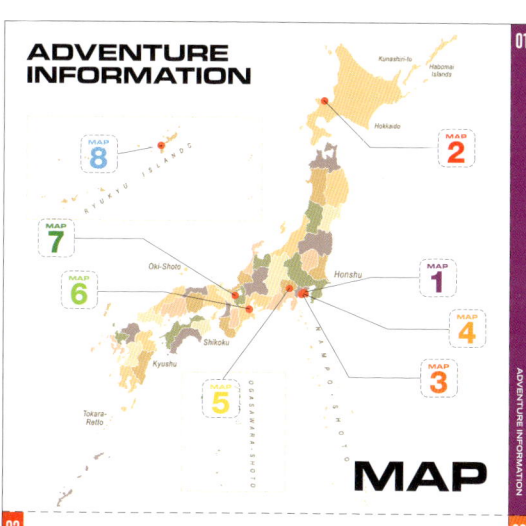

MAP

ADVENTURE INFORMATION: 01 　MAP 1
神奈川県

※小学生以下は保護者同伴が条件
※小学2年生未満のお子様のご参加を希望の場合、事前に要相談。

葉山セーリングカレッジ

葉山セーリングカレッジは、正面に江ノ島と富士山を望む森戸海岸から10mという立地にあり、周囲には日常をリセットできる自然が広がっています。ヨットに乗るのが初めて人向けにヨットスクールを、ビギナーから経験者向けには安心して楽しめるクラブを運営しています。

- 料金:『体験セーリング』大人1人、子ども1人 ¥11,800円(2名・税込)
- 対象年齢: 小学2年生〜
- 所要時間: 約2時間30分
- 神奈川県三浦郡葉山町堀内939-13
- TEL 046-877-5399
- URL sailco.com

ADVENTURE INFORMATION: 02 　MAP 2
北海道

小樽港マリーナ

レンタルボートやヨットが用意してあるので、気軽にマリンレジャーを楽しめます。小型ヨット・ディンギーの体験はありませんが、小樽の海上観光を楽しめるヨットクルージングが運航されています。体験クルーズでは、ヨットの操船やセール(帆)の上げ下げも乗船者のみんなで行います。

- 料金:『ヨット体験クルーズ』¥4,520(税込)
- 対象年齢: 5歳〜
- 所要時間: 約1時間30分
- 北海道小樽市築港5-7
- TEL 0134-22-1311
- URL www.mw-otaru.jp

ADVENTURE INFORMATION: 03 　MAP 3
神奈川県

セイラビリティ江の島

江の島ヨットハーバーでは、湘南なぎさパークとNPO法人セイラビリティ江の島が共同で、誰もが楽しめる小型ディンギーヨットの体験を行っています。安定性が高い2人乗りのヨットに、インストラクターが同乗して操船するので、初めてでも安心・安全にセーリングが楽しめます。

- 料金:『セーリング体験』¥1,500
- 対象年齢: 小学生以下は保護者同伴、要事前申し込み
- 所要時間: 約1時間〜1時間20分
- 神奈川県藤沢市江の島1-12-2
- TEL 080-5446-1173
- URL sailability-enoshima.jp

ADVENTURE INFORMATION: 04 　MAP 4
神奈川県

※小学3年生以下は保護者同伴

ビーウインズ・セイリングクラブ

ヨットビギナーから経験者までレベルに合った面白さを満喫できるヨットスクール。外海に面しているとは思えない遠浅の穏やかな海が広がり、ヨット体験・入門にはもってこいの立地。小型ヨットを使用するスクールで、はじめての人から経験者まで、誰でもいつでも受講できます。

- 料金:『ヨットスクール グループコース』半日「¥11,000+税/2名 ¥15,000+税/3名」、1日「¥18,000+税/2名、¥24,000+税/3名」
- 対象年齢: 6歳〜
- 所要時間: 約3時間〜
- 神奈川県鎌倉市材木座6-16-37-2F
- TEL 0467-24-9101
- URL www.bewinds.co.jp

Yacht 73

ADVENTURE INFORMATION: 05 — MAP 5
山梨県
※小学生以下は保護者同伴が条件

🛥 山中湖ヨットハーバー

山中湖ヨットハーバーは、多くのマリンスポーツを楽しめるマリーナです。ヨットレンタルから、インストラクターが同乗する体験コースや1日でマスター可能なスクールも開講。レンタル料金に1人プラス1,000円でインストラクターが同乗し、快適なヨットの旅を体験。小さな子どもでも安心して楽しめます。

- 料金：『ヨット体験コース』1時間¥5,000（税込）
- 対象年齢：7歳〜
- 所要時間：約1時間
- 住：山梨県南都留郡山中湖村山中232-7
- TEL：090-7286-5492
- URL：y-yachtharbor.com

ADVENTURE INFORMATION: 06 — MAP 6
三重県

🛥 津ヨットハーバー

津ヨットハーバーは、1年を通して穏やかな海面で、ヨット体験には最適です。ディンギーヨット、クルーザーヨット、モーターボート、ウェイクボードなど多数の体験メニューがあります。毎年夏には、マリンスポーツやキャンプ生活を体験する1泊2日の「マリンキャンプ」も開催されています。

- 料金：『クルーザーヨット／モーターボート体験』大人¥1,000（税込）、小人¥800（税込）、団体割引あり
- 対象年齢：保護者と一緒なら幼児から可能
- 所要時間：約1時間
- 住：三重県津市津興字港中道北370
- TEL：059-226-0525
- URL：www.tsu-yachtharbor.jp

ADVENTURE INFORMATION: 07 — MAP 7
滋賀県
※小学生以下は保護者同伴が条件

🛥 BSCウォータースポーツセンター

琵琶湖・比良山のふもと、湖西・蓬莱（ほうらい）浜にあります。ヨット・カヤック・ウインドサーフィンなどのスクールを展開し、「びわ湖自然体験学習」として多くのコースが用意されています。国際セイリングスクール協会公認スクールでは、RYA（英国王立ヨット協会）のカリキュラムでレッスンが行われています。

- 料金：『ディンギー入門スクール』¥12,000+税（3名以上で申し込みの場合）
- 対象年齢：小学4年生〜
- 所要時間：約5時間
- 住：滋賀県大津市南船路4-1
- TEL：077-592-0127
- URL：www.bsc-int.co.jp

ADVENTURE INFORMATION: 08 — MAP 8
沖縄県
※小学生以下は保護者同伴が条件

🛥 CHART HOUSE

沖縄は世界的に見ても風に恵まれた場所です。CHART HOUSE（チャートハウス）は、沖縄本島中部・宜野湾マリーナにて、サンセットセーリングや、チャーターヨット、簡単なセーリングレッスンを行っています。気軽に沖縄の風を体験でき、季節によってはザトウクジラに会えることも!?

- 料金：『デイセーリングツアー』¥6,800+税
- 対象年齢：5歳〜
- 所要時間：約2時間
- 住：沖縄県宜野湾市大山6-13-15　C-1
- TEL：090-7446-3649
- URL：charthouse.ti-da.net

世界の「ヨット」の旅

🍁 カナダ/Canada

「海外の海風を受けて、大海原を航海する」

風の力はもちろんですが、ヨットでクルージングするためには、知識や技術、経験が必要です。国内でヨット体験をしてその楽しさを覚えたら、更なるステップアップで海外のセーリングスクールに入学してみるのもオススメです。1週間程度のものから、1～6ヶ月海外で生活しながらヨットの技術や知識を身に付けるというものまで、習得したレベル毎に国際的な技術証明書を取得することができるのです。

拠点となるのは、カナダ西部の大都市バンクーバー。観光名所が多い一方で、世界で最も住みやすい街に選ばれるなど、長期滞在にも最適な街です。大小のヨットが整然と停泊するマリーナもあり、すぐに海に行ける抜群の環境でもあります。1週間よりも長く滞在する場合は、同時に語学学校に通うことができるので、英語の勉強にヨットの技術習得と、より有意義に海外での生活を送ることができるでしょう。海外の風を受けながら、自らの操船でヨットを進ませる。そんな冒険も可能なのです。

旅の予算 HOW MUCH? 　大人1名分の総予算　40万円～　※旅の予算は本書プラン例の目安料金です。
※飛行機代、宿泊費、現地送迎、食事、セーリングスクール受講費用含む、一部食事、燃油サーチャージ除く

TRAVEL PLAN 　**7泊9日のプラン例**
1日目：成田発～バンクーバー着
2日目～7日目：セーリングスクール
8、9日目：バンクーバー発～成田着

この旅の相談、手配先 ARRANGING THE TRIP 　[Wind Valley Sailing School] 　www.windvalleysailing.com

冒険 08
KIDS ADVENTURE

熱気球に乗って、大空を旅しよう！

HOT AIR BALLOON
"熱気球"

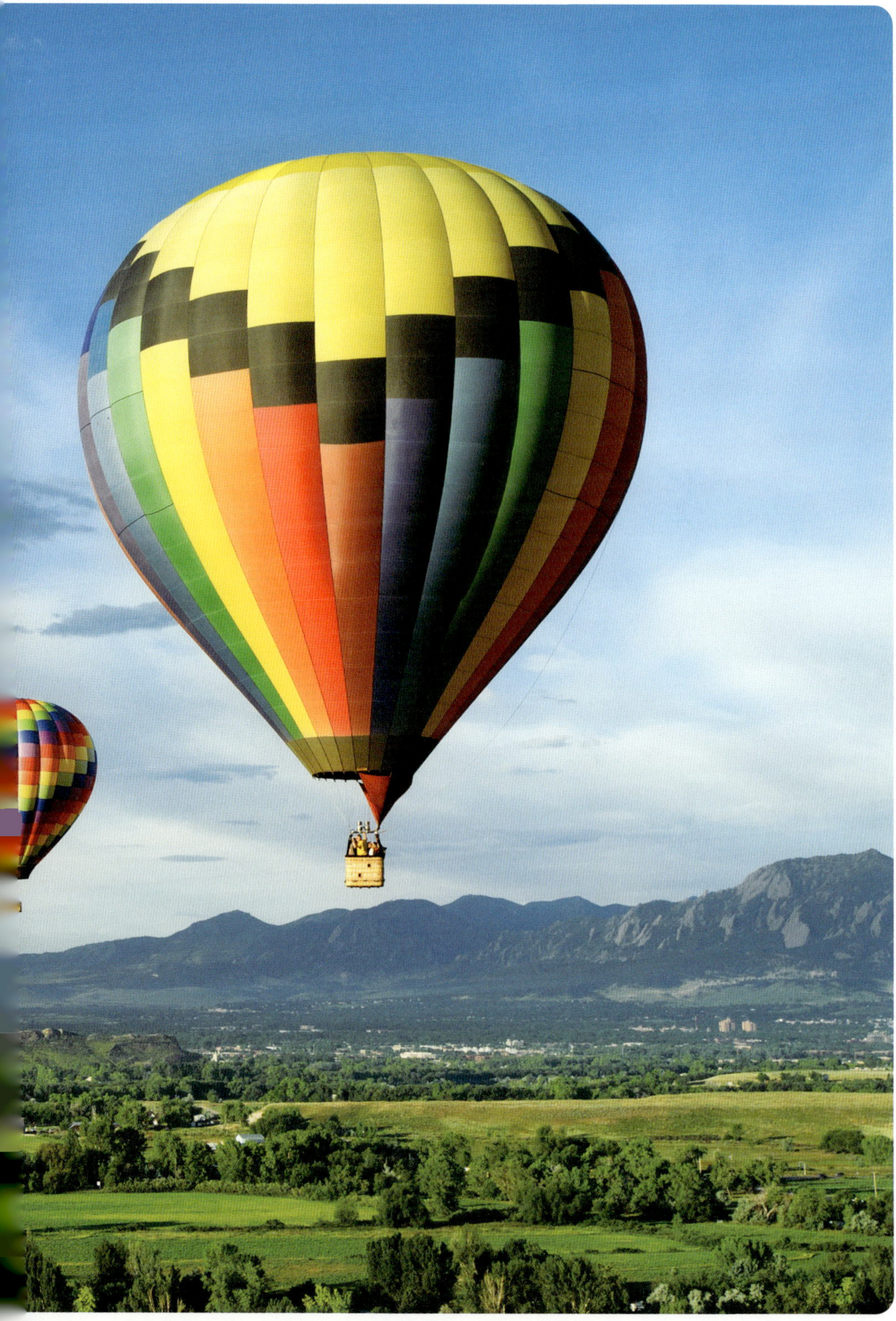

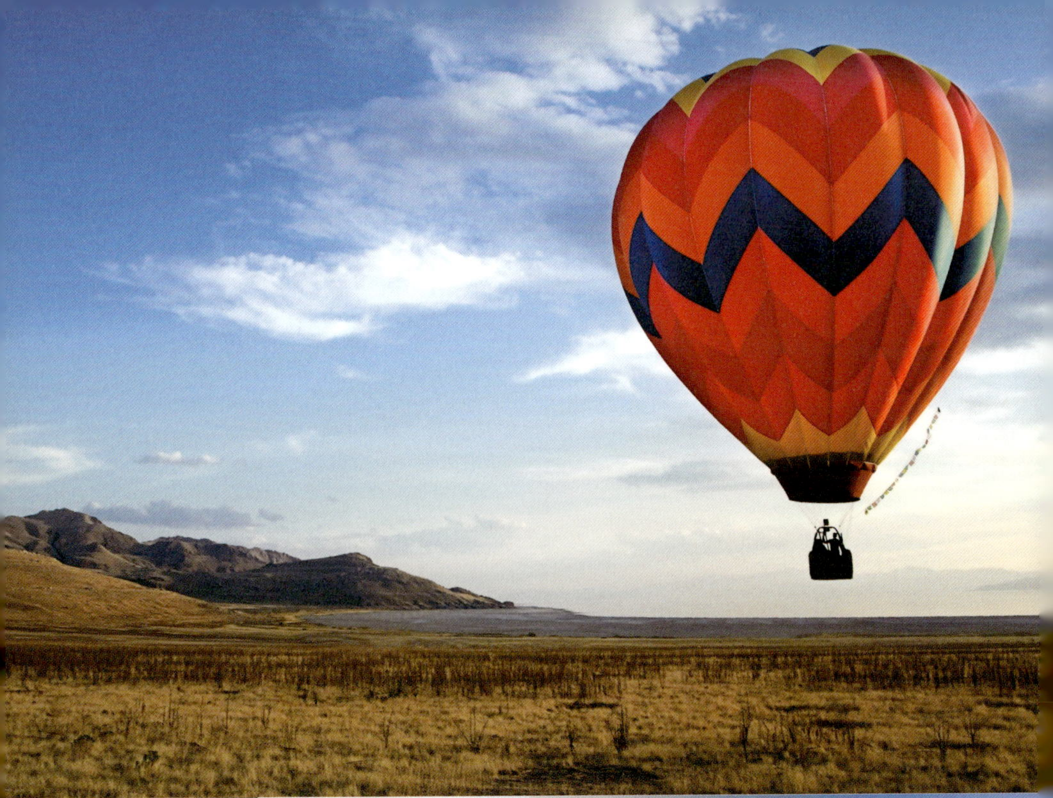
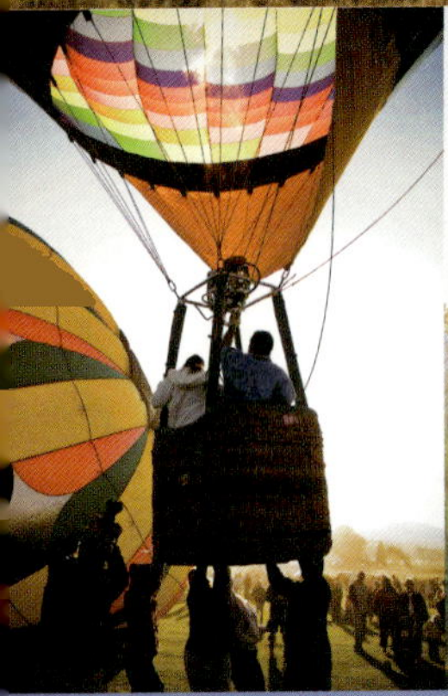
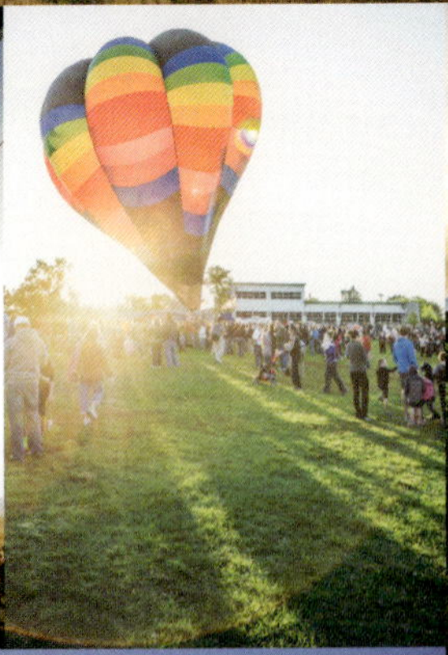
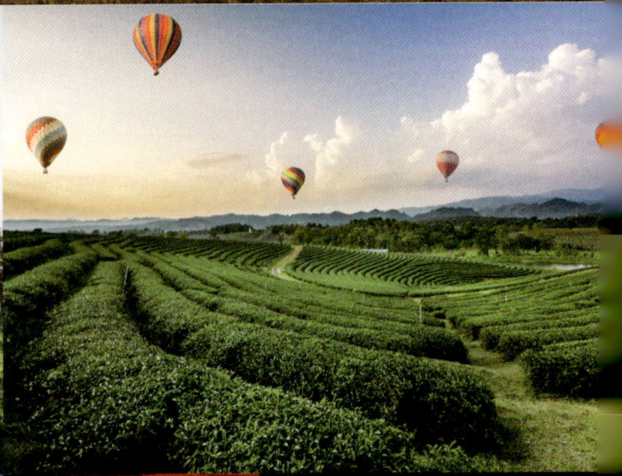
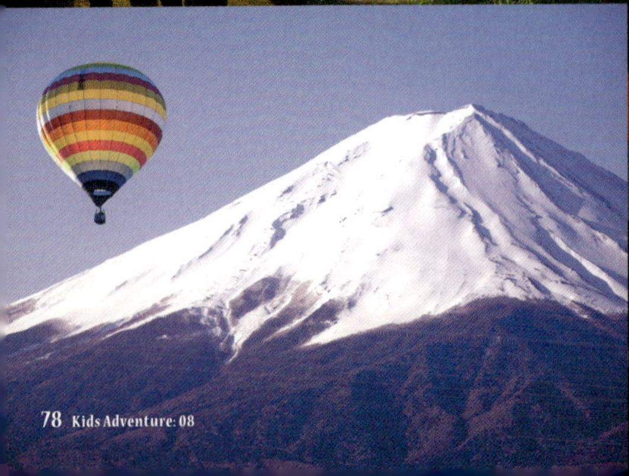
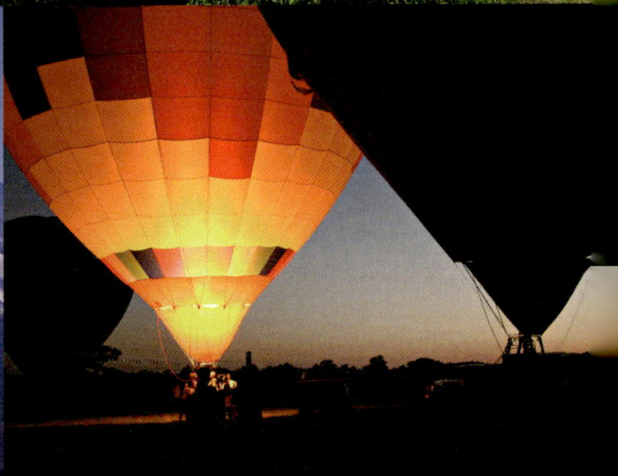

Kids Adventure
08
"HOT AIR BALLOON"

「熱気球に乗って、大空を旅しよう」

熱気球に乗るには、大きく分けて2つの方法があります。地面と気球をロープで繋ぎ、50m前後の上空を楽しむ『係留飛行』と、ロープに繋がれておらず、自由に大空を飛ぶ『フリーフライト』というものです。フリーフライトでは最高で高度1,000mにも達します。

熱気球を飛ばすためには、天気が非常に重要です。特に風は気球の天敵。地上では頬を撫でるぐらい優しい風でも、上空では更に強い風が吹いていて、飛ばすことができないことも。
だから、気球を飛ばすのに絶好の時間帯は、風が吹くことが少ない早朝なのです。風を避けるため、フリーフライトは特に早朝に集中して実施されます。

最初は、球皮という大きな袋がぺちゃんこになっている状態です。そこに空気を送り込むと、どんどん膨らんでいって、まるで風船のように大きな丸型へと形が変わっていきます。そうなれば準備はOK！　みんなが乗るのは、球皮とロープで繋がれたバスケットという大きなカゴ。係の人の合図に従って、早速その中に入ってみましょう。しばらくすると、バーナーという大きな炎を出す機械が「ゴォー、ゴォー」と大きな音をたてて、暖かい空気を送りはじめます。「もうすぐ飛ぶのかな？」とドキドキしていると、フワッと地面から浮き始めます。そして、ぐんぐんと上へ上へ。いつの間にか人も車も遥か下で小さく見るでしょう。そして、遠くの風景を眺めてみましょう。いつもとぜんぜん違う高さから、大自然の景色を楽しむことができます。

気球は炎を調整することで、上下に行くことができますが、左右や前後は、風まかせ。係留であれば上下のみですが、フリーフライトでは数km離れた所まで飛んでいきます。飛行機などとは違ってふわりふわりと。まるで空と一緒になったかのような不思議な感覚に包まれます。
大空を散歩する、冒険へと飛び立ってみましょう。

SAMPLE PLAN
KIDS ADVENTURE:05
"HOT AIR BALLOON"

「熱気球／体験例」

6:00　集合
スタッフと顔合わせをしたら、気球の準備に入ります。スタッフの指示に従いながら、荷物を運んだり、組み立てをしたりします。

7:00　フリーフライト(約45分)
気球の準備が整ったら、いよいよ搭乗です。カゴの中に入りましょう。スタッフがバーナーで吹き出す火の量を調整すると、フワッと上がり、ぐんぐん上空へと上がっていきます。しばらくするとそこは高度500m以上の世界。人も車もとっても小さく見えるようになっています。遠方に目を向ければ、朝の清々しい空気に包まれた大自然を、360度見渡すことができます。少しずつ高度を下げて着陸します。地面に着く瞬間、ドンっと少し衝撃があることもありますが、怖くないので安心しましょう。当日の風の状況などによって、着陸地点が決まります。

8:00　片付け
最初の準備とは逆に、気球を片付けます。こちらもスタッフの指示を聞きながら、手伝いましょう。

9:00　終了
およそ3時間で、フリーフライトのツアーは終了です。

協力：＜気球屋＞　kikyuya.com

ADVENTURE INFORMATION

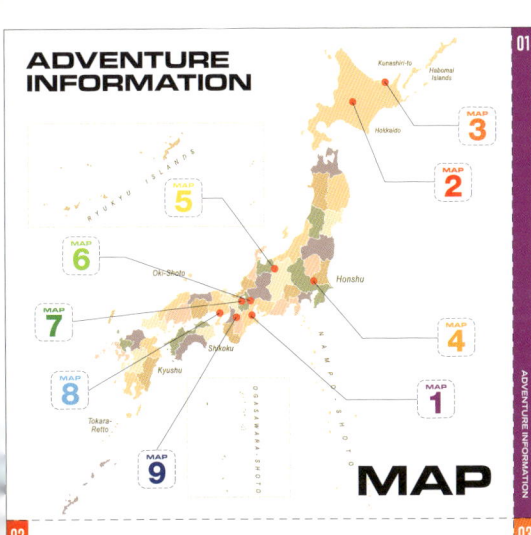

MAP

- MAP 1
- MAP 2
- MAP 3
- MAP 4
- MAP 5
- MAP 6
- MAP 7
- MAP 8
- MAP 9

01

ADVENTURE INFORMATION: 01 — MAP 1

三重県

気球屋

三重県の鈴鹿、栃木県の渡良瀬を中心にフリーフライトを催行しています。出張フライトも可能で、長野県佐久市、岐阜県大垣市、滋賀県近江八幡市、兵庫県加西市などでもフリーフライトを楽しめます(要追加料金)。気球の組み立てから回収までの体験をすることができます。

- 料金:『鈴鹿・フリーフライト 45分コース』 大人¥21,000+税、子ども(小学生以下)¥12,500+税
- 対象年齢: 1歳～、12歳以下は保護者同伴が条件
- 所要時間: 約3時間
- 三重県津市河辺町3503-5
- 059-226-0095
- kikyuya.com

02

ADVENTURE INFORMATION: 02 — MAP 2

北海道

富良野ネイチャークラブ

夏期は係留フライトで40mの高さから、十勝岳連峰や富良野市内などを望めます。冬期はフリーフライトで雪原が広がる富良野盆地の遥か上空を散歩することができます。また気球以外にも豊富なアクティビティがあります。

- 『係留フライト』 大人¥2,314+税、小学生以下¥1,852+税、2歳以下無料
  『冬期フリーフライト』大人¥12,963+税、小学生以下¥8,333+税
- 対象年齢: 係留フライトは全年齢、冬期フリーフライトは小学生～
- 所要時間: 係留フライト約5分、冬期フリーフライト約20分
- 北海道富良野市北の峰町14-6
- 0167-22-1311
- www.alpn.co.jp

03

ADVENTURE INFORMATION: 03 — MAP 3

北海道

摩周気船

白銀に染まる真冬の北海道を舞台にフリーフライトを楽しむことができます。眼下に広がるのは、流氷と世界遺産の知床の大自然。2月上旬～3月上旬のみの限られた期間にのみ催行されます。近隣で2泊して2回チャレンジすることで、フリーフライトに90%以上の確率で参加することができます。

- 料金:『熱気球フリーフライトアドベンチャー』大人¥20,000(税込)
- 対象年齢: 10歳～、18歳未満は保護者同乗
- 所要時間: 約3時間
- 北海道斜里郡小清水町字中里491-7
- 0152-67-7869
- mashuukisen.com

04

ADVENTURE INFORMATION: 04 — MAP 4

栃木県

※小学生以下は保護者同伴が条件

BALLOON COMPANY

首都圏から車で約1時間30分の距離にある渡良瀬遊水地は、緑豊かな自然と共にスカイスポーツのメッカとしても知られています。12～5月までのフリーフライトでは、高度1,000mの高さから眼下に野生動物を見られることも。夏休み期間(8月)は係留フライトも行っています。

- 料金:『熱気球体験フライト』大人¥20,000+税 小学生以下¥15,000+税、3歳以下無料
- 対象年齢: 全年齢
- 所要時間: 約3時間
- 栃木県下都賀郡野木町友沼5488-11
- 0280-55-1238
- www.balcomjp.com

Hot air balloon 81

ADVENTURE INFORMATION: 05
長野県
MAP 5

🎈 安曇野気球

旅行の繁忙期を中心に係留フライトを実施しています。30mほど上がり、安曇野の樹海などを見られます。1年のうち10日ほどの限られた期間のみ、フリーフライトも行っています。天候によっては高度1,000mまで上がることも。雪で白く輝く山々の稜線などがとても美しい。

- 💰 料金：『アルクマ熱気球・係留飛行体験』12歳以上￥2,800（税込）、6～11歳￥2,000（税込）、5歳以下￥200（税込）
- 対 対象年齢：全年齢、11歳以下は保護者同伴が条件
- 🕐 所要時間：約5分
- 🏠 長野県安曇野市穂高8207-2
- ☎ 0263-87-9828
- 🌐 www.azuminokisen.com

ADVENTURE INFORMATION: 06
岐阜県
MAP 6

※未就学児は保護者同伴が条件

🎈 気球屋

「気球屋」は、三重県の鈴鹿、栃木県の渡良瀬を中心にフリーフライトを催行していますが、岐阜県第二の都市、大垣市でも出張フライトが可能です。出張料が別途￥5,000必要となりますが、グループに対しての費用なので、一人当たりは安くなります。

- 💰 料金：『大垣・フリーフライト 45分コース』大人￥21,000＋税 子ども（小学生以下）￥12,500＋税、出張料￥5,000＋税/1組
- 対 対象年齢：小学生～
- 🕐 所要時間：約3時間
- 🏠 三重県津市河辺町3503-5
- ☎ 059-226-0095
- 🌐 kikyuya.com

ADVENTURE INFORMATION: 07
滋賀県
MAP 7

※未就学児は保護者同伴が条件

🎈 気球屋

「気球屋」は、三重県の鈴鹿、栃木県の渡良瀬を中心にフリーフライトを催行していますが、滋賀県でも出張フライトが可能です。天候によっては、日本一大きな湖「琵琶湖」を空の上から見渡すことができます。地上からは決してみることのできない、雄大な姿を楽しみましょう。

- 💰 料金：『滋賀・フリーフライト 45分コース』大人￥21,000＋税 子ども（小学生以下）￥12,500＋税、出張料￥5,000＋税/1組
- 対 対象年齢：小学生～
- 🕐 所要時間：約3時間
- 🏠 三重県津市河辺町3503-5
- ☎ 059-226-0095
- 🌐 kikyuya.com

ADVENTURE INFORMATION: 08
兵庫県
MAP 8

※未就学児は保護者同伴が条件

🎈 気球屋

「気球屋」は、三重県の鈴鹿、栃木県の渡良瀬を中心にフリーフライトを催行していますが、兵庫県・播磨でも出張フライトが可能です。中国山地や瀬戸内海の播磨灘をはじめとした自然、世界一の長さを持つ吊り橋・明石海峡大橋、王玉古墳など見所満載に。播磨の空を楽しむことができます。

- 💰 料金：『兵庫・播磨・フリーフライト 45分コース』大人￥21,000＋税 子ども（小学生以下）￥12,500＋税、出張料￥15,000＋税/1組
- 対 対象年齢：小学生～
- 🕐 所要時間：約3時間
- 🏠 三重県津市河辺町3503-5
- ☎ 059-226-0095
- 🌐 kikyuya.com

ADVENTURE INFORMATION: 09
奈良県
MAP 9

※未就学児は保護者同伴が条件

🎈 気球屋

「気球屋」は、三重県の鈴鹿、栃木県の渡良瀬を中心にフリーフライトを催行していますが、奈良県でも出張フライトが可能です。古都奈良の町並みに加えて、古代のお墓として知られる、大きな古墳なども空の上から見ることができます。

- 💰 料金：『奈良・フリーフライト 45分コース』大人￥21,000＋税 子ども（小学生以下）￥12,500＋税、出張料￥5,000＋税/1組
- 対 対象年齢：小学生～
- 🕐 所要時間：約3時間
- 🏠 三重県津市河辺町3503-5
- ☎ 059-226-0095
- 🌐 klkyuya.com

世界の「熱気球」の旅

🇰🇪 ケニア/Kenya

「気球に乗ってサバンナの大空へ。広大な大地に暮らす野生動物に出会う旅」

アフリカ東部に位置する国ケニアは、野生動物の王国です。50を超える国立公園や国立保護区などの広大な敷地に多種多様な動物が暮らしています。その中のひとつ、同国南西部のマサイマラ国立保護区では、車で動物に出会うツアーに加え、「バルーンサファリ」と名付けられた熱気球体験が可能です。まだ薄暗い早朝にロッジを出発して気球に乗り込んだら、サバンナの大空へとゆっくり上がっていきます。徐々に朝日が大地を輝かせ始めると、眼下にはとっても小さくなった象の親子やキリンの姿などを確認できます。大地に注目すれば、網目状に広がる無数の獣道も見られます。およそ1時間のフライトを終え、着陸するのはサバンナのど真ん中。気球を追ってスタッフが運んでくる朝食を、即席のテーブルセットに乗せて、その場で頂きます。動物園でしか出会うことができない動物が、自由に闊歩する檻も柵もないサバンナの大地。野生動物に大地から、そして空から出会うことができるのです。

旅の予算 HOW MUCH?
大人1名分の総予算　43万円〜
※飛行機代、宿泊費、現地ツアー代（バルーンサファリ含む）含む、一部食事、燃油サーチャージ除く

4泊5日のプラン例 TRAVEL PLAN
1、2日目：成田発〜ドバイ乗り継ぎ〜ナイロビ着
3〜5日目：マサイマラ発〜マサイマラ着、マサイマラ滞在
6、7日目：マサイマラ発〜ナイロビ、ドバイ乗り継ぎ〜成田着

この旅の相談、手配先 ARRANGING THE TRIP
[道祖神]　www.dososhin.com

冒険09

KIDS ADVENTURE

馬の背中に乗って、自由に歩いてみよう！

HORSEBACKRIDING

"乗馬"

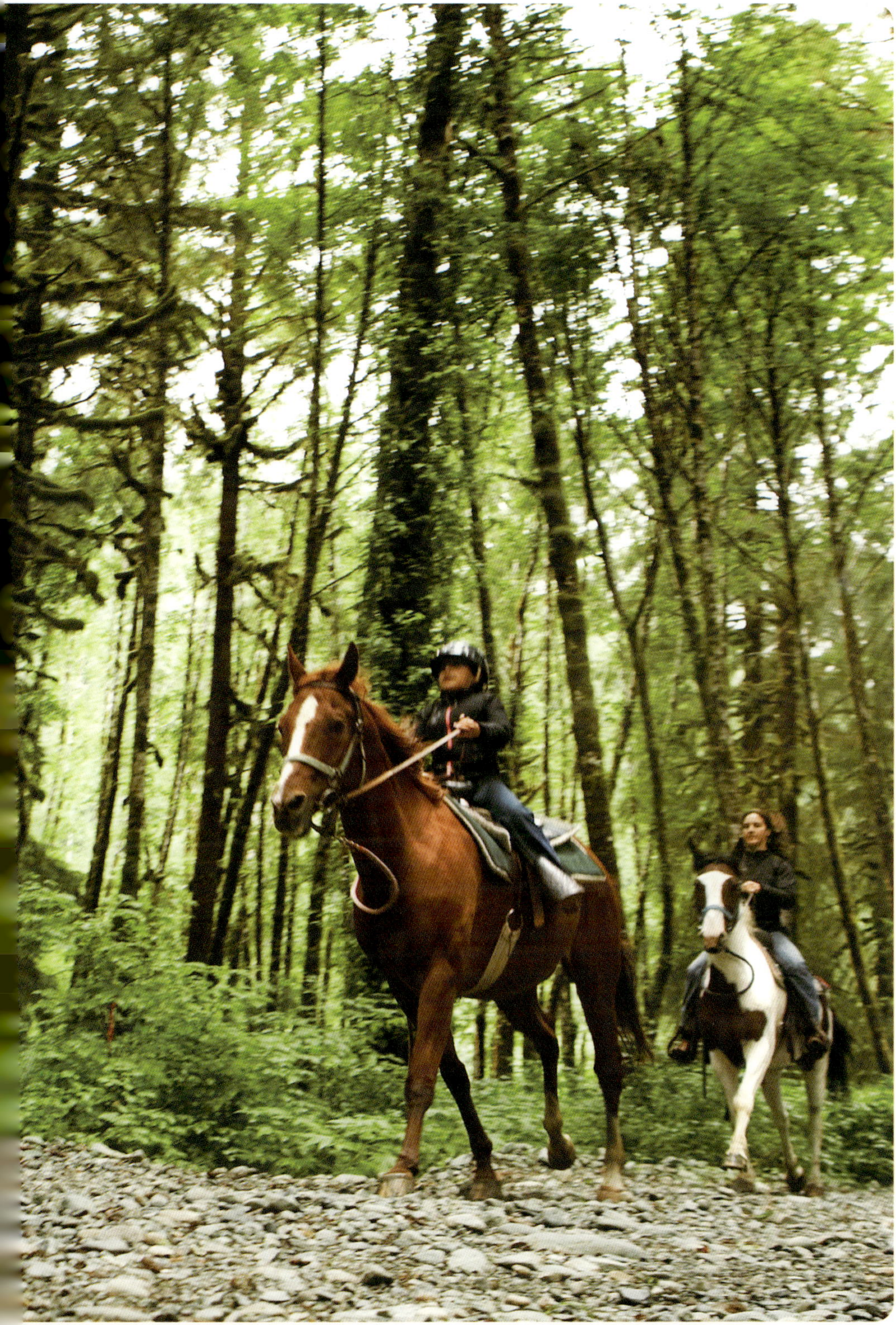

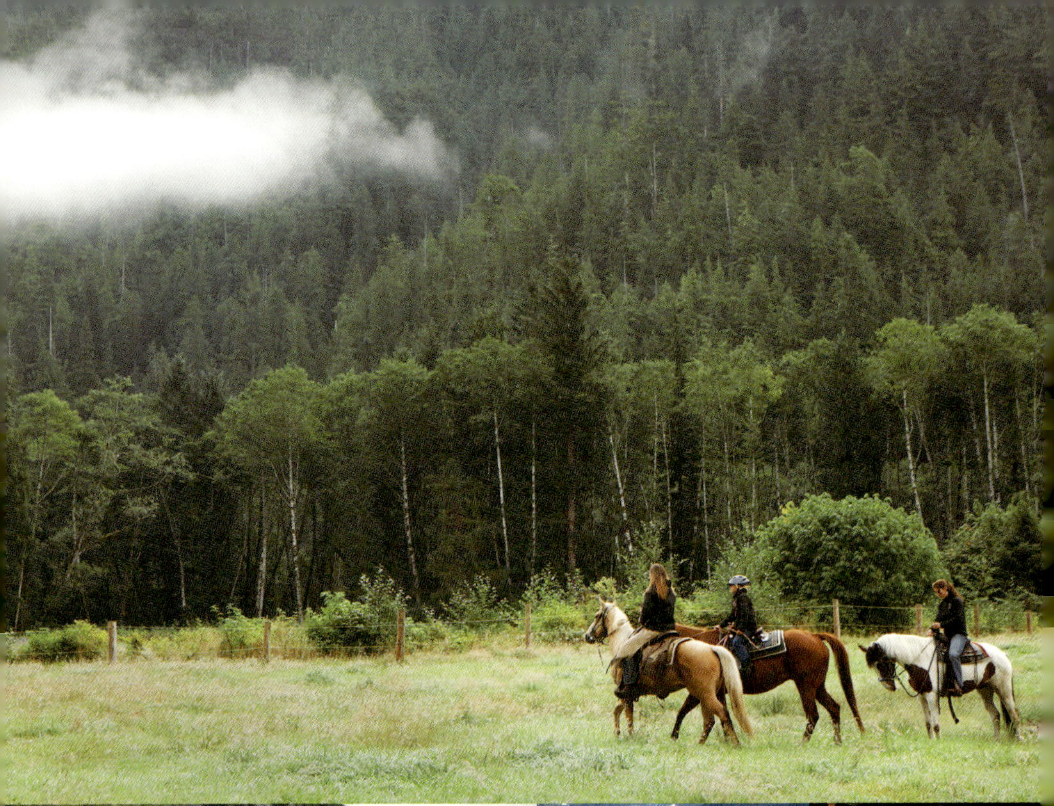
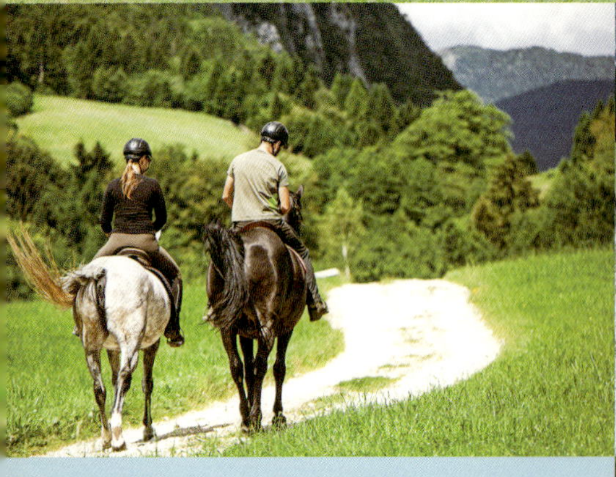
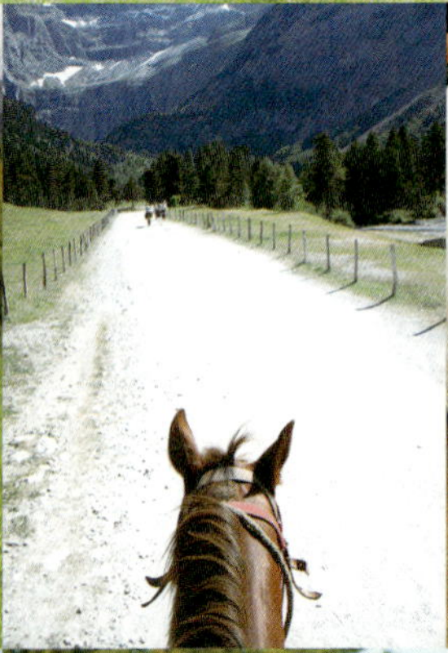
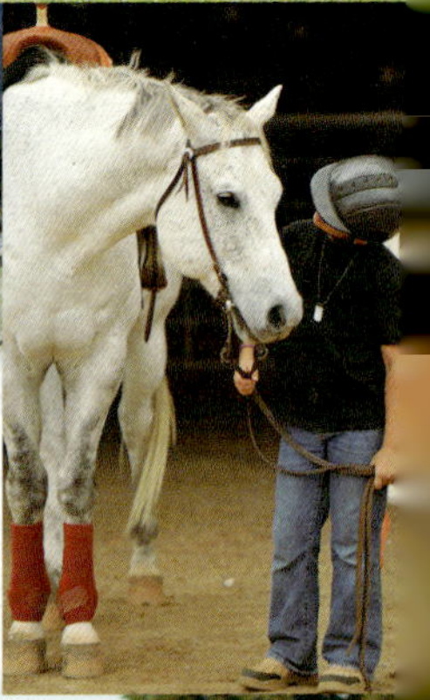
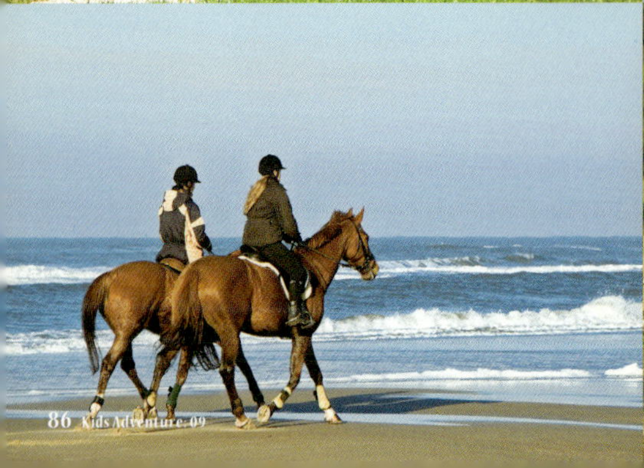
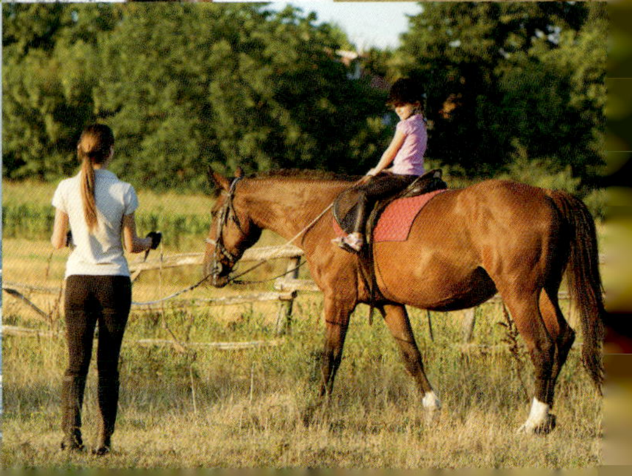

Kids Adventure
09
"HORSEBACK RIDING"

「馬の背中に乗って、自由に歩いてみよう」

乗馬は、馬とのコミュニケーションを楽しむ冒険です。

重い荷物を運んだり、人間を乗せたり。馬は、大昔から、人間の生活に欠かせない動物でした。今では、その役目を自動車に譲り、街中で馬を見ることはほとんどありませんが、長い間、多くの場所で大活躍していたのです。

馬に乗れる柵で囲まれた場所を馬場といいます。そしてその外側となる自然の中で乗ることを外乗と言います。まずは馬場での乗馬を体験してみましょう。馬は、近くで見るととても大きく、とてつもない迫力があります。でも、かわいらしい目を見れば優しい動物だと感じることができるでしょう。びっくりさせないように近づいたら、背中に乗ってみましょう。大人に肩車されているのと同じくらいの高さで、いつもとは違う視点にワクワクするはずです。

体の力を抜いて、背筋をピンっと伸ばして馬に座ったら、あなたはもうリーダーです。「どうしよう、どうしよう」と思ったり、「怖いなぁ、大丈夫かなぁ」なんて思うと、馬に伝わってしまい、言うことを聞かなくなることがあります。しっかりと自信を持って、「さあ、行こう！」という気持ちで馬と接しましょう。
馬が歩くと、前後と、少しだけ上下に揺れます。そのリズムに合わせてバランスを取りながら、歩いていきましょう。自分の思うように馬が右に行ったり、左に行ったり、止まったりすると、「気持ちが通じた！」と、とっても嬉しい気持ちになるでしょう。
馬場での乗馬に慣れてきたら、いよいよ外乗へ。森の中、草原、ビーチ、川の中……。解放感あふれる自然の中で馬に乗って、風を切っていく気持ちよさは格別です。

降りる時には、ありがとうの気持ちを込めて首をなでてあげましょう。言葉は通じませんが、心で通じあう体験は、情操教育の役割を果たし、相手の立場になって考えられる力などが育まれるとも言われています。

SAMPLE PLAN
KIDS ADVENTURE 06
"HORSEBACK RIDING"

「乗馬／体験例」

受付、馬具を装着(約5分)
乗馬の為の道具は、レンタルが基本。体のサイズに合うヘルメットやプロテクターを選んで装着します。

10:00 今日のパートナーと顔合わせ
一緒に同じ時間を過ごす馬と、対面します。大きな声を出したりせず、挨拶をしましょう。

●乗馬開始(約30分)
馬場にて、いよいよ乗馬です。まずは大きな馬に跨がり、馬とのコミュニケーションの取り方など基本の操作を学びましょう。自分の思い通りに馬が動いてくれるととっても嬉しい気持ちになってきます。

●外乗へ出発(約30分)
馬場を出て、森の中へ。舗装路ではない土の道を歩くのが基本となります。アーチのように左右に木々が連なる、まさに自然の中を歩くことができます。

14:30 プログラム終了
馬の上から降りて、いつもの地面の上へ。視界の高さが戻り、楽しい時間も終了です。馬の首筋を撫でながら、きちんと馬にありがとうの挨拶を。

協力：＜PADDY FIELD＞　www.paddyfield.jp

ADVENTURE INFORMATION

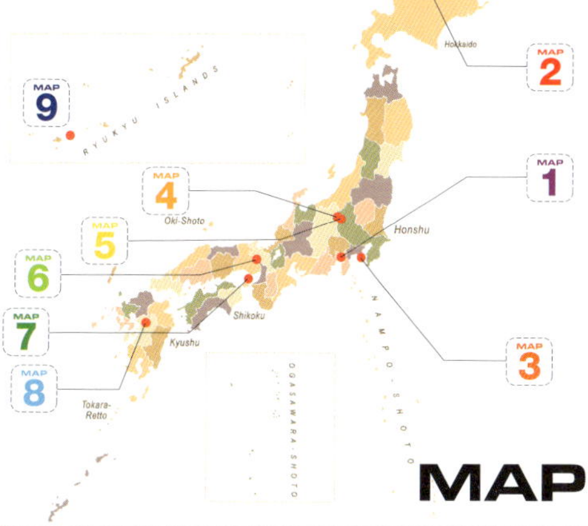

MAP

ADVENTURE INFORMATION: 01 — MAP 1
山梨県

※小学生以下は保護者同伴が条件

PADDY FIELD

河口湖の近く、富士五湖や樹海、遠くは南アルプスに囲まれた富士山の麓で乗馬を体験できます。富士山をバックに農道や林道を歩けば、月見草を見つけられたり、高原の爽やかな香りに癒されたりします。ペンションやコテージもあるので、宿泊と共に体験することもできます。

- 料金:『カントリーセット』¥11,500+税〜
- 対象年齢: 小学1年生〜
- 所要時間: 約1時間(馬場内レッスン30分+外乗30分)
- 山梨県南都留郡鳴沢村11100-86
- TEL 0555-85-3274　URL www.paddyfield.jp

ADVENTURE INFORMATION: 02 — MAP 2
北海道

どさんこトレッキング

北海道中央部の旭川から東に車で約1時間の距離に、東西南北を山で囲まれた東京ドーム6個分の敷地があります。悠々と馬たちが過ごすこの地で乗馬体験を楽しめ、川を渡るコースや大草原をゆくコースなど、変化に富んだコースはレベルに合わせて選択ができます。

- 料金:『ペンケコース』¥9,300(税込)
- 対象年齢: 引き馬は2歳〜、外乗は小学生以上
- 所要時間: 約1時間(馬場内レッスン+外乗)
- 北海道紋別郡遠軽町白滝上支湧別549-1
- TEL 090-6876-2975　URL www.do-trek.com/do

ADVENTURE INFORMATION: 03 — MAP 3
神奈川県

ホーストレッキングファーム三浦海岸

神奈川県東部の三浦海岸を一望しながら乗馬を体験できます。波打ち際を歩く外乗は、とても絵になり、7月中旬〜8月末の期間は馬に乗ったまま海に入ることもできます。バーベキュープランもあるので、海岸で乗馬と食事を一緒に楽しめます。時期によっては沖縄やモンゴルでの乗馬ツアーも実施しています。

- 料金:『海岸外乗コース』¥14,351+税〜
- 対象年齢: 9歳〜
- 所要時間: 約90分
- 神奈川県三浦市南下浦町上宮田1751-3
- TEL 046-887-1088　URL beachriding.jp

ADVENTURE INFORMATION: 04 — MAP 4
長野県

浅間トレッキング

軽井沢に広がる自然の中で乗馬体験ができます。外乗では浅間山麓の林道を歩き、マイナスイオンに満ちた森へと入ったり、八ヶ岳や佐久平を望める草原を巡ったります。桜を愛でたり、山菜を採ったり、紅葉狩りをしたりと、四季折々の自然を馬上から満喫できるのも魅力です。

- 料金:『ほっこりお散歩コース』¥12,300(税込)
- 対象年齢: 引き馬は2歳〜、外乗は小学生〜
- 所要時間: 約50分(馬場内レッスン20分+外乗30分)
- 長野県小諸市塩野3876-6
- TEL 090-6876-2975　URL www.do-trek.com

Horseback riding 89

05 ADVENTURE INFORMATION: 05 長野県 MAP 5

スエトシ牧場

馬場内でのレッスンや、細い山道など大自然の中で外乗も可能です。春休みや夏休みには、1日中馬と触れあう『子どもポニーキャンプ』も企画しています。期間は2泊3日〜となり、餌やりから手入れまでのすべてを子どもに任せるものです。対象は小学1年生〜となり、未経験者でも大丈夫です。

- 料金：『外乗お散歩Aコース』¥5,940+税〜
- 対象年齢：6歳〜
- 所要時間：約30分（馬場内レッスン10分+外乗20分）
- 長野県佐久市志賀31
- TEL 0267-68-5210
- URL www.bokujo.co.jp

06 ADVENTURE INFORMATION: 06 京都府 MAP 6

関西京都府乗馬クラブ 丹波ホースパーク

馬をより身近に感じることができるよう、初心者、子ども、障害を持つ方など、誰でも利用できることに力を入れています。NPOが窓口となり、子ども向けの情操教育も行っています。外乗では丹波高原の大地の裏山の林道や草原などを巡ります。

- 料金：『外乗』¥6,300（税込）
- 対象年齢：小学生〜
- 所要時間：約1時間
- 京都府船井郡京丹波町豊田シミ106
- TEL 0120-963-915
- URL horse-park.jp

07 ADVENTURE INFORMATION: 07 兵庫県 MAP 7

ハーモニーファーム淡路

淡路島の北端、海を見渡せる丘の上にある乗馬クラブ。屋内馬場や屋外馬場でのレッスンに加え、林道や咲き誇る花々の間をゆく外乗もできます（初級者以上対象）。春夏秋冬、四季折々の風景の中を歩くことができます。

- 料金：『ハーモニートライ』¥7,000+税〜
- 対象年齢：小学生〜、未就学児は乗馬散歩10分
- 所要時間：約70分（体験レッスン30分+花さじき散歩40分）
- 兵庫県淡路市浦2400-2
- TEL 0799-75-3555
- URL www.hf-awaji.com

08 ADVENTURE INFORMATION: 08 熊本県 MAP 8

夢☆大地グリーンバレー

標高850mの北外輪山に位置し、阿蘇山や九重連山を一望できるグリーンバレー。東京ドーム33個分に相当する広大な敷地を有し、山や谷、草原と変化に富んだ地形を楽しむことができます。月明かりに照らされる夜の草原を巡る、ロマンチックな乗馬もできます。

- 料金：『初心者60分コース』¥8,700（税込）
- 対象年齢：小学1年生〜
- 所要時間：約60分（馬場内レッスン20分+外乗40分）
- 熊本県阿蘇市湯浦1674-18
- TEL 0967-32-2990
- URL www.gv-aso.com

09 ADVENTURE INFORMATION: 09 沖縄県 MAP 9

波ん馬

乗馬体験は全コース青い海を眺めながらの海岸乗馬コースとなっています。小さな子どもから年配の方まで楽しめるビーチ引き馬コースから、上級者向けに浜辺を疾走できる経験者コースまで。よく訓練された中型でおとなしい石垣島育ちの馬を使用しますので、誰でも安心して騎乗できます。

- 料金：『ビーチ引き馬コース』大人¥3,300（税込）小学生以下¥2,700（税込）
- 対象年齢：2歳〜
- 所要時間：約30分
- 沖縄県石垣市1353-1
- TEL 0980-87-8393
- URL www.naninma.com

世界の「乗馬」の旅

内モンゴル/Inner Mongolia

「移動式ゲルに暮らしながら、馬に乗って、見果てぬ大草原を駆け抜ける旅」

中国北沿に位置する内モンゴル自治区の中東部、シリンホトから旅は始まる。見渡す限りの大草原が広がる道をバスで走り、遊牧民族の移動式住居『ゲル』へ。到着すると、馬乳酒が配られ、彼らの歌声と馬頭琴で歓迎を受けます。いよいよ遊牧民たちとのモンゴルライフのスタートです。ハイライトとなる乗馬は、フィーリングの合う馬選びから。馬上に跨がり、最初は周辺をゆっくりと闊歩。慣れてきたら大草原へ駆け出そう。青空の下、どこまでも続く大草原を自由気ままに馬と共に駆ければ、爽快感が体中に押し寄せます。キャンプファイヤーを囲む夜に空を見上げてみれば、まるでミルクをこぼしたかのような星空が広がっています。馬と共に風を感じ、遊牧民の人々と毎晩一緒に食事をし、歌を歌い、踊る……。溢れんばかりの自由に満ちた大草原の旅を駆けてみましょう。

旅の予算 HOW MUCH?
大人1名分の総予算　23万円〜
※現地予算は本書プラン例、個人手配時の目安料金
※飛行機代、宿泊費、現地ツアー代、食事含む、燃油サーチャージ除く

TRAVEL PLAN
6泊7日のプラン例
1日目：成田発〜北京着、陸路でゲルに移動
2〜5日目：乗馬、草原キャンプ、遊牧民ライフ
6,7日目：陸路で北京に移動、北京発〜成田着

この旅の相談、手配先 ARRANGING THE TRIP
[Explorer/地球探検隊]　expl-tokyo.jp

冒険 10

KIDS ADVENTURE

水しぶきを浴びながら、川を下ろう！

RAFTING
"ラフティング"

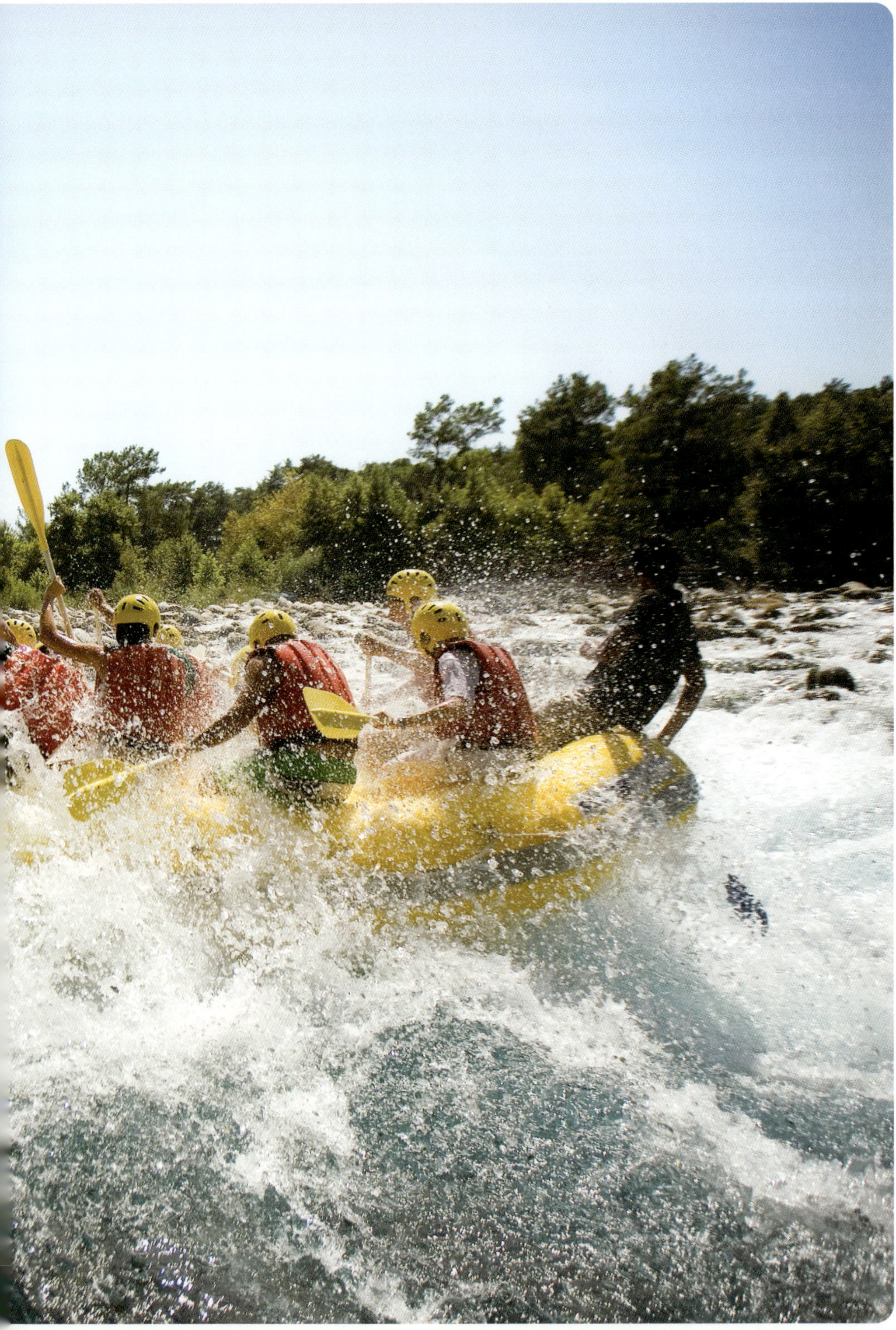

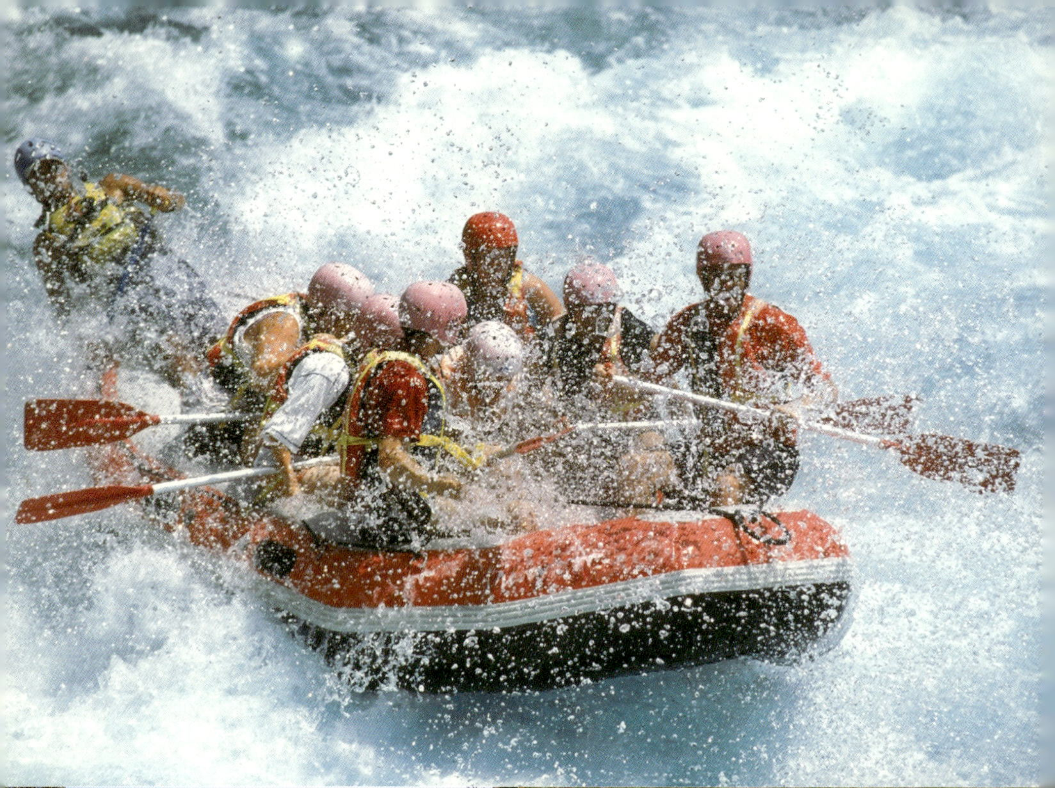

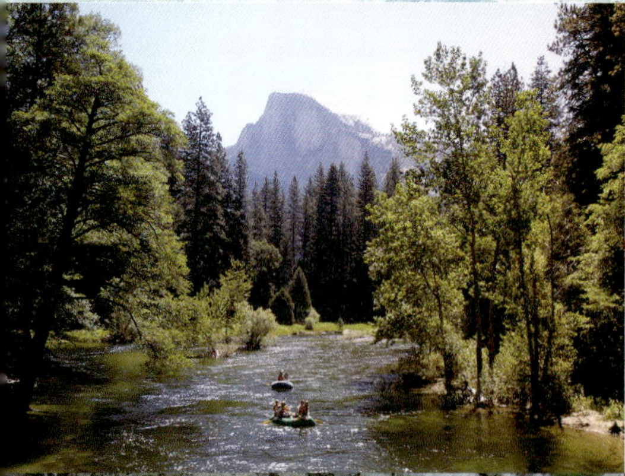

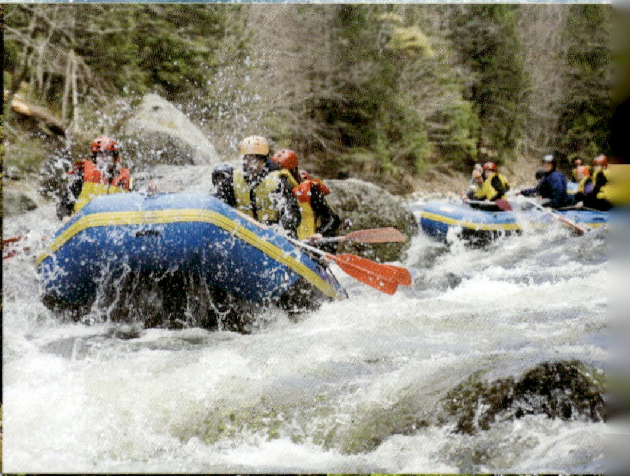

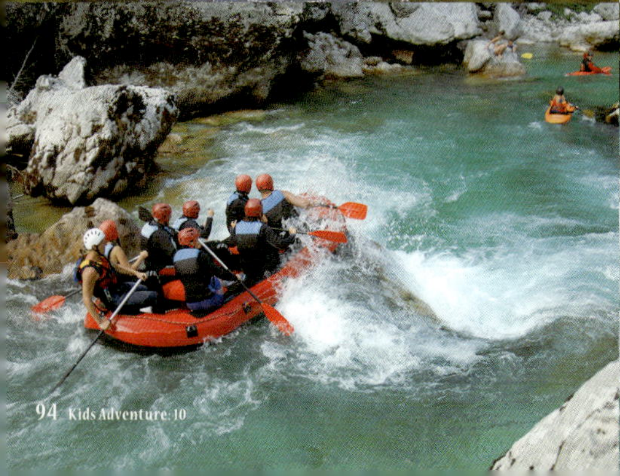

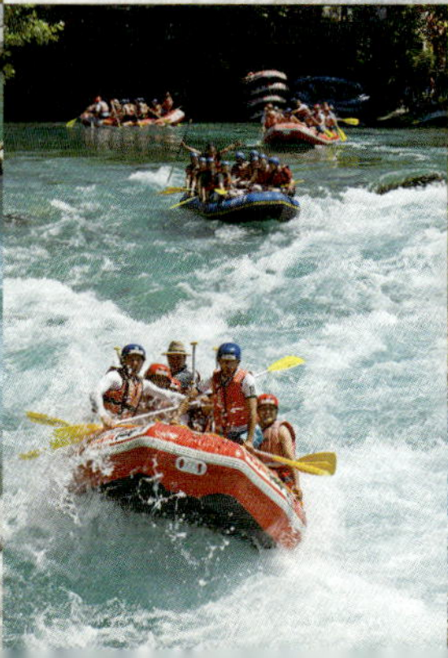

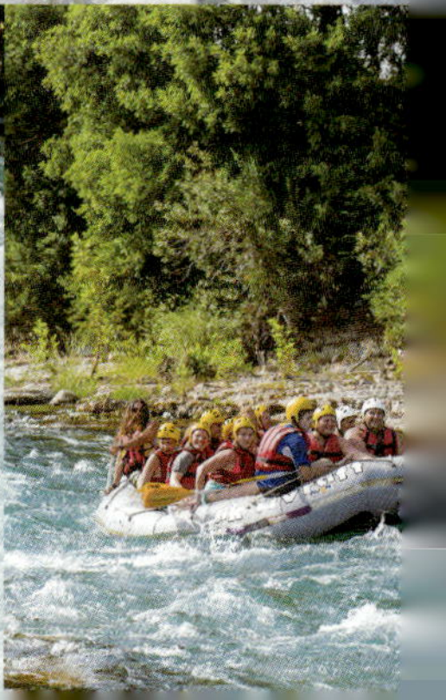

Kids Adventure
10
"RAFTING"

「水しぶきを浴びながら、川を下ろう」

ラフティングは、川の流れにそって下流へと突き進んでいく冒険です。

ラフティングとは日本語で「いかだ下り」を意味しますが、一般的にはゴムボートを使用して川を下るスポーツを指します。
一言で「川」といっても、流れが速い所もあれば、遅い所もあり、川幅が広い所もあれば、狭い所もあります。岸からは、川に覆いかぶさるように木の枝が伸びていたり、大きな岩が行く手を阻んでいたりすることもあるでしょう。ラフティングでは、そういった様々な自然環境の中を、8人前後が乗れるゴムボートに乗って突き進んでいくのです。

ヘルメットをかぶり、水に浮くライフジャケットというベストを着て、ボートに乗り込みましょう。
一緒に乗るみんなと、手に持ったパドルを使って、力を合わせて進んでいきます。
最初は穏やかな流れなので、「簡単、簡単！」と思うかもしれないけど、しばらくすると「ゴーゴー」とか「ザーザー」という、大きな音が聞こえてくるでしょう。すると、一気に川のスピードがあがり、ボートも大きく上下左右に揺れます。胸の鼓動が高まり、思わず「うおおお！」とか、「わーーー」など、大きな声を出してしまうかもしれません。そういった激流を越えれば、次はまるで湖のように流れがゆっくりとした場所に着くでしょう。そこでは、泳いでみたり、岸辺の岩場からジャンプしてみたりといった川遊びも楽しめます。

遊園地の乗り物とは違って、予測ができない動きになるボートの上。全身に水飛沫をいっぱいあびながら、水の流れという自然の力と、みんながパドルを漕ぐ力を使って、川を進んでいく冒険を楽しみましょう。

SAMPLE PLAN
KIDS ADVENTURE:10 "RAFTING"

「ラフティング/体験例」

9:15　受付に集合
受け付けや精算などの手続きをしましょう。

●着替え
受け付けや精算などの手続きをしましょう。ラフティングに適した装備を調えます。専用のウエットスーツ、ライフジャケット、ヘルメット、シューズを装着します。すべてレンタルが可能です。サイズが色々あるので、自分の身長にあったものを選んででもらいましょう。

9:45　移動、安全レクチャー、操作練習
ラフティングのスタートポイントに移動したら、まずはラフティング中の注意事項などを聞き、そしてパドルの操作方法を習います。早くボートに乗りたい、と気持ちがはやりますが、安全の為にしっかりと聞いて練習しましょう。

10:15　ラフティングスタート（約1時間）
流れの穏やかなところからスタートします。徐々にスピードがあがり、水しぶきが盛大に上がる急流へ。と、思ったら穏やかな流れの所では自然の飛び込み台があったり、天然のプールのような広い場所があったりします。様々な自然環境を楽しみながら、川を下っていきます。

11:15　休憩
途中、川辺で小休憩を挟みます。おやつと共にお茶などで喉を潤しましょう。大地の上でのひとときを過ごしたら、再びボートに乗り込みゴールを目指します。

12:15　ゴール
遂にゴール地点に到着です。ラフティング中はあまり意識することはありませんが、実は6kmほどもボートで移動していたことになります。スタート地点まで歩くにはとても遠いので、車で戻ります。

12:45　プログラム終了
スタート地点に戻り、着替えを済ませたらプログラム終了です。

協力：＜NATURAL GROOVE（ナチュラルグルーヴ）＞　www.rafting.gotohp.jp

ADVENTURE INFORMATION

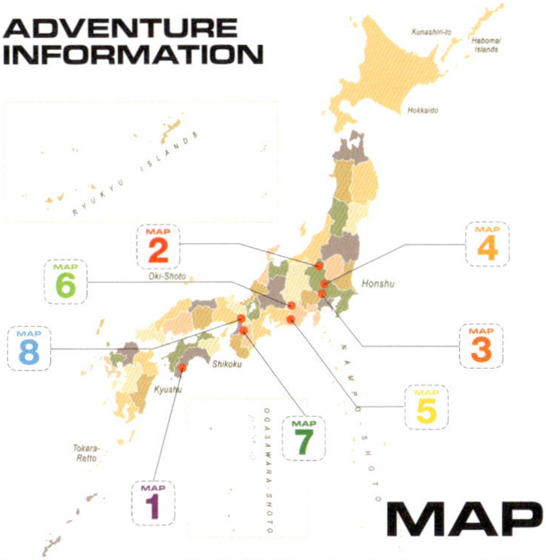

MAP

---

01 高知県
※小学生は保護者同伴が条件

ADVENTURE INFORMATION:01 / MAP 1

NATURAL GROOVE

日本を代表する清流のひとつ、四万十川。その流れに溶け込むのが、増水時に沈むように作られた欄干がない沈下橋。その橋を背景にスタートし、ラフティングを楽しみます。他に長さ40mの天然ウォータースライダーがある滑床渓谷でのキャニオニングツアーも催行しています。

- 金 料金：『四万十川ラフティングツアー [1/2day]』大人¥7,000+税、子ども（18歳以下）¥5,500+税
- 時 所要時間：約3時間30分（着替えを含む）
- 対 対象年齢：小学生〜
- 住 高知県高岡郡四万十町昭和281
- TEL 090-8979-9723
- URL www.rafting.gotohp.jp

---

02 群馬県
※小学生は保護者同伴が条件

ADVENTURE INFORMATION:02 / MAP 2

Top Minakami

全国有数のラフティングスポット、群馬県水上町。利根川上流域の激流を楽しむことができます。春から秋まで、時期や天候によって水量が変化し、一定の水位を超えると子どもは参加不可となるので、事前に確認を。バンガローやテントなどキャンプ施設も充実しています。

- 金 料金：『ラフティング半日』¥7,500+税
- 対 対象年齢：身長120cm〜
- 時 所要時間：約3時間
- 住 群馬県利根郡みなかみ町網子170-1
- TEL 0278-72-5086
- URL www.topminakami.com

---

03 東京都
※小学生は保護者同伴が条件

ADVENTURE INFORMATION:03 / MAP 3

CRUSOE RAFTING

都内からのアクセスが抜群にいいラフティングスポットで、東京とは思えないほど、自然豊かな環境に囲まれています。豊富な水量を誇る多摩川を下ったり、清々しい空気が満ちる森の中でのバーベキューランチも追加料金¥2,300（飲み物・お酒は別途実費）で楽しむことができます。

- 金 料金：『スタンダードラフティングツアー』大人1名+子ども1名 ¥12,000+税
- 対 対象年齢：小学生〜
- 時 所要時間：約2時間30分
- 住 東京都青梅市梅郷3-921-6
- TEL 0428-74-9386
- URL crusoe-raft.com

---

04 埼玉県
※小学生は保護者同伴が条件

ADVENTURE INFORMATION:04 / MAP 4

SUNBURST ADVENTURES

東京湾へとその水を注ぐ荒川の上流域に位置する長瀞町。この町に流れる区間は、長くラフティングスポットとして知られてきました。白波が立つ急流と、渓谷の間を縫う穏やかな流れのどちらも楽しめるのが特徴です。他にもカヤックや細い林道を駆け抜けるマウンテンバイクもあります。

- 金 料金：『長瀞ラフティングツアー』¥7,200（税込）
- 対 対象年齢：小学生〜
- 時 所要時間：約3時間
- 住 埼玉県秩父郡長瀞町長瀞824-1
- TEL 0494-66-3820
- URL www.sunburst.co.jp

Rafting 97

ADVENTURE INFORMATION: 05

静岡県

MAP 5

※小学生以下は保護者同伴が条件
※集合場所：静岡県浜松市天竜区春野町領家349

Creek Sound

静岡県西部に流れる天竜川の支流「気田川」は透明度がとても高い川です。気軽にラフティングを楽しめる場所としても知られています。ラフティングの他、沢を下る「キャニオニング」や沢を上流に登る「シャワークライミング」、カヤックなどのアクティビティも楽しめます。

- 料金：『気田川ファミリーラフティング』大人￥5,000（税込）〜、小学生以下￥4,000（税込）〜
- 対象年齢：3歳〜
- 所要時間：約3時間
- 静岡県浜松市天竜区龍山町瀬尻69-2
- TEL 0539-62-1772
- URL creeksound.com

ADVENTURE INFORMATION: 06

長野県

MAP 6

※小学生以下は保護者同伴が条件

RUN ABOUT

南信州・長野県を流れる天竜川では、国内最長級の13kmのラフティングが楽しめます。美しいアルプスの稜線を望めることも自慢のひとつ。13kmのロングコースでは、オプションで（追加料金￥1,600）焼き肉バーベキューランチも楽しむことができます。

- 料金：『飯田ロングコース』大人￥9,000＋税 子ども￥7,000＋税
- 対象年齢：3歳〜（天候による）
- 所要時間：約3時間
- 長野県飯田市龍江2500-1
- TEL 0265-28-5901
- URL www.runabout-rafting.com

ADVENTURE INFORMATION: 07

奈良県

MAP 7

※中学生以下は保護者1名以上の同伴が条件

エバーグリーン

急な流れと穏やかな流れが交互に訪れる吉野川。ラフティング1日コースでは昼食も付いています。激流を楽しめる和歌山の北山川でもラフティングが可能です。ロープを使って大木に登るツリーイングや沢を下るキャニオニング、冬にはスノーシューイングなども催行しています。

- 料金：『奈良吉野川ラフティング半日ツアー』大人￥6,000＋税、子ども￥4,500＋税
- 対象年齢：4歳〜
- 所要時間：約2時間
- 奈良県五條市原町312
- TEL 0747-23-0620
- URL www.evaguri.com

ADVENTURE INFORMATION: 08

京都府

MAP 8

※小学生以下は保護者同伴が条件
※料金は時期によって変動します。WEBにて詳細をご確認ください。

ビッグスマイルラフティング

京都南部を流れる保津川は、関西随一のラフティングスポット。小鮎の滝、大高瀬、殿の漁場、獅子ヶ口、女淵など、様々な見所や難所を味わえます。京都の他に、岐阜の長良川、埼玉の長瀞、東京の奥多摩、高知の吉野川など、各地でラフティングツアーを催行しています。

- 料金：『保津川半日ラフティング』￥3,980＋税〜
- 対象年齢：（保津川）小学3年生〜
- 所要時間：約3時間30分
- 京都府亀岡市篠町馬堀駅前2-208-8
- TEL 0771-29-5370
- URL www.gekiryu.com

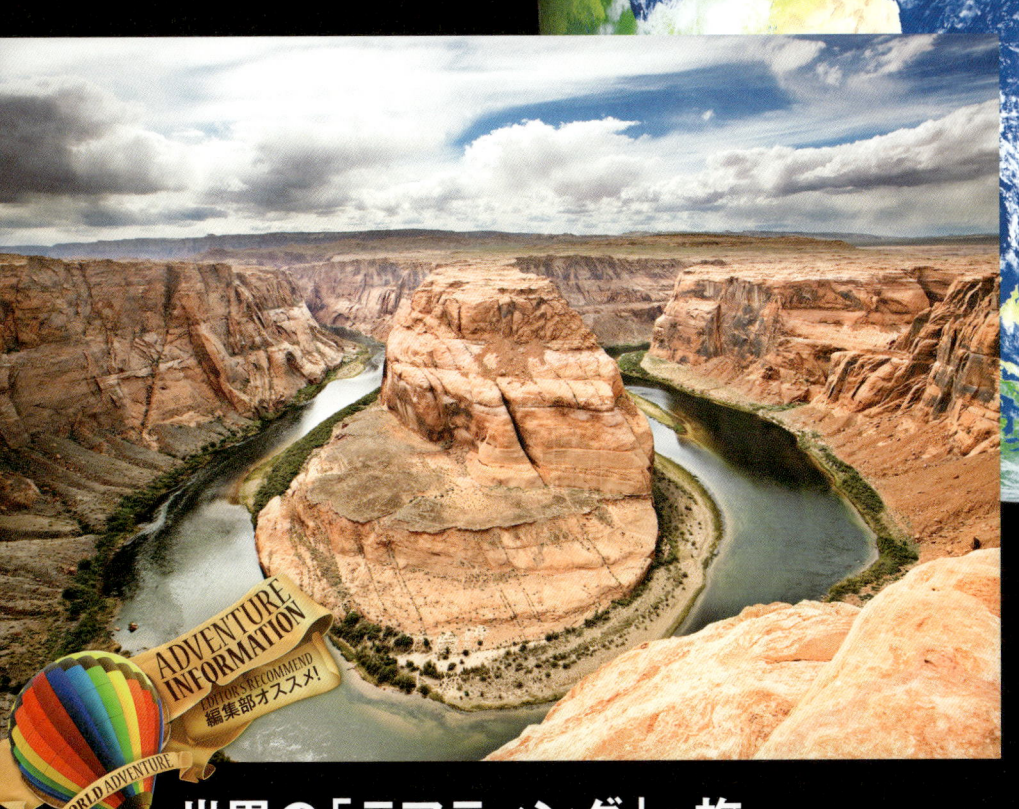

世界の「ラフティング」の旅

🇺🇸 アメリカ/USA

「コロラド川の激流に乗って、グランドキャニオンの谷底を巡る旅」

宇宙からでも認識できる唯一の大渓谷、グランドキャニオン。その谷底には、悠々とコロラド川が流れています。グランドキャニオンの観光は、峡谷の上から眺めるのが一般的ですが、コロラド川をラフティングで下ることもできるのです。それは、ボートに乗り込み、水しぶきを浴びながら川を下る7泊8日の旅。

1日の始まりを知らせる、真っ青な空に輝く朝日。刺激に満ちた激流越え。随所に出現する、目を疑うほどの自然の大彫刻。空には、我がもの顔で翼を大きく広げるイヌワシの姿。満天の星空の下、眠りにつく、かつて先住民が営みを続けていた大地。そんな別世界に身を置きながら日々を繰り返し、奥へ奥へと進んでいくものです。旅人を抱擁する景観は、現代とは思えないほどのものです。まるで数億年前にタイムスリップしてしまったかのような錯覚になることでしょう。まさに冒険の名に相応しい、ラフティングを楽しめるのです。

旅の予算 **大人1名分の総予算　45万円〜** ※現地予算は本書プラン例、個人手配時の目安料金
HOW MUCH?　※飛行機代、宿泊費、ラフティングツアー代含む、一部食事、燃油サーチャージ除く

9泊11日のプラン例
1日目: 成田発〜米国1都市乗り継ぎ〜ラスベガス着
2〜9日目: コロラド川ラフティング
5日目: ラスベガス発〜米国1都市乗り継ぎ〜成田着

TRAVEL PLAN

この旅の相談、手配先　[Explorer／地球探検隊]　www.expl-tokyo.jp
ARRANGING THE TRIP　　[TREK AMERICA (英語)]　www.trekamerica.co.uk

Rafting 99

冒険 **11**
KIDS ADVENTURE

自分の力だけで、
そびえる岩の壁を登ろう！

CLIMBING
"クライミング"

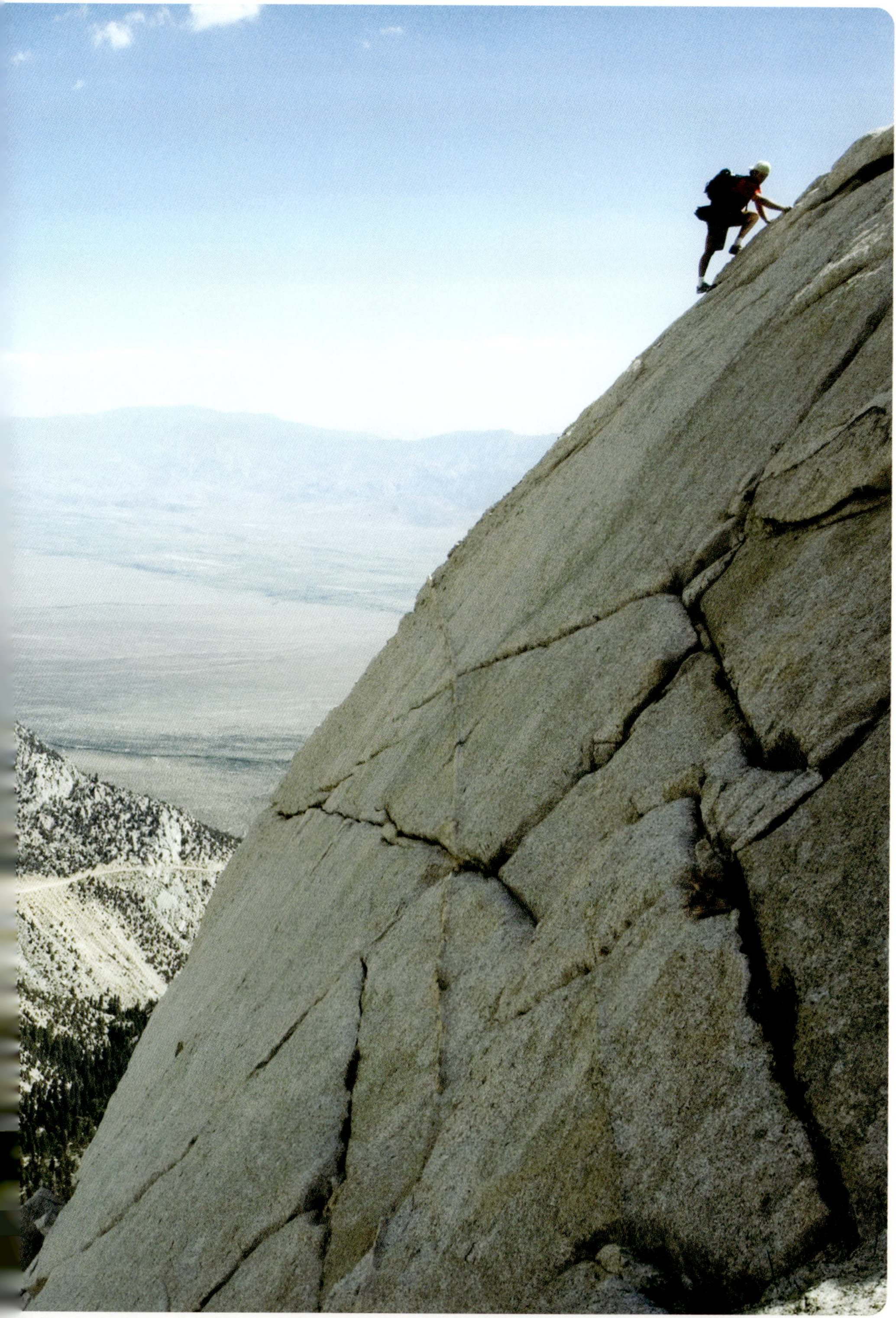

102 Kids Adventure

Kids Adventure
11
"CLIMBING"

「自分の力だけで、そびえる岩の壁を登ろう」

そびえ立つ高いものを目の前にしたとき、無性に登りたくなったことはありませんか？　クライミングは、そんな「登りたい」という本能のような欲求を叶えてくれる、そして達成感を与えてくれるスポーツです。ロッククライミングとは、大小関係なく岩壁を登ること全般を指します。その中には様々な道具を駆使して登る「エイドクライミング」やロープやハーネスなど安全の為の道具は使いながらも自らの力だけで登る「フリークライミング」などの種類があります。そしてロープなどの道具をまったく使わずに、落ちても大丈夫な高さの岩に登る「ボルダリング」というものがあります。元々はフリークライミングの練習として位置づけられていたもので、自然の岩を登るものもありますが、今では街中で体験できるジムも増え、2歳から体験できる施設もあるほどです。
ボルダリング用のウォールには色とりどりの「ホールド」と呼ばれる突起が沢山付いています。その突起の色はレベルを示していて、例えば「赤」が初心者向けとして設定されていたら、赤だけを使って頂上を目指すのです。段々とレベルを上げていき、楽しむことができます。
最初はひょいひょい登れるかもしれませんが、途中で「あれ？ これ以上進めないぞ？」ということも。そんな時に、知識があれば上手く体を動かすことで、進めるようになるのです。例えば、ただ手を伸ばすだけでは届かない場所も顔を逆に向けることで体が伸びて、手が届くなんていうこともあるのです。

クライミングには、腕力が必要と思われがちですが、それだけではなく、バランスや柔軟性、パズルを解くような頭の回転も必要です。体の運び方や、手や足の伸ばし方などを考え、さながらまるでパズルを解くかのようなものでもあります。ゴールした時の喜びはただ単に高い所に登れたことだけではなく、難しい問題を解けたときのような清々しい気持ちよさがあるのです。体力だけではなく、集中力や判断力を高めるとも言われる壁登り＝クライミングは、一度体験すると、やみつきになるはずです。子どもと一緒に、ぜひ！

SAMPLE PLAN
KIDS ADVENTURE!! "CLIMBING"
「クライミング／体験例」

9:00　受付
事務所にて受け付けや保険の加入などの手続きを済ませ、フィールドに移動します。

10:00　ツアースタート
まずは30分ほどの簡単なハイキングから。岩場を目指して歩いていきます。
いよいよ今日の冒険の舞台になる岩に到着。その迫力にちょっと驚いてしまうかもしれません

11:00　ロッククライミング
説明を受け、装備を装着したら、ロッククライミングスタート。左右の手、左右の足を1つずつ使いながら、登っていきます。

12:00　ランチタイム
絶景が広がる岩場の頂上に到着。達成感が体の中に湧き上がってくるでしょう。
この場所で、ランチタイムです。

13:00　午後のツアー
体力にもよりますが、更に高さのある岩に挑戦したり、細かな技術を学んだり。
時間まで、岩場のクライミングを楽しみます。

16:00　終了
事務所に到着して、冒険中の写真などを見たり、休憩したりして解散です。

協力：＜ZERO GRAVITY＞　www.zero-gra.com

ADVENTURE INFORMATION

MAP

ADVENTURE INFORMATION: 01 — MAP 1

滋賀県

ZERO GRAVITY

初心者でもOKなコース『ゼロ-ロック 比良山系 獅子岩<Ver-1>』では、ほぼ垂直な岩山にロープを使用して登ります。頂上に到達すれば、体中から湧き上がる達成感を味わえると共に、眼下に広がる琵琶湖の絶景を堪能できます。レベルに合わせて様々なコースを楽しむことができます。

- 料金：『ゼロ-ロック 比良山系 獅子岩<Ver-1>』
- 対象年齢：小学生〜、要事前確認
- 所要時間：約7時間
- 住所：滋賀県高島市勝野1400 びれっじ7号館
- TEL：075-702-9330
- URL：www.zero-gra.com

ADVENTURE INFORMATION: 02 — MAP 2

福島県

※小学生以下は保護者同伴が条件
※メンバー登録料、メンバー料金は要問い合わせ

CHANNEL SQUARE

東日本大震災、原発事故を機に作られた福島インドアパーク。子どもも大人も笑顔になれる空間が広がっています。ボルダリングでは、高さ4mほどの壁が全4面、40ルートの体験が可能。他にスケートパークやスラックライン（ベルト状のラインを利用したスポーツ）、カフェやツリーハウスなどもあります。

- 料金：『パークランド内の全てで遊ぶビジター料金』大人¥2,000、中高生¥1,000、子ども¥500
- 対象年齢：なし
- 所要時間：3時間制
- 住所：福島県福島市南矢野目字夜梨4-1
- TEL：024-572-5612
- URL：channelsquare.jp

ADVENTURE INFORMATION: 03 — MAP 3

千葉県

※会員登録をすると料金がお得になります

Rockyボルダリングジム

Rockyボルダリングジム印西店は、ショッピングモール内にありながらも、日本最大の敷地面積を持ち、320名収容が可能です。初心者向けの壁も多く設定されています。会員に登録すれば気軽に1時間、2時間と体験することができます。品川や船橋、富津にも店舗を構えています。

- 料金：『平日』1時間 ¥650+税〜
- 対象年齢：4歳〜、中学生以下は保護者同伴が条件
- 所要時間：1時間〜
- 住所：千葉県印西市原1-2 BIGHOPモール棟2F
- TEL：047-636-7758
- URL：www.rockyclimbing.com

ADVENTURE INFORMATION: 04 — MAP 4

東京都

※保護者同伴が条件

PEKID'S

全国で初めてのこども専用のボルダリングスタジオ。クライミングウォールは、3歳から小学生までの子ども用に、設計・デザインされたものです。初めての子どもにもスタッフがきちんとルールや注意事項などをご説明してくれるので、親子で楽しみながら体験することができます。

- 料金：『平日17:00〜親子タイム』大人¥1,000+税 子ども¥1,500+税
- 対象年齢：3歳〜
- 所要時間：フリータイム
- 住所：東京都渋谷区神宮前6-19-14 神宮前ハッピービル
- TEL：03-5778-9470
- URL：www.pekipeki.jp

ADVENTURE INFORMATION: 05 — MAP 5

神奈川県

※小学生以下は保護者同伴が条件

Climbing Gym Bigrock

20年以上の歴史を持つ横浜市鶴見区の「本店」の他、横浜市港北区の「日吉店」、また県外には静岡や名古屋にも店舗を持っています。本店では小学2年生以上の子どもにボルダリングを、日吉店では小学3年生以上の子どもを対象にボルダリングとルートクライミングのスクールを実施しています。

- 料金：『平日1日』一般¥2,160、中学生以下¥1,100 『ジュニアスクール』初回2,500円（すべて税込）
- 対象年齢：7歳〜
- 所要時間：1日
- 住所：神奈川県横浜市港北区日吉7-18-21
- TEL：045-620-7184
- URL：www.big-rock.jp

Climbing 105

ADVENTURE INFORMATION: 06 — 長野県　MAP 6

ヤマノオト

北アルプスの麓にある白馬村には、1年を通じ、様々な目的で人々が訪れます。天然岩を登れるロッククライミングは初級者から上級者までOK。雄大な自然の中で、巨石に挑戦してみましょう。他にもシャワークライミングやMTB、ツリークライム、パラグライダーなども楽しむことができます。

- 金 料金：『基本プラン』¥7,000/1人（税込）
- 対 対象年齢：小学3年生〜
- 時 所要時間：約2時間30分
- 住 長野県北安曇野郡白馬村
- TEL 050-3701-2187　URL yama-note.net

ADVENTURE INFORMATION: 07 — 大阪府　MAP 7

※20歳未満は保護者の承諾が必要。
※料金は『不動岩ロッククライミングツアー』。

FIELD ADVENTURE

関西のクライマーの里として知られる道場駅周辺の岩場。そのひとつに多彩なクライミングルートを擁する不動岩があります。頑張って登った後には、四季によって装いを変化させる武庫川の絶景を見られます。他に烏帽子岩や駒形岩などで行うツアーもあるので、様々な場所でロッククライミングを楽しめます。

- 金 料金：大人(平日)¥12,600+税、子ども(平日)¥12,600+税
- 対 対象年齢：小学生〜、身長120cm〜
- 時 所要時間：約3時間30分
- 住 大阪府大阪市淀川区西中島6-5-3-309
- TEL 06-6100-5950　URL www.fa2003.co.jp

ADVENTURE INFORMATION: 08 — 広島県　MAP 8

※小学生以下は保護者同伴が条件

クライムセンター CERO

350㎡の大きな倉庫を改装した店舗の中にはクライミングの世界が広がっています。自由に登れる他、初めての人向けの「はじめてレッスン」など、様々なスクールも用意されています。中には、初級者向けに設定された「アウトドアクライミングスクール」で外岩へもチャレンジが可能です。

- 金 料金：『平日2時間』大人¥1,240（税込）　高校生以下¥620円（税込）
- 対 対象年齢：なし
- 時 所要時間：2時間〜
- 住 広島県安芸郡府中町茂陰1-13-46
- TEL 082-236-8401　URL cero-climb.com

ADVENTURE INFORMATION: 09 — 福岡県　MAP 9

Climbing Garden ECOLE

西日本最大級のスケールを誇る広々とした空間でボルダリングを体験できます。小さな子ども向けのキッズウォールなどもあります。登録料や1日利用、初回講習などがセットになった「ビギナーズパック」の設定や、小学生以下の子どもとその両親を対象とした「親子割引」なども設定されています。

- 金 料金：『平日3時間』一般/大学生 ¥1,500　高校生/中学生 ¥1,000、小学生以下 ¥1,000
- 対 対象年齢：5歳〜
- 時 所要時間：3時間〜
- 住 福岡県糟屋郡新宮町原上1717
- TEL 092-940-6110　URL ecole-climbing.com

世界の「ロッククライミング」の旅

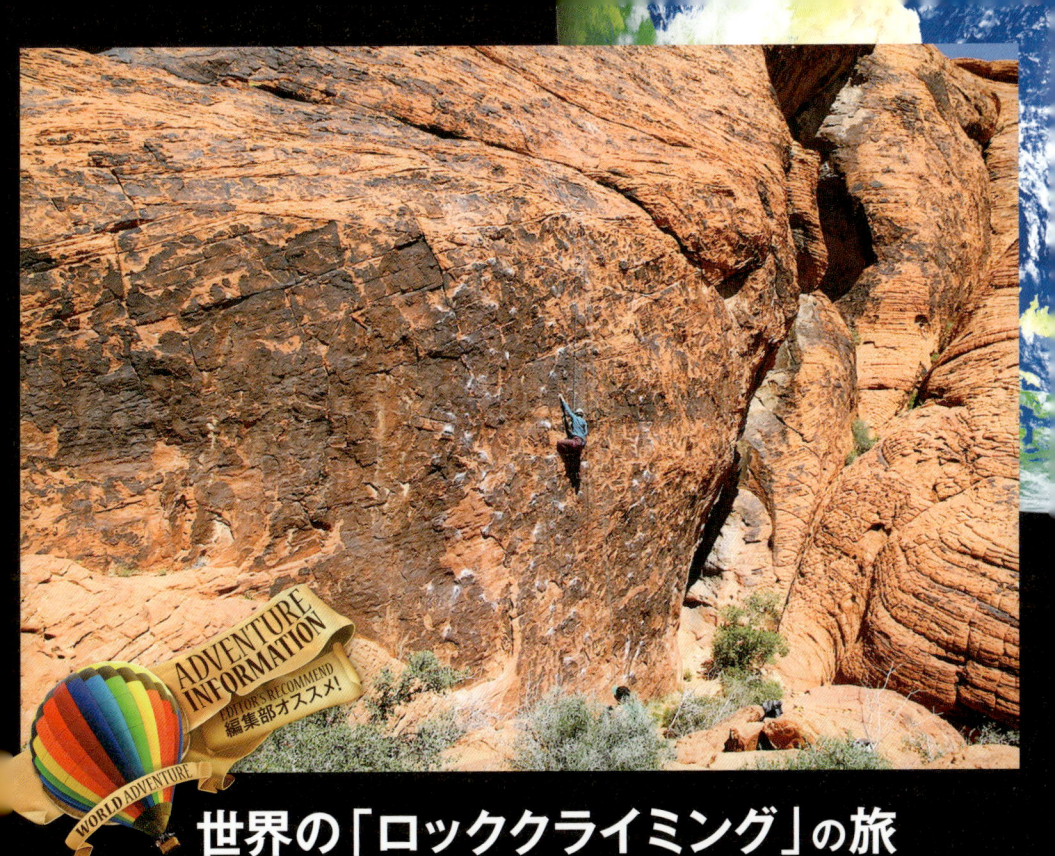

🇺🇸 アメリカ/USA

「アメリカの原風景、赤い岩肌を登る旅」

ラスベガスはアメリカ西部、砂漠の真ん中に突如現れる巨大都市。カジノで発展したこの街の中心は、巨大な電光掲示板や建物が強烈な光を放っていて、「世界で最もまばゆい」と言われるほど。一攫千金を狙ってギャンブラーが集うこの街の近郊に、赤い岩山が連なる国定公園レッドロックキャニオンがあります。ここはクライミングパラダイスとも言われ、世界中からクライマーが腕を試す場所として知られています。アメリカの原風景ともいうべき、赤い岩肌を自らの手足のみで登っていくことができるのです。真っ青な青空と赤い岩のコントラストが美しく、特に登り切った頂から眺めるパノラマには、息をするのも忘れてしまうほどの、素晴らしい感動を覚えるでしょう。誰でも登れる岩がたくさんある海外で、ロッククライミングを体験してみましょう。

旅の予算 HOW MUCH?
大人1名分の総予算　38万円〜 ※旅の予算は本書プラン例の目安料金です。
※飛行機代、宿泊費、現地送迎、入園料、ガイド代含む、食費、燃油サーチャージ除く

6泊8日のプラン例 TRAVEL PLAN
1日目：成田発〜米国1都市乗り継ぎ〜ラスベガス着
2〜6日目：ロッククライミング（1日は休憩日）
7、8日目：ラスベガス発〜米国1都市乗り継ぎ〜成田着

この旅の相談、手配先 ARRANGING THE TRIP
[ADVENTURE SEEKERS]　www.adventure-seekers.com
[株式会社サンドストーン]　sandstone.co.jp

Climbing 107

冒険 12
ADVENTURE

海の上に漂う、氷の上を歩こう！

DRIFT ICE WALK
"流氷遊び"

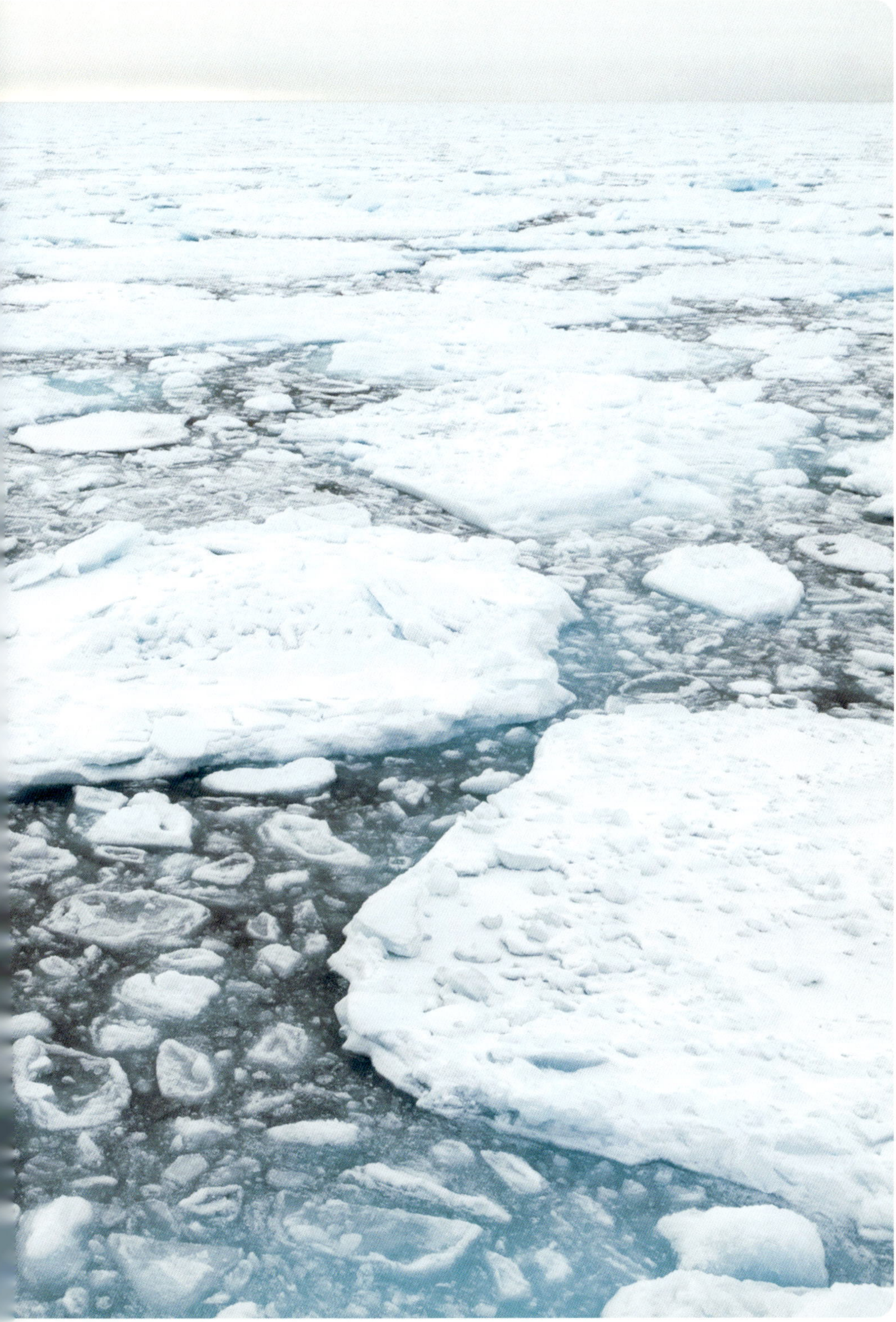

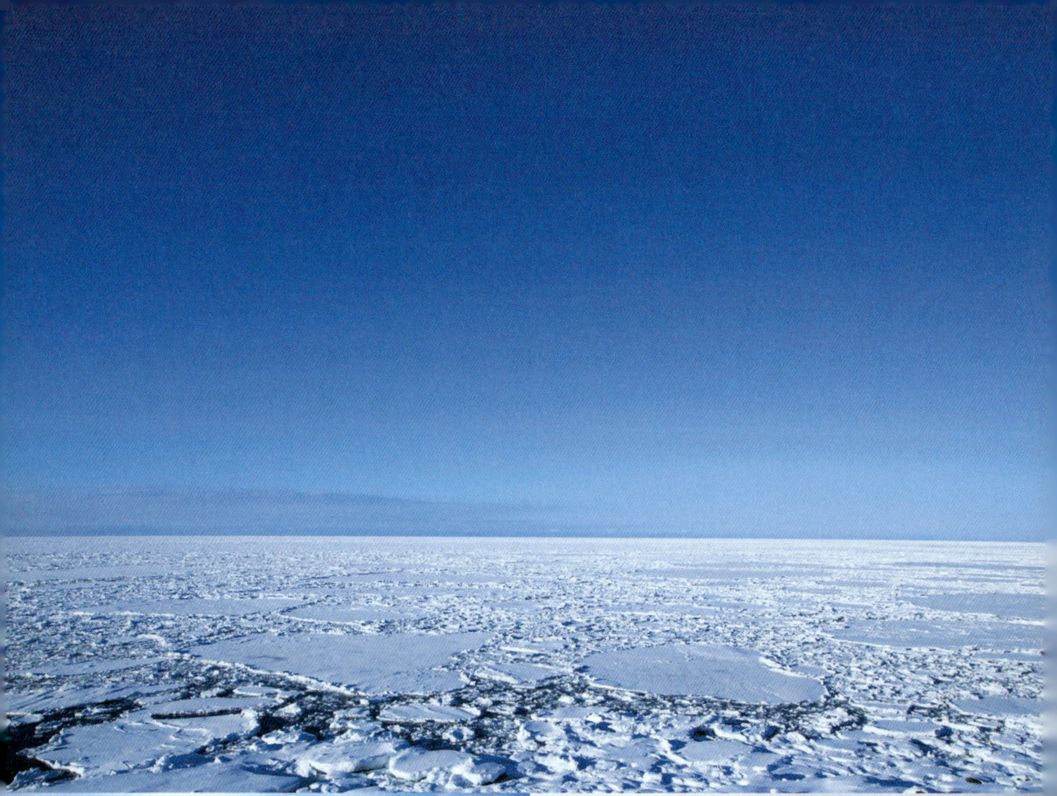
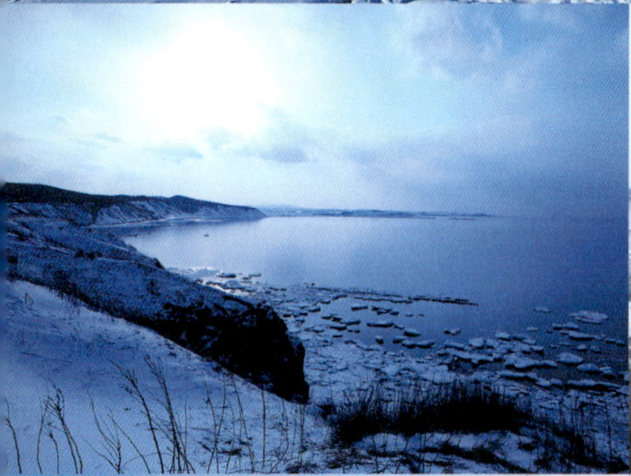
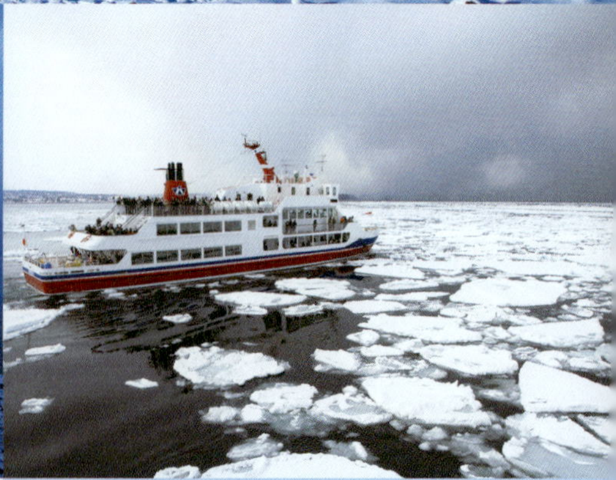
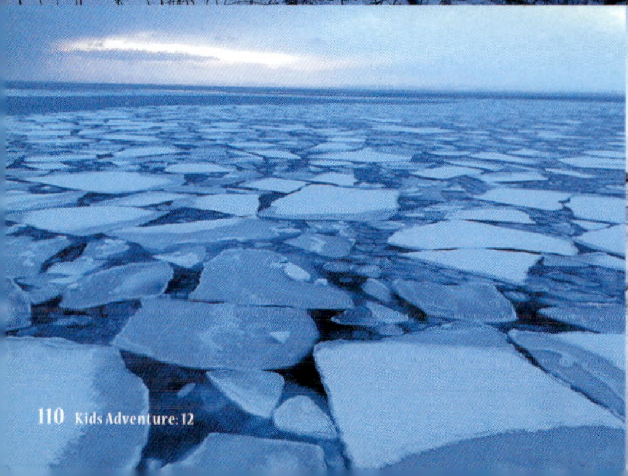
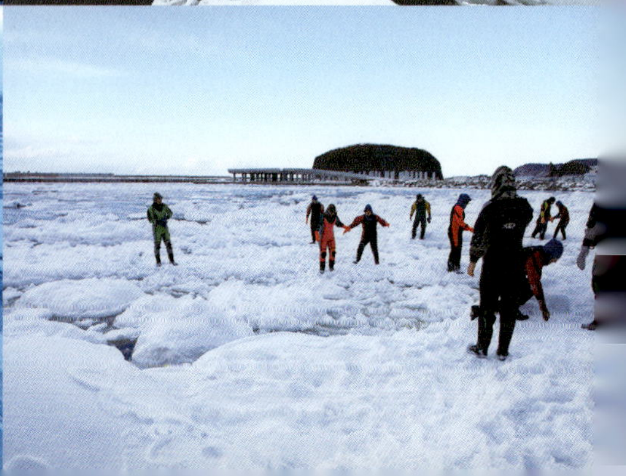

Kids Adventure
12
"DRIFT ICE WALK"

「海の上に漂う、氷の上を歩こう」

厳しい寒さは、時に素晴らしい風景を作り出し、人々の目を楽しませてくれます。そのひとつが、海を漂う流氷です。日本では、1〜3月という限られた期間にのみ、北海道の北東部で見ることができるものです。

ユーラシア大陸北東部を流れるアムール川の水がオホーツク海に流れ込み、流氷は誕生します。淡水が海に流れ込むことにより、海水の塩分濃度が下がります。そうするとその一帯は氷になりやすい環境になり、寒さが厳しくなるのに比例してどんどん凍っていきます。そうしてでき上がった氷が海を南下して、北海道までやってくるのです。

砕氷船という氷を砕きながら進むことができる特別な船に乗り込めば、流氷で埋め尽くされた海を簡単に観光することがでます。もちろん船上からの景色も素晴らしいのですが、自分の足で流氷の上を歩く体験もできるのです。

海に浮かぶ氷の上を歩いたり、ジャンプしたり、時には氷と共に海に浮かんだりもすることができるのです。氷と氷の間から海中を覗いてみれば、光が射し込んで美しく輝く世界が広がります。そこでは、「海の天使」、「氷の妖精」と呼ばれる不思議な生物「クリオネ」に出会えることもあるでしょう。

さあ、流氷の上に行ってみましょう。流氷が夕陽に染まる夕方も素晴らしいですが、オススメは、太陽の光によって流氷が淡く輝くお昼です。きっと、はじめて見るような碧色にふれることができるはずです。

流氷遊びには特殊なスーツを着て参加します。これがとっても優れもの。普通の服の上からそのまま着ることができて、海に飛び込めばスーツの浮力によって浮かぶことができるし、体が濡れることがないので凍えるようなこともないのです。一口に流氷と言っても、大きさも厚さもバラバラ。氷のすぐ下に海があると思えないほど安定しているものもあれば、不安定なものあります。同行するガイドさんの案内を聞きながら、歩いていきましょう。

世界でもごく一部でしか見られない風景の中を歩きながら、「氷の上を歩いているよ、信じられない！」と感動したり、海に手を入れて「冷たーい！」と震えてみたり、ザブンと冷たい海に浮いてニヤニヤしてみたり……。子どもも大人も笑顔が途切れることはないでしょう。

SAMPLE PLAN
KIDS ADVENTURE:12
"DRIFT ICE WALK"

「流氷遊び／体験例」

13:00　受付
受け付けをすませたら、専用のドライスーツに着替えます。着替えると言っても、着てきた服の上に着るだけなのでとっても簡単です。
準備ができたら、流氷の上に向けて出発です。

●流氷ウォーク
海に浮かぶ氷の上で歩いてみたり、寝転んでみたり、ジャンプしてみたり。海の中をのぞいてみれば、翼を広げて泳ぐクリオネに出会えるかもしれません。とっても冷たい海なのに、専用のドライスーツのおかげで、少しも寒くないで氷の上から海の中に入ってみましょう。

14:30　終了
季節限定の自然の恵み、流氷の世界を遊んだら、陸地に戻ります。
専用のドライスーツなど、レンタルしていたものを返却して終了です。

協力：＜知床ナチュラリスト協会＞　www.shinra.or.jp

ADVENTURE INFORMATION: 01
北海道
MAP 1

※小学生以下は保護者同伴が条件

知床ナチュラリスト協会

流氷が押し寄せるオホーツク海で流氷ウォークを楽しむことができます。氷が沿岸に到着する2〜3月に催行されます（年によって異なるので要事前確認）。スノーシューツアーも実施していて、凍り付いた滝を目指すコースや知床五湖の上を歩くコースなどもあります。

- 金 『流氷ウォーク』大人¥5,100（税込）、小学生¥2,600（税込）
- 対 対象年齢：小学生〜、身長130cm〜
- 時 所要時間：約1時間30分
- 住 北海道斜里郡斜里町ウトロ東284
- 電 0152-22-5522　URL www.shinra.or.jp

ADVENTURE INFORMATION

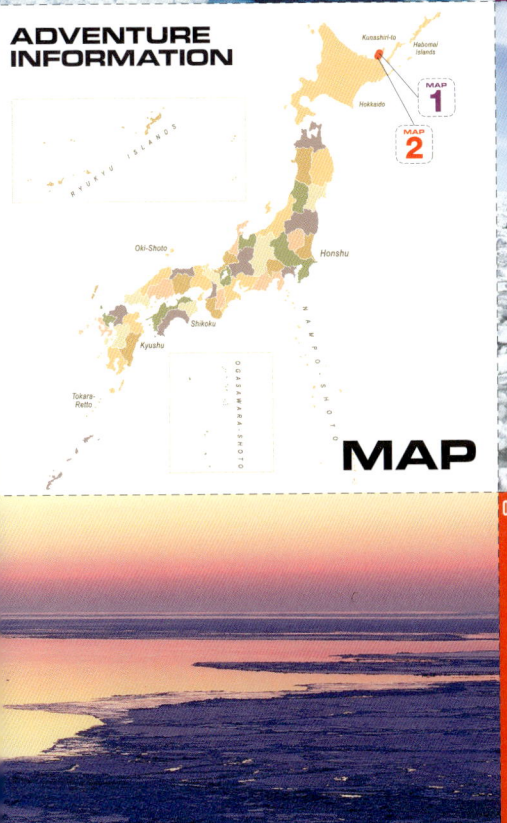

MAP

ADVENTURE INFORMATION: 02
北海道
MAP 2

ゴジラ岩観光

右側にプユニ岬、左側に三角岩とオロンコ岩が見える場所で体験する「流氷遊ウォーク」。流氷の上を歩いたり、専用ドライスーツを着て海に浮くこともできます。海を覗けばクリオネに、沖合まで行ければ知床連山が見えることもあります。また、冬の間は「流氷クルージング」も催行しています。

- 金 料金：『流氷遊ウォーク 通常コース』大人¥5,000＋税　小学生¥2,500＋税
- 対 対象年齢：身長130cm以上〜
- 時 所要時間：約1時間30分
- 住 北海道斜里郡斜里町ウトロ東51
- 電 0152-24-3060　URL kamuiwakka.jp/driftice

Drift ice walk 113

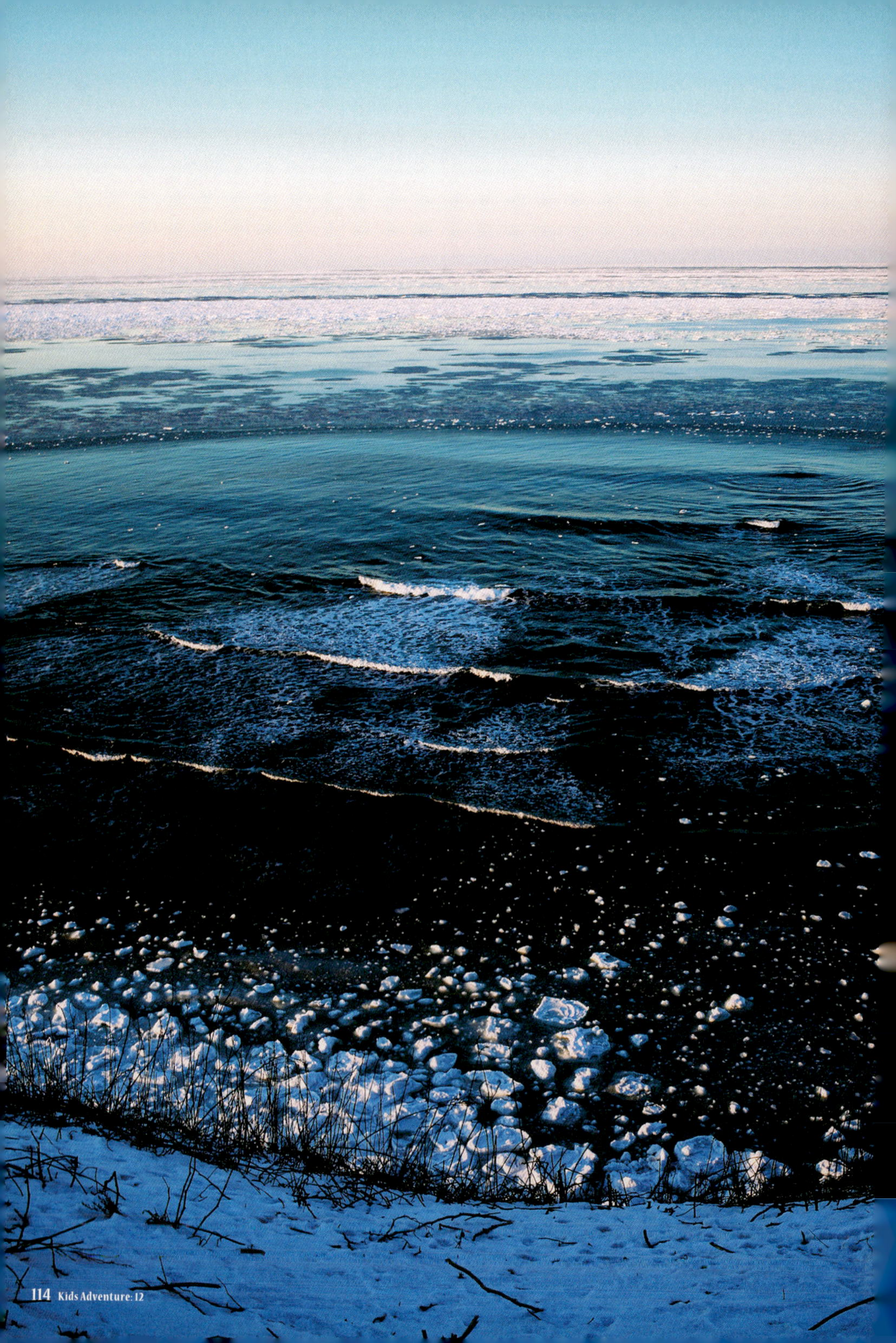

世界の「流氷」の旅

南極/Antarctica

「世界の果てに広がる、氷の世界を旅する」

南極は「世界の果て」の名に相応しい大陸です。日本の約33倍もの面積を持ち、大部分はぶ厚い氷に覆われています。氷山や流氷は、その氷が大陸の上を動き、海へと流れ出ることで誕生するのです。一般的に、南極には南米最南端の街ウシュアイアからクルーズ船に乗って目指します。近づくにつれて増えてくるのが、海面に浮かぶ大小の氷山や流氷。蒼白く輝くそれらの氷が、南極到着の合図となるのです。

ゾディアックという小型のゴムボートに乗り換え、南極大陸に上陸したり、クルージングをしたり。その中でペンギンをはじめ、アザラシやオットセイ、シャチやクジラなど、過酷な環境下に生息する動物たちと出逢うことができます。一帯に広がる氷の世界は、その色彩や造形美を楽しめる場所でもあり、動物たちのパラダイスでもあるのです。地球上に存在する氷のほとんどが集中する南極で、氷が紡ぎ出す別世界を堪能してみましょう。

旅の予算 HOW MUCH?
大人1名分の総予算　61万円〜　※現地予算は本書プラン例、個人手配時の目安料金
※飛行機代、宿泊費、南極クルーズ代、食事含む、燃油サーチャージ除く

TRAVEL PLAN
10泊14日のプラン例
1、2日目：成田発〜米国1都市、ブエノスアイレス乗り継ぎ〜ウシュアイア着
3〜11日目：南極クルーズ
12〜14日目：ウシュアイア発〜ブエノスアイレス、米国1都市乗り継ぎ〜成田着

この旅の相談、手配先 ARRANGING THE TRIP
[Quark Expeditions]　www.quarkexpeditions.com

Drift ice walk

冒険 13
KIDS ADVENTURE

ロープを使って木の上へ。新しい木登り体験！

TREECLIMB
"ツリークライム"

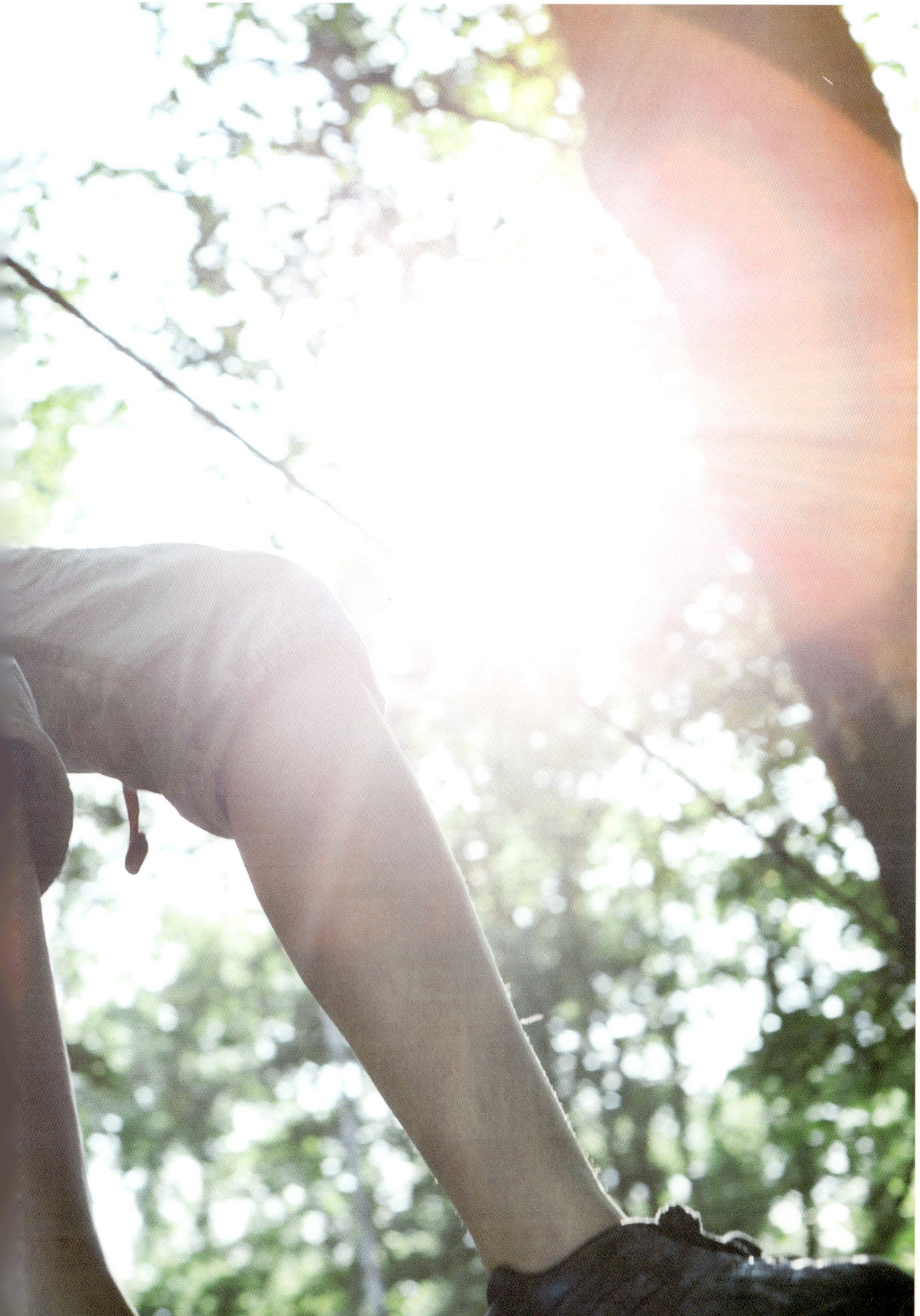

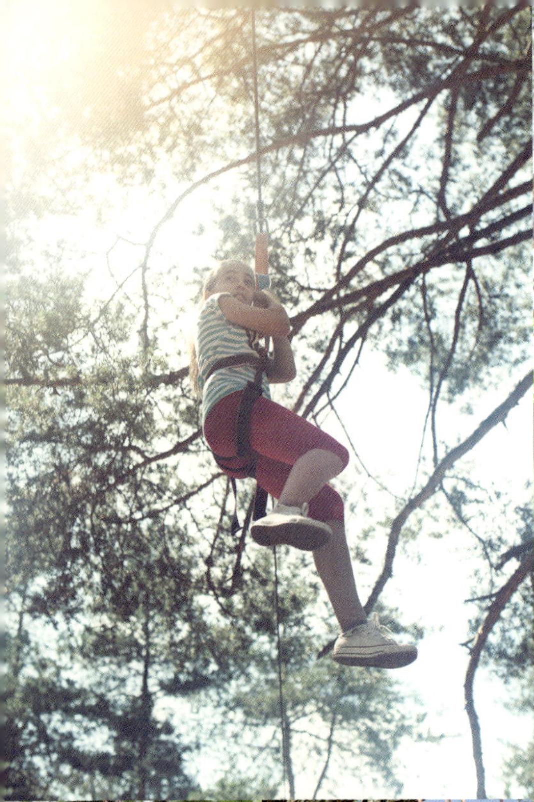
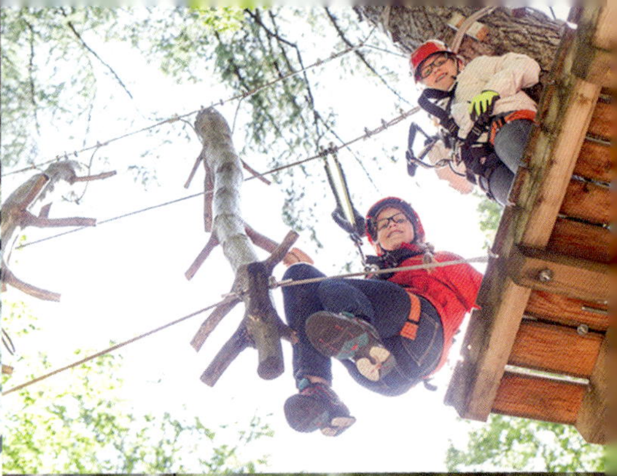
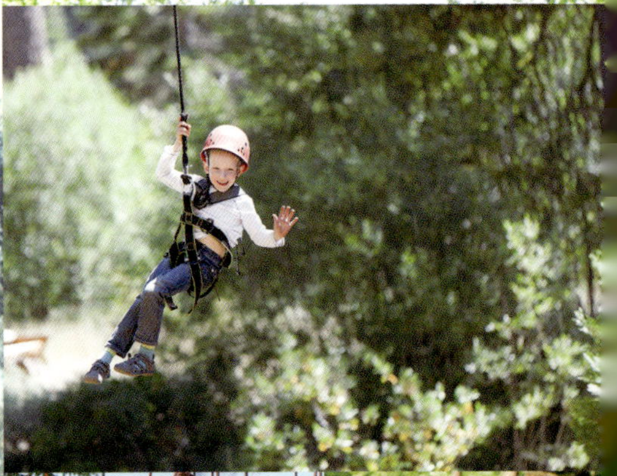
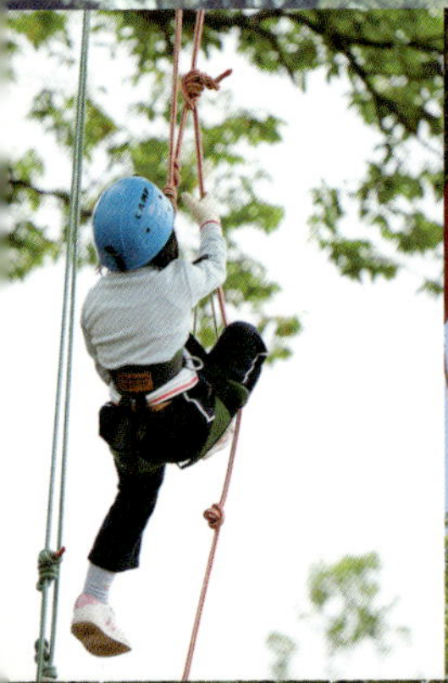
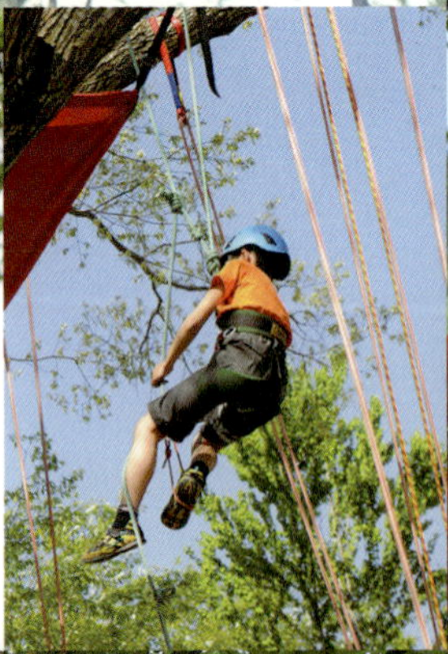
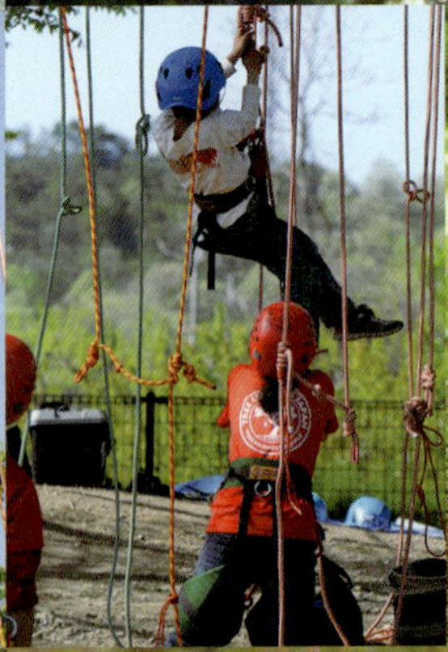
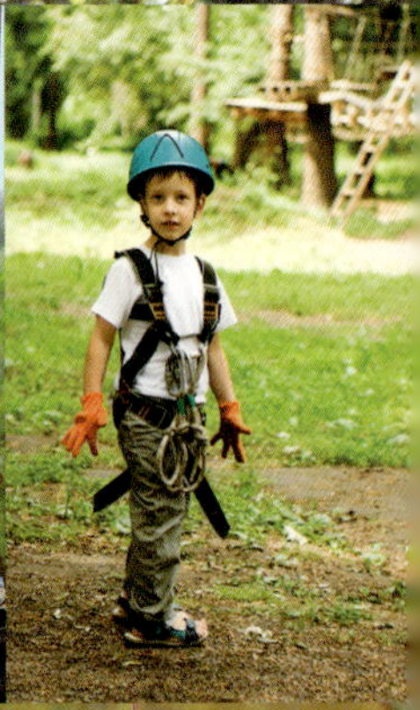
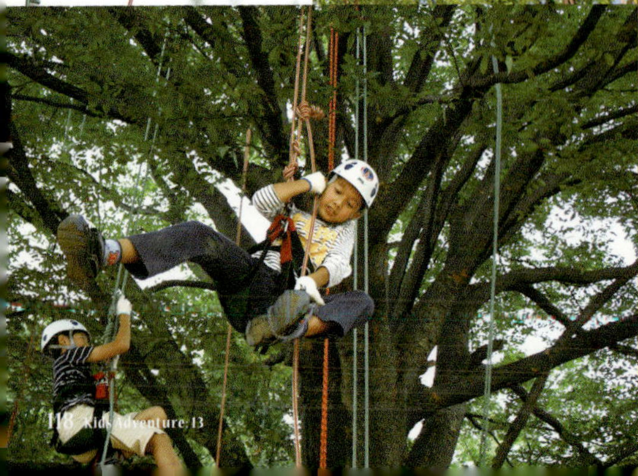
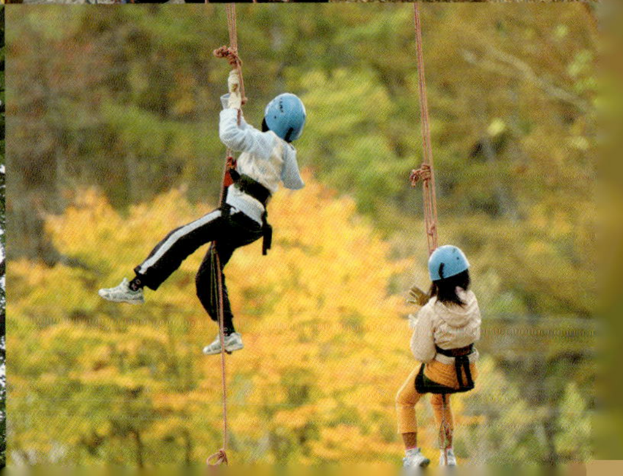

Kids Adventure
13
"TREE CLIMB"

「ロープを使って木の上へ。新しい木登り体験」

地中に根を張り巡らせ、すっくと空に向かって立ち、枝を広げる大きな木。風が葉を揺らし、小鳥が休憩するその場所は、特別な気持ちよさに満ちています。その木に登るという行為は、子どもにとって、大きなロマンです。
「木登り」と言えば、枝に手や足をかけて登るもの。そう思ってはいませんか？もちろんそれも正解ですが、専用のロープなど、特別な装備を使って10m以上もの高い木に登ることができる木登りもあるのです。それは、「ツリークライミング」や「ツリークライム」、「ツリーイング」、「ツリークルージング」など様々な名前で呼ばれていますが、基本はどれも同じ。子どもから大人まで、みんなが夢中になってしまうアクティビティです。この「木登り」では、特別な腕力や体力は必要ありません。小さな子どももコツさえ掴めば簡単に、そして安全に高い木の上まで登れてしまうのです。

まずは木登り専用のハーネスを体に装着します。これは専用のロープと繋がるもので、空中でも座るような姿勢でいられるものです。まるで小さなブランコに座っているようにも見えます。軍手をつけて、ヘルメットをかぶったら、いよいよ木の上を目指して登っていきます。
一歩地面から離れると、最初はゆらゆらして大変だと思うかもしれません。ですが、ロープにかけた足を、地面を押すように一回一回、動かしていくと、少しずつ上へ上へと登っていくことができます。1メートルでも登れたら、もう大丈夫。きっとその頃には体が慣れ、意識しなくてもバランスが取れるようになっているでしょう。
そして、いよいよ木の上へ。そこに立って、まわりを見渡せば想像を超える景色が広がっています。「最高！」「風が気持ちいい！」と、色々な気持ちが湧き上がってきます。場所によっては、枝に付けられたハンモックに揺られながらお昼寝したり、おにぎりを食べてみたり。木の上という特別な場所で、自分だけの時間を楽しむことができます。

木を傷付けることなく安全に楽しめ、環境にもとっても優しい「木登り」。それは人も木も、みんなが笑顔になる、とってもステキな森遊びなのです。

SAMPLE PLAN
KIDS ADVENTURE 13 "TREE CLIMB"
「ツリーイング／体験例」

9:30　受付
道の駅「神鍋高原」に集合し、そこから3分歩けば秘密の森に到着です。

●準備運動
大きな木を眺めながら、まずは準備運動。ケガをしないように念入りに体を動かしましょう。

●木に登る道具を装着
木に登るためのハーネスを装着し、ヘルメットを被ったら準備OKです。登り方の説明を受けたら、いよいよ木登りスタートです。

●ツリーイング（約90分）
まずは先生が見本を見せてくれます。仕組みはとっても簡単なので、コツをつかめば小学1年生でも簡単に登ることができます。少しずつ、地面から離れて行く感覚は、怖さよりもワクワク感の方が大きいかも。木の上に到着したら、ハイポーズ！　ビックリするほどの高さから、下にいるみんなに手を振りましょう。

12:00　終了
木の上の時間を過ごしたら、ゆっくりと降りていきます。おやつを食べたり、おしゃべりしたり。新しい木登りの楽しさをみんなで分かち合いましょう。

協力：＜かんなべ自然学校＞　www.kns.hyogo.jp

ADVENTURE INFORMATION

MAP

ADVENTURE INFORMATION: 01 — 兵庫県 — MAP 1

※未就学児は保護者同伴が条件

かんなべ自然学校

兵庫県北部の神鍋高原を拠点に四季を通じて様々な自然体験を実施しています。ツリーイングでは高さ15mまで登って木の上に立ったり、特大ブランコを楽しんだりすることができます。他にも川や山、雪の中でのアクティビティが豊富なので、子どもの「豊かな感性」を育むことができます。

- 料金:『大きな木の秘密基地でツリーイング』中学生以上¥4,500(税込)、小学生以上¥3,500(税込)
- 対象年齢: 4歳～
- 所要時間: 約2時間30分
- 兵庫県豊岡市日高町名色85-76
- TEL 0796-20-3541
- URL www.kns.hyogo.jp

ADVENTURE INFORMATION: 02 — 群馬県 — MAP 2

猿山-Monkey Mountain

群馬県のみなかみ町を主な舞台としている、木のぼり専門会社。川の近くで行うので、木の上からは、川を下るラフティングボートが見られることも。地上10mに掛けられたハンモックでは、ティータイムを過ごしたり、お昼寝をしたりすることができます。振り幅12mにもなる「でかブランコ」も体験できます。

- 料金:『樹上満喫 木のぼりツアー』大人¥7,500(税込)、小学生¥7,000(税込)
- 対象年齢: 小学1年生～
- 所要時間: 約2時間
- 群馬県利根郡みなかみ町川上131-5
- TEL 070-2209-3680
- URL saruyama-tree.com

ADVENTURE INFORMATION: 03 — 埼玉県 — MAP 3

ウォーターパーク長瀞ラフティング

長瀞渓谷に流れる荒川の上流に拠点を持つ「ウォーターパーク長瀞ラフティング」。豊かな自然の中でツリークライミングを楽しめるのはもちろんですが、社名の通り水飛沫を浴びながらラフティングで川を下るアクティビティを催行しています。1日で木登りと川下り、ふたつの自然を楽しむことができます。

- 料金:『ツリークライミング』¥1,500～¥4,000
- 対象年齢: 小学生～、小学生は保護者同伴が条件
- 所要時間: 約1時間30分～
- 埼玉県秩父郡皆野町金崎1918
- TEL 0494-26-7791
- URL www.wpnraft.com

ADVENTURE INFORMATION: 04 — 静岡県 — MAP 4

※幼稚園～小学生は保護者同伴が条件
※土日祝祭日は+¥1,000

エコサーファー

伊豆半島最南端、海・川・山が揃う南伊豆で「子どもも大人も思いっきり遊べる」、磯観察、シュノーケリング、サーフィン、小中学生の冒険キャンプ、クワガタ・カブトムシ捕りなど様々な自然体験を提供しています。ツリークライミングでは、15mほどの木に登り、ハンモックでのんびりすることができます。

- 料金:『ツリークライミング体験』中学生以上¥5,000(税込)、幼稚園年長～小学生¥4,500(税込)
- 対象年齢: 6歳～
- 所要時間: 約2時間
- 静岡県加茂郡南伊豆町湊1616-11
- TEL 070-5371-4006
- URL www.eco-surf.com

Tree climb 121

ADVENTURE INFORMATION: 05 — MAP 5

静岡県
※中学生以下は保護者同伴が条件

🌳 Mother Tree ふぉーらむ 木登りキャプテン まるやま

伊豆今井浜海岸「ツインクルの森」にて、ツリークライミングを楽しめます。3～85歳まで、およそ8,000人もの人々を木の上に導いてきたガイドが、木登りを楽しく教えてくれます。おにぎり程度のものであれば、木の上で食べることもできます。キッズの瞳が輝くことを主な目的としています。

- 料金：『伊豆今井浜海岸 キッズ・ツリークライミング』¥3,500+税
- 対象年齢：4歳～
- 所要時間：約2時間30分
- 静岡県加茂郡河津町田中576-8
- TEL 090-6361-4581
- URL mothertrees.jugem.jp

ADVENTURE INFORMATION: 06 — MAP 6

岐阜県

🌳 TREE CLIMBING HIRUGANO

標高約900mに位置する、ひるがの高原は、夏は避暑地として、秋は美しい紅葉名所として、冬はスキーが楽しめる場所として知られています。「TREE CLIMBING HIRUGANO」では、アクティビティが豊富に揃うひるがの高原で、ツリークライミングを専門に行っています。

- 料金：『ツリークライミング』¥3,000（税込・2015年現在）
- 対象年齢：小学生～
- 所要時間：約2時間
- 岐阜県郡上市高鷲ひるがの
- TEL 0575-73-1205
- URL tree-climbing-hirugano.blogspot.jp

ADVENTURE INFORMATION: 07 — MAP 7

滋賀県
※8歳未満は要相談、要保護者同伴

🌳 Tree Cafe

琵琶湖の西に位置する、滋賀・高島の森の中でツリーイングを楽しめます。「至福のツリーカフェ」では大人気のブラジリアンハンモックに身を預け、ゆっくりとした時間を木の上で過ごすことができます。「基本のツリーカフェ」では、枝に座って立って寝転んで。枝を掴み、幹を抱いてと、木登りを存分に楽しみます。

- 料金：『至福のツリーカフェ』¥10,000（税込、4名で3時間参加した場合の1名分）
- 対象年齢：8歳～
- 所要時間：所要時間：2～4時間
- 滋賀県高島市新旭町饗庭1600-1 高島市新旭水鳥観察センター（事務所）
- TEL 090-7555-5304
- URL treecafe.net

ADVENTURE INFORMATION: 08 — MAP 8

鳥取県
※未成年者は保護者同伴が条件

🌳 森の国

ツリークライミングで木登りを楽しんだら、宙に張り巡らされたワイヤーやロープなどを伝って、空中散歩を楽しみ、最後にジップラインで100m以上を滑走します。森の国ではフィールドアスレチックやマウンテンバイクなどでの森遊びに加え、川遊びなど多彩な屋外・屋内アクティビティを楽しめます。

- 料金：『樹上冒険！ツリークライム＆ジップライン』¥3,000+税
- 対象年齢：小学生～
- 所要時間：約2時間
- 鳥取県西伯郡大山町赤松634
- TEL 0859-53-8036
- URL www.japro.com/morinokuni/

世界の「ツリークライム」の旅

ブラジル/Brazil

「ブラジルの秘境アマゾンの巨木に登って、ハンモックで1泊する旅」

南米大陸の国々をまたぎ、大西洋にその水を注ぐ大河「アマゾン川」。長さでは世界第二位、流域面積ではナイル川を抑え世界一となる川です。その河口から1,700km遡った所に位置するマナウス市の更に200km離れた熱帯雨林の中。そこに樹齢300年、高さ70mという巨大なスケールを誇り、密林の女王と呼ばれる巨木「サマウマ」が立っています。ツリークライミング用のロープとサドル(安全帯)を装着し、登り、辿り着いたその樹の頂からは、地平線まで続く樹海を眼下に収めることができるのです。ただ登って降りるだけでなく、樹上でハンモックを吊り1泊できるのが最大の魅力。高所という恐怖心に打ち勝ち、1夜を過ごした勇者のみが出逢うことが許される絶景。それが、言葉を失う程の美しさを持つ朝日に照らされ輝くジャングルです。他にも見所の満載のジャングル。秘境の名に相応しい、奥深き魅力を放つアマゾンの樹の上へ。

旅の予算 HOW MUCH?
大人1名分の総予算　35万円〜　※旅の予算は本書プラン例の目安料金です。
※飛行機代、現地ツアー代、食事含む、燃油サーチャージ除く

TRAVEL PLAN
9泊12日のプラン例
1,2日目：成田発〜ダラス、マイアミ乗り継ぎ〜マナウス着
3〜9日目：アマゾン川ツアー
10〜12日目：マナウス発〜マイアミ、ダラス乗り継ぎ〜成田着

この旅の相談、手配先 ARRANGING THE TRIP
[ウニベルツール]　www.univer.net

冒険 **14**
KIDS ADVENTURE

風と共に、
体で海を感じる冒険へ！

WINDSURFING

"ウィンドサーフィン"

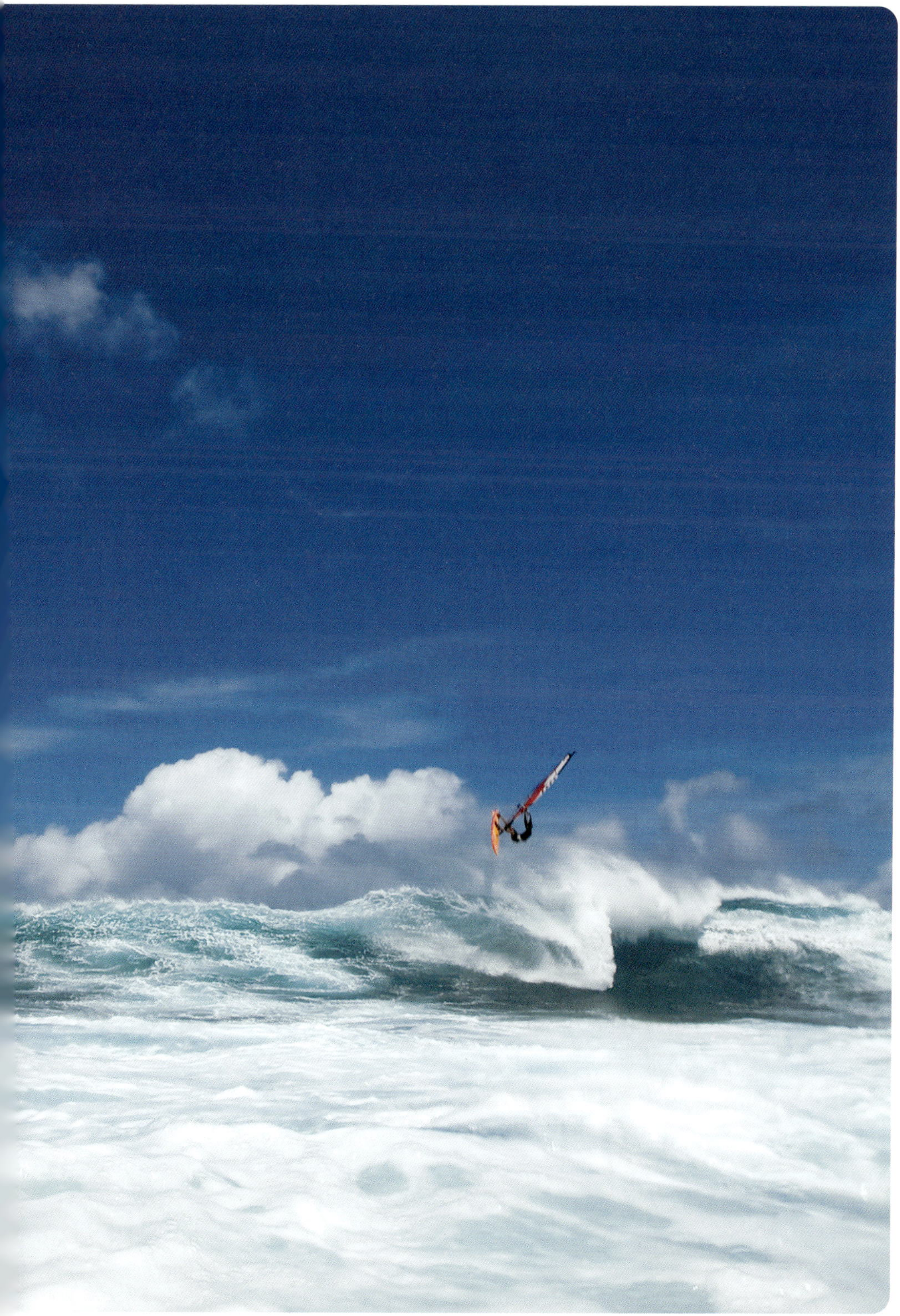

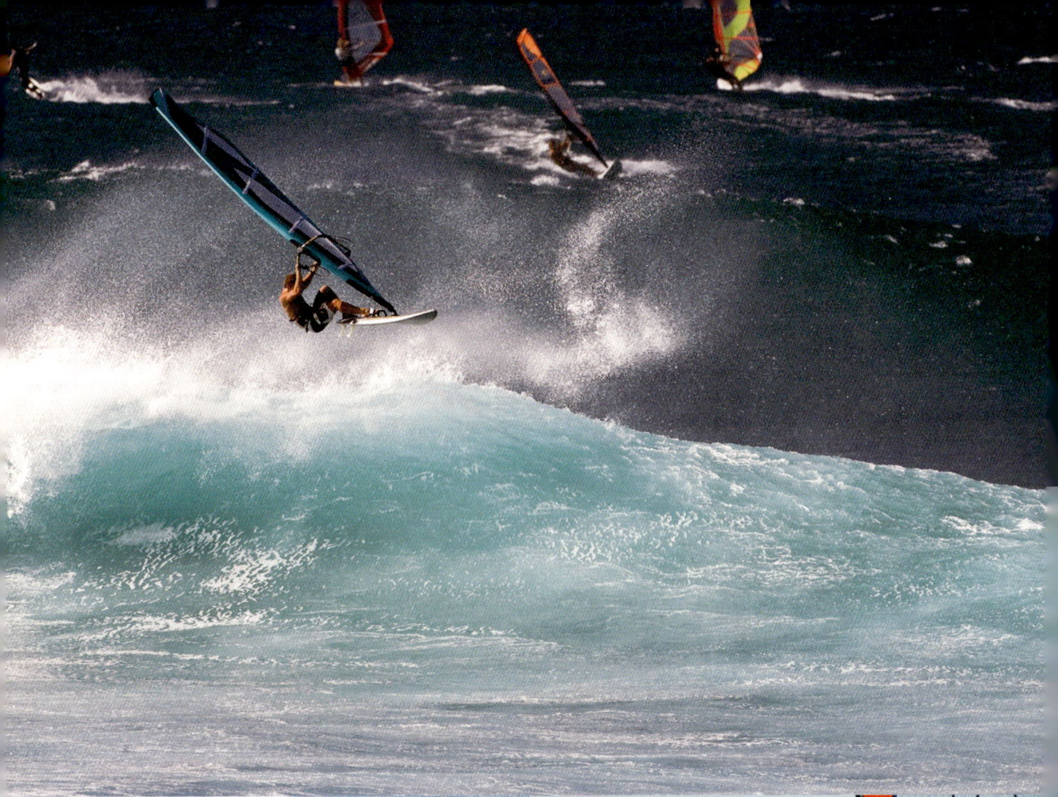

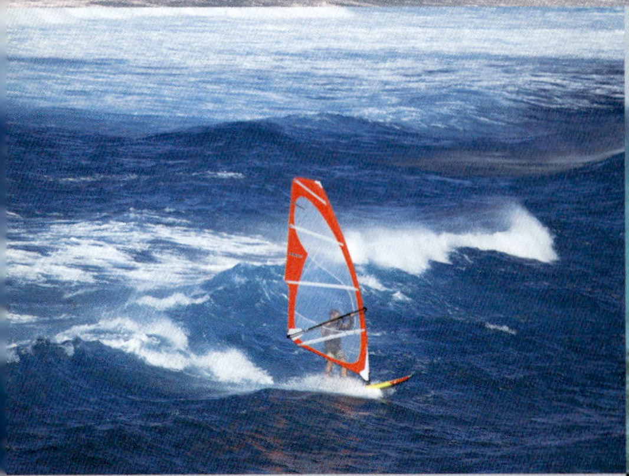

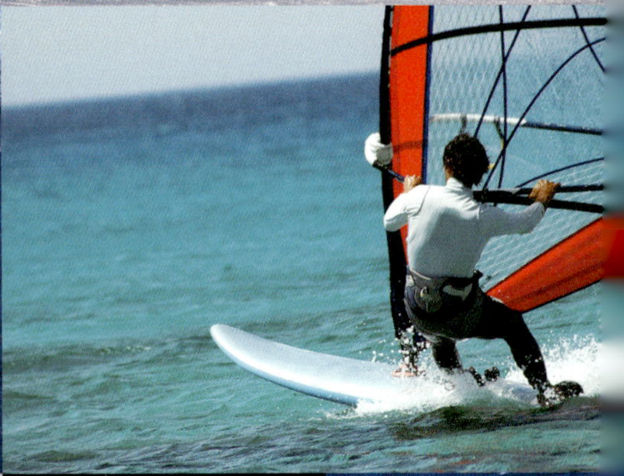

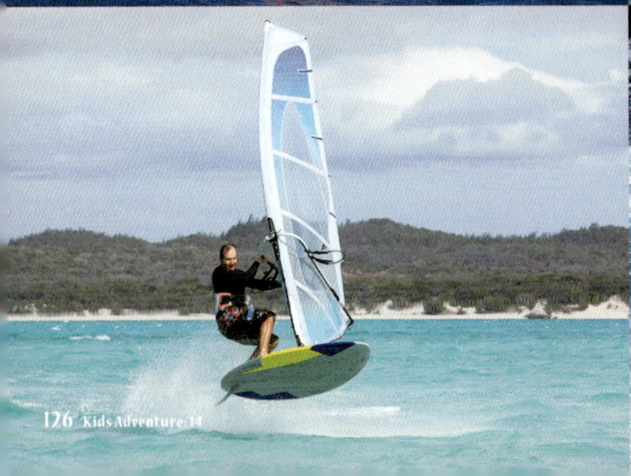

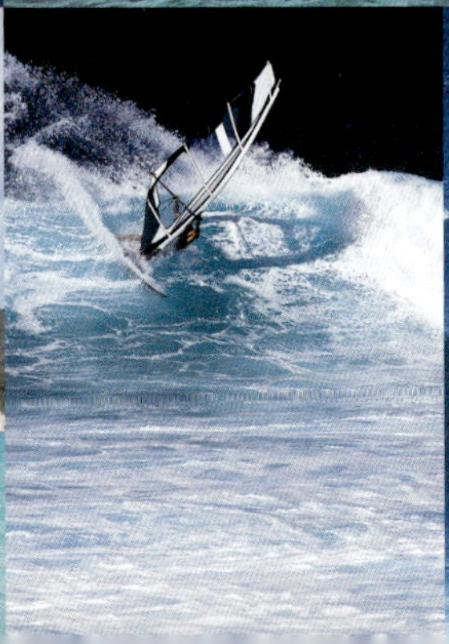

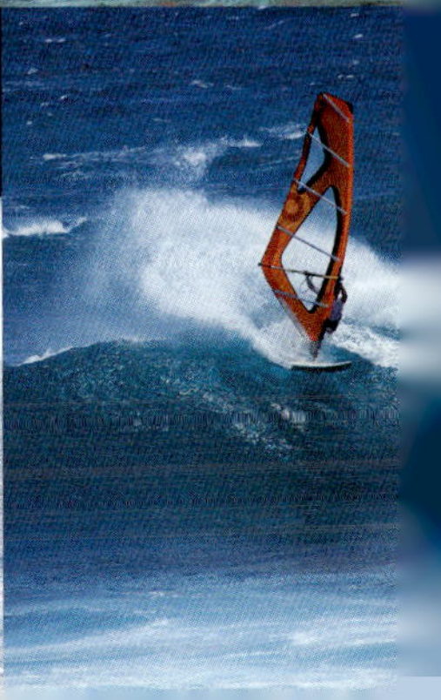

Kids Adventure
14
"WIND SURFING"

「風と共に、体で海を感じる冒険へ」

ボードの上に立ち、セイルに風を受け、水面を疾走するウィンドサーフィン。翼に風を受けて空へと上昇する飛行機と同じ理論で、「ウィンド＝風」を横への推進力に変えて、風上へ水面を滑るようにと進んでいくウォータースポーツです。

最初は頬を撫でる優しい風を受けながら、ゆっくりと進んでいきます。それだけでも水の上を滑っていくという気持ちよさを十分体感できるでしょう。風という自然の力を受けながら進んでいく感覚はとても心地よいものです。そして、リグと呼ばれるセイルやマストを接続した道具を操作し、自分の進みたい方向へとボードを少しずつ操れるようになっていくと、さらに面白くなっていきます。

しかし、ウィンドサーフィンの本当の魅力は、まだまだその先に無限に広がっているのです。
ある程度上達し、強い風を受けながらスピードが上がっていくと、ボードはだんだんと浮き上がり最終的にはほとんど海面から離れてしまいます。そうなると、ボードにかかっていた水の抵抗がなくなり、ものすごいスピードで海面を走り出すのです。これをプレーニングと呼ぶのですが、このレベルに達すると水上を時速40〜50km/hくらいで滑走できるようになります。水上でのスピード感は陸上の3倍といわれますから、そのスリルを一度味わったら……もうやみつきです（ちなみにウィンドサーフィンのスピード世界記録は90km/h以上！）。

魅力はスピードだけではありません。そこに波が加われば、サーフィンのような波乗りもできますし、さらにはジャンプや回転もできるのです。プロ選手は、10m以上ジャンプをしたり、空中で2回転したり……見ているだけでゾクゾクするような動きができます。
これほどまでに、自然と一体になれて、これほどまでに自由自在に水上を動けるアクティビティは、他にはないと言っても過言ではありません。

自然を思いっきり感じられる冒険へ、風と供に走り出してみましょう。

SAMPLE PLAN
KIDS ADVENTURE:14 "WIND SURFING"

「ウィンドサーフィン／体験例」

10:00　受付に集合
受け付けや支払いなどの手続きをしましょう。

●着替え
水着の上から、レンタルのウエットスーツを着ます。サイズが色々あるので、自分の身長にあったものを選んでもらいましょう。

10:45　海へ移動
軽くミーティングをしたら、歩いて海へ向かいます。
ウィンドサーフィンの道具をセッティングしたら、準備運動。その後、まずは陸上でレクチャーを受け、いよいよ海へ。
浮力のあるボードなので、簡単に立つことができます。操作方法を確認しながら、風を受けてゆっくりと進むところから始めましょう。

12:00　お弁当タイム
ほどよく疲れたころに、一度ショップに戻り、みんなでお弁当タイム。お弁当は当日ショップで頼むことができます。

13:00　再び海へ
午前中の感覚を思い出しながら、午後の部スタート。午前中より慣れてきて、スイスイ走れるようになります。自然と調和しながらスピード感を味わいましょう。

15:00　プログラム終了
海上でのレッスンは終了です。海を眺めながら、ドリンクを飲んで疲れをいやしましょう！

協力：<SEVENSEAS>　www.7seas.jp

ADVENTURE INFORMATION

MAP

ADVENTURE INFORMATION: 01 　MAP 1
神奈川県
※小学生の体験スクールは日曜日に行います

SEVENSEAS
近くは江ノ島、遠くは富士山までもが見える鎌倉の海で、ウィンドサーフィンやSUPのスクール&ショップ&クラブハウスを営業しています。ラウンジやシャワールーム、更衣室などが揃うセブンシーズの店舗の屋上では事前に予約すればバーベキューも可能です。

- 料金：『ウィンドサーフィン体験スクール』¥5,000+税
- 対象年齢：小学生〜
- 所要時間：約5時間
- 神奈川県鎌倉市材木座6-16-35
- 0467-22-5050　www.7seas.jp

ADVENTURE INFORMATION: 02 　MAP 2
北海道
※小学生以下は保護者同伴が条件

銭函ヨットハーバー
小樽市銭函海水浴場の東隣にある、艇庫・シャワー・トイレ・更衣室完備のハウスです。ウィンドサーフィンを楽しむには最適な場所で、例年国体予選や札幌市民大会が開催されています。ウィンドサーフィン以外にも、カイトサーフィン、ヨット、SUPのスクールも実施しています。

- 料金：『ウィンドサーフィン半日スクール』¥5,000+税
- 対象年齢：小学生〜
- 所要時間：約2時間
- 北海道小樽市銭函3丁目46番地
- 0134-62-2411　www.zenibako.jp

ADVENTURE INFORMATION: 03 　MAP 3
茨城県
※小学2年生以下は保護者同伴が条件

フォワード 茨城ウィンドサーフィンスクール
一人一艇の少人数制のスクール行っています。ウィンドサーフィンの1日体験コースがあり、子どもや泳げない人もOK。陸上練習をした後、海上で実際に練習して、走る楽しさを味わうことができます。海上に出るためのマナーや海上安全法に基づいたルールなどの基礎知識も習得できます。

- 料金：『1日体験スクール』¥8,000+税
- 対象年齢：10歳〜
- 所要時間：約5時間
- 茨城県東茨城郡茨城町中石崎2624-19
- 029-293-8884
- www.gem.hi-ho.ne.jp/forward/a.htm

Wind surfing 129

04

ADVENTURE INFORMATION: 04
山梨県
MAP 4

浩庵（本栖湖ボードセイリングスクール）

春から秋にかけて、南風の吹くウィンドサーファーで賑わう本栖湖。宿泊やキャンプと合わせて、澄んだ湖水と爽やかな南風をウィンドサーフィンで楽しめます。基本をマスターする1日レッスンをはじめ、ステップアップのためのワンポイントレッスン、スペシャルコースなど幅広いスクールが用意されています。

- 料金：『1日コース』¥8,000(税込)
- 対象年齢：10歳〜
- 所要時間：約8時間(10:00〜16:00)
- 山梨県南巨摩郡身延町中ノ倉2926
- TEL 0556-38-0117　URL www6.nns.ne.jp/~kouan/

05

ADVENTURE INFORMATION: 05
愛知県
MAP 5

エアーボーン新舞子ウィンドサーフィンスクール

ウィンドサーフィンのメッカ「新舞子海岸」にある、ウィンドサーフィンスクールです。ショップ目の前が新舞子ビーチで、艇庫、駐車場、温水シャワー、レンタル、クラブハウス、レスキュー艇など完備しているので安心して楽しめます。個人レベルに合わせ丁寧に教えてもらえる1日体験スクールが人気です。

- 料金：『1日体験コース』¥6,300+税
- 対象年齢：小学3年生〜
- 所要時間：約4時間
- 愛知県知多市新舞子字大瀬7番地EST.2F
- TEL 0569-43-7555　URL airborn.co.jp/

06

ADVENTURE INFORMATION: 06
滋賀県
MAP 6

※低学年は事前に要相談
※イースト校／滋賀県彦根市新海浜2-6-9（電話0749-43-2321）

ビワコPROウィンドサーフィンスクール

初心者から上級者までのきめ細やかなレッスンがモットーで、多くの優秀な選手を育てて来たスクール。現在ナショナルチームの選手が3名、プロが2名在籍しており、全員がビギナースクールから育った選手です。スクール終了後は、スクーリングクラブでさらにウィンドサーフィンの楽しさや奥の深さを知ることができます。

- 料金：『1日体験』¥6,000、『マスターコース(3日)』¥16,000
- 対象年齢：小学生〜
- 所要時間：約4時間半(11:00〜15:30)
- ウェスト校／滋賀県高島市安曇川町下小川2063-2
- TEL 0740-32-2233　URL biwako-pro-windsurfing-school.co.jp

130　Kids Adventure:14

世界の「ウィンドサーフィン」の旅

🇺🇸 ハワイ/Hawaii,USA

「アロハな空気が満ちる島で、南国の風と共に水面を滑る旅」

マウイ島は、ハワイ諸島最大のハワイ島(別名ビッグアイランド)に次ぐ大きさを誇ります。ホノルルを要するオアフ島とはまた異なる、ゆっくりとした時間が流れている島です。12月から4月の間に世界最高レベルのホエールウォッチングが体験できることで知られ、運がよければザトウクジラが盛大な水しぶきを上げる姿を見られることでしょう。また真っ白な砂浜が約4.8kmも続き、かつて全米ナンバーワンビーチに選出されたカアナパリ・ビーチも有名です。そんなマウイ島には1年を通して、ウィンドサーフィンに最適な安定した貿易風が吹き込みます。その風を求めて世界中からウインドサーファーが集い、日々最高の舞台で風と波を楽しんでいるのです。ウインドサーフィンのスクールやレンタルショップなども多いので、ハワイの風と波を気軽に体験することができます。子どもが体験する場合は、波が大きくならない4月下旬〜9月がベストシーズンです。

旅の予算 HOW MUCH?

大人1名分の総予算　14万円〜 ※旅の予算は本書プラン例の目安料金です。

※飛行機代、宿泊費、レンタカー代、ウィンドサーフィンレッスン代(2日間)含む、食事、燃油サーチャージ除く

TRAVEL PLAN

3泊5日のプラン例
- 1日目: 成田発〜ホノルル乗り継ぎ〜マウイ島着
- 2、3日目: ウインドサーフィン
- 4、5日目: マウイ島発〜ホノルル乗り継ぎ〜成田着

この旅の相談、手配先　ARRANGING THE TRIP

【The Maui Windsurf Company】 www.mauiwindsurfcompany.com/jp
【Maui Dream Vacations】 www.mauidreamhawaii.com

冒険 15
KIDS ADVENTURE

自然の中、マウンテンバイクでオフロードを走ろう！

MOUNTAINBIKE
"マウンテンバイク"

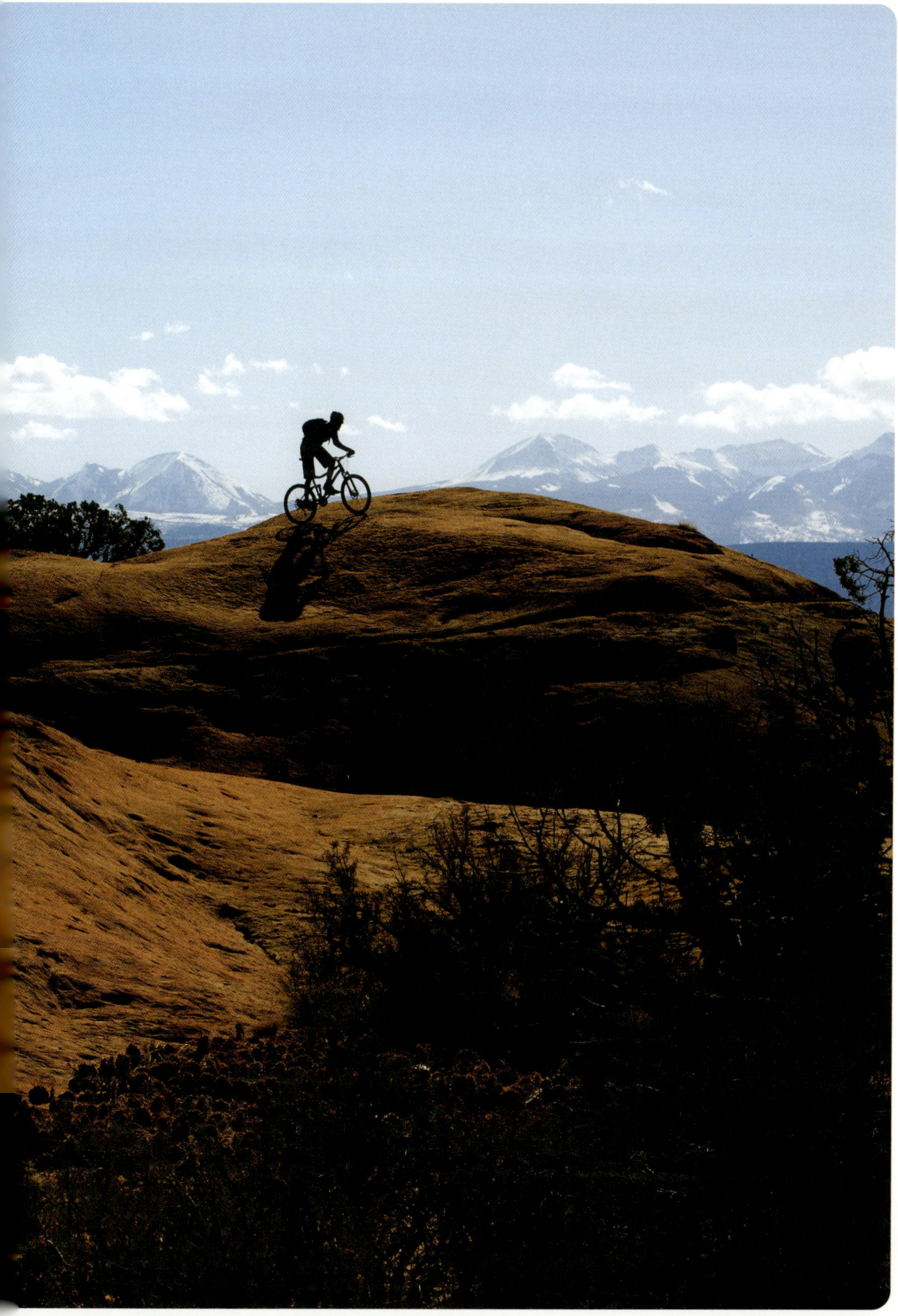

134 Kids Adventure 15

Kids Adventure
15
"MOUNTAIN BIKE"

「自然の中、マウンテンバイクでオフロードを走ろう」

誰にとっても自転車はとっても身近な乗り物でしょう。友達の家に行くとき、学校に行くとき、買い物に行くとき……。色々な場面で大活躍してくれる自転車ですが、コンクリートが敷き詰められた舗装路だけでなく、林道や山道、自然のままの地形など、オフロードを走るのも自転車の楽しみ方のひとつです。そこで使用するのは、MTB（マウンテンバイク）。その名の通り、山を走るために誕生したものです。

マウンテンバイクを走らせられるトレイル（山道）はたくさんあります。オフシーズンのスキー場では、ゴンドラに自転車を乗せて山を登り、そこから下れるようなものもありますし、山の麓に整備された凸凹道を楽しむものもあります。2歳頃からできる「ランニングバイク（ペダル無し二輪遊具）」の専用パークも同時に整備されているところもあります。
ヘルメットをかぶり、肘や膝を守るプロテクターを付けたら、自分の身長に合うMTBに跨がり、未舗装の道へと漕ぎ出しましょう。芝生のような草が生い茂るところもあれば、滑ってしまいそうな砂利道、ふかふかしている土の上や固い土の上、木々の間を縫うように続いていく山道、山肌から顔を出す大きな根っこ……数々の障害が待ち構えています。路面状況を見ながら、ブレーキを握ったり、ギヤを変えたり、一生懸命漕いだり、様々な判断がとっさに求められ、刺激がいっぱいでとてもスリリングでエキサイティングです。
美味しい空気の中で、そこにしかない地形を楽しむMTBは、爽快感に溢れています。障害を乗り越えるほどに運転に自信がつき、誇らしい気持ちにもなるでしょう。

自らの力のみでどこまでも行ける自転車。特にマウンテンバイクは悪路も走行できるので、中には必要最低限の荷物を積んで、自転車で地球を一周してしまった人もいるぐらいです。幾つもの障害を自らの力で乗り越え、風を切りながら自然を楽しむMTBの冒険をしてみましょう。

SAMPLE PLAN
KIDS ADVENTURE:15 "MOUNTAIN BIKE"

「マウンテンバイク／体験例」

10:00　受付
受け付けをすませたら、身長に合った自転車をレンタルします。
ヘルメットもレンタルが可能です。準備ができたら、MTBコースに向けて出発です。

●MTB体験
『マウンテンバイク体験コース』にはガイドはつきません。小学生であれば、保護者と一緒に巡ることになります。まずは2.5km初級ルートから走ってみましょう。芝生や林道、悪路、丘、林間、森など、様々な地形がみんなを待っています。
ひとつひとつ乗り越える毎に、大きな爽快感を味わうことができるでしょう。
初級ルートでMTBの運転に慣れたら、3kmの中級・上級ルートに挑戦してみましょう。

12:00　終了
MTBコースは1周するのに30分ほど。何周かしてみるのもいいですし、休憩を挟みながら2周ほどするのもOK。体力と相談しながら、思う存分MTBを体験してみましょう。

協力：＜森の国＞　www.japro.com/morinokuni

ADVENTURE INFORMATION

MAP

ADVENTURE INFORMATION: 01 MAP 1
鳥取県
※小学生以下は保護者同伴が条件

森の国
「マウンテンバイク体験コース」では、専用のマウンテンバイクをレンタルして、まずは初級ルート（2.5km）へ。慣れたら中級・上級ルート（3km）を回ります。芝生や林道、悪路、丘、林間、森など様々な地形を走ります。他にもレベルに合わせた様々なコースが用意されているので、思う存分楽しむ事ができます。

- 料金：『マウンテンバイク体験コース』¥1,000＋税 入場料（中学生以上¥900、3歳〜小学生以下¥700）
- 対象年齢：小学生〜、身長120cm〜が目安
- 所要時間：約1時間
- 鳥取県西伯郡大山町赤松634
- TEL 0859-53-8036
- URL www.japro.com/morinokuni

ADVENTURE INFORMATION: 02 MAP 2
岩手県

CLUBMAN
創業20年を迎えた、国立公園・八幡平の麓に佇む「LODGEクラブマン」。ここを拠点に雄大な自然を満喫できます。MTBでは、大草原や森の中、丘や谷など、八幡平・安比に広がるトレイル、里山ロードを駆け抜けます。他にも様々なアクティビティが揃っているので、宿泊と共に楽しめます。

- 料金：『MTB半日コース』¥5,500＋税、小学生は10%オフ
- 対象年齢：小学生〜、身長140cm〜が目安
- 所要時間：約3時間
- 岩手県八幡平市松尾寄木2-712-2
- TEL 0195-78-3388
- URL www.clubman.co.jp

ADVENTURE INFORMATION: 03 MAP 3
群馬県

MTB JAPAN Adventure Tours
初中級コースの「みなかみエリア」では、アルプスの景観を望める場所や、バランスコントロールを学べる場所、アドレナリンが出るような刺激的な場所などがあります。参加者のレベルに合わせて走る場所が決定されます。上級者には「草津エリア」を走るコースも設定されています。

- 料金：『みなかみエリア 半日ツアー』¥6,000＋税
- 対象年齢：7歳〜、身長125cm〜が目安
- 所要時間：約3時間
- 群馬県利根郡みなかみ町湯原120-1, B1-A
- TEL 0278-72-1650
- URL www.mtbjapan.com

ADVENTURE INFORMATION: 04 MAP 4
新潟県
※小学生以下は保護者同伴が条件

湯沢中里スキー場
MTBに最適な地形が広がる湯沢中里スキー場の裾野。初級者と中・上級者向けの2種類のコースがありレベルに応じて楽しむことができます。他にも冒険の森「フォレストアドベンチャー」やファミリー向けのゴルフショートコースなど、様々なアクティビティがあります。

- 料金：『MTBレンタル』1台¥500/1時間
- 対象年齢：小学生〜
- 所要時間：約1時間
- 新潟県南魚沼郡湯沢町土樽5044-1
- TEL 025-787-3301
- URL www.yuzawa-nakazato.com/summer

Mountain bike 137

05

ADVENTURE INFORMATION: 05
MAP 5

長野県

※営業時間は、季節・天候等により変更の場合有り

富士見パノラマリゾート

富士見パノラマリゾート内にあるマウンテンバイクパークではキッズ向けから上級者向けの本格的ものまで、様々なコースが揃っています。施設内にあるBGH(バックヤードガレージハウス)では、MTBのレンタルやMTBスクールを行っています。自己流で楽しむことも、スクールで学ぶことも可能です。

- 料金:『スキルアップエリア1日券(リフト含む)』大人¥2,000、子ども¥1,500、各種レンタル(MTBなど)¥3,100〜/2時間(全て税込)
- 対象年齢: 身長125cm〜が目安
- 所要時間: 9:00〜16:00の間
- 長野県諏訪郡富士見町富士見6666-703
- TEL 0266-62-5666
- URL www.fujimipanorama.com/mtb

06

ADVENTURE INFORMATION: 06
MAP 6

長野県

※追加1名毎に¥4,000+税

Hakuba47 Mountain Sports Park

初級から上級まで様々なコースが設定されています。「MTB2時間体験コース」や「47BIKEスキルアップパーク」などの初心者向けコースに加え、ガイド付きのファミリープランもあるので、気軽に体験することができます。ジップラインやクライミングウォールなどのアクティビティもあります。

- 料金:『47BIKEスキルアップパーク1日(MTBレンタル付き)』¥3,500+税
- 対象年齢: 2歳〜
- 所要時間: 1日
- 長野県北安曇野郡白馬村神城24196-47
- TEL 0261-75-3533
- URL www.hakuba47.co.jp

07

ADVENTURE INFORMATION: 07
MAP 7

岐阜県

※小学生は保護者とペアを組むことが条件。

レールマウンテンバイク ガッタンゴー

悪路や林道ではなく、旧奥飛騨温泉口駅から旧神岡鉱山駅まで往復約6kmに敷かれた線路の上を景色を眺めながら走ります。自転車でベンチシートやチャイルドシートも引くことができるので、自転車が漕げない小さな子どもも参加可能です。

- 料金:『ハイブリッド車』¥3,000/2人(税込)
- 対象年齢: 小学生〜、身長140cmが目安
- 所要時間: 約1時間30分
- 岐阜県飛騨市神岡町東雲地内
- TEL 090-7020-5852
- URL rail-mtb.com

08

ADVENTURE INFORMATION: 08
MAP 8

静岡県

サイクルスポーツセンター

全長2,500m、高低差85mのオフロードコースを走ることができます。初級〜上級までエリアが分かれているので、安心して利用できます。BMXコースやストライダーパーク、ファミリーサーキットなどの自転車用施設に加え、日本最大級の木製ジャングルジムやプールなどもあります。

- 料金:『マウンテンバイクコース』¥620/1時間『入場券』大人(中学生以上)¥820+税、子ども(4歳以上)¥620+税
- 対象年齢: 身長120cm〜
- 所要時間: 約1時間
- 静岡県伊豆市大野1826
- TEL 0558-79-0001
- URL www.csc.or.jp

09

ADVENTURE INFORMATION: 09
MAP 9

島根県

※2〜6歳の子どもにはランニングバイクの無料レンタルがあります。

MIZUHO MTB PARK

初心者〜上級者向けまで、多彩なマウンテンバイクコースが用意されています。小さな子ども向けのランニングバイク用コースもあります。時期によっては初心者向けのライディングスクールも。標高約1,200mの山頂展望台に登れば西中国山地の雄大な山々を望むことができます。

- 料金:『自転車1日券』大人¥3,519+税、子ども(小学1年生〜中学3年生)¥1,574+税、『MTBレンタル/1時間』大人¥1030+税、子ども¥520+税
- 対象年齢: 小学1年生〜
- 所要時間: 9:00〜16:30
- 島根県邑智郡邑南町市木6242-19
- TEL 0885-85-1111
- URL mizuhohighland.com/mtb

世界の「マウンテンバイク」の旅

🇳🇿 ニュージーランド/New Zealand

「遊び天国ニュージーランドに点在する、極上のオフロードを走る旅」

オーストラリアの東南約2,000km、南太平洋に浮かぶニュージーランドは遊び天国です。国を構成する北島、南島のどちらの島でも刺激に満ちた様々なアクティビティを体験できるのです。ニュージーランドには、「ニュージーランド・サイクル・トレイル」と呼ばれる自転車専用のルートがあります。その中には、大部分をオフロードが占める「グレート・ライド」という23ものコースがあります。まるで遊園地のように多種多様なトラックが整備されたトレイルがあったり、シダ植物が生い茂る深い原生林の中を走るトレイルがあったり。また、上級者にもなるとヘリコプターで山頂へとアクセスして、駆け下りてくるというようなものまであるのです。数は限られますが、子どもでも挑戦ができるトレイルもあります。これらの多くは、マウンテンバイクを愛するボランティアの人々が整備したもの。そのような人々や自然への敬意を忘れずに、変化に富んだオフロードをマウンテンバイクで楽しみましょう。

旅の予算 HOW MUCH?　大人1名分の総予算　**20万円〜**　※現地予算は本書プラン例、個人手配時の目安料金
※飛行機代、現地ツアー代、食事含む、燃油サーチャージ除く

3泊5日のプラン例
- 1、2日目：成田発〜オークランド着、オークランド観光
- 3、4日目：マウンテンバイク、ロトルア観光
- 5日目：オークランド発〜成田着

この旅の相談、手配先 ARRANGING THE TRIP　[WILD EDGE]　www.wildedgenz.com

Mountain bike 139

FISHING

KIDS ADVENTURE

魚を釣り上げて、食べてみよう！

"フィッシング"

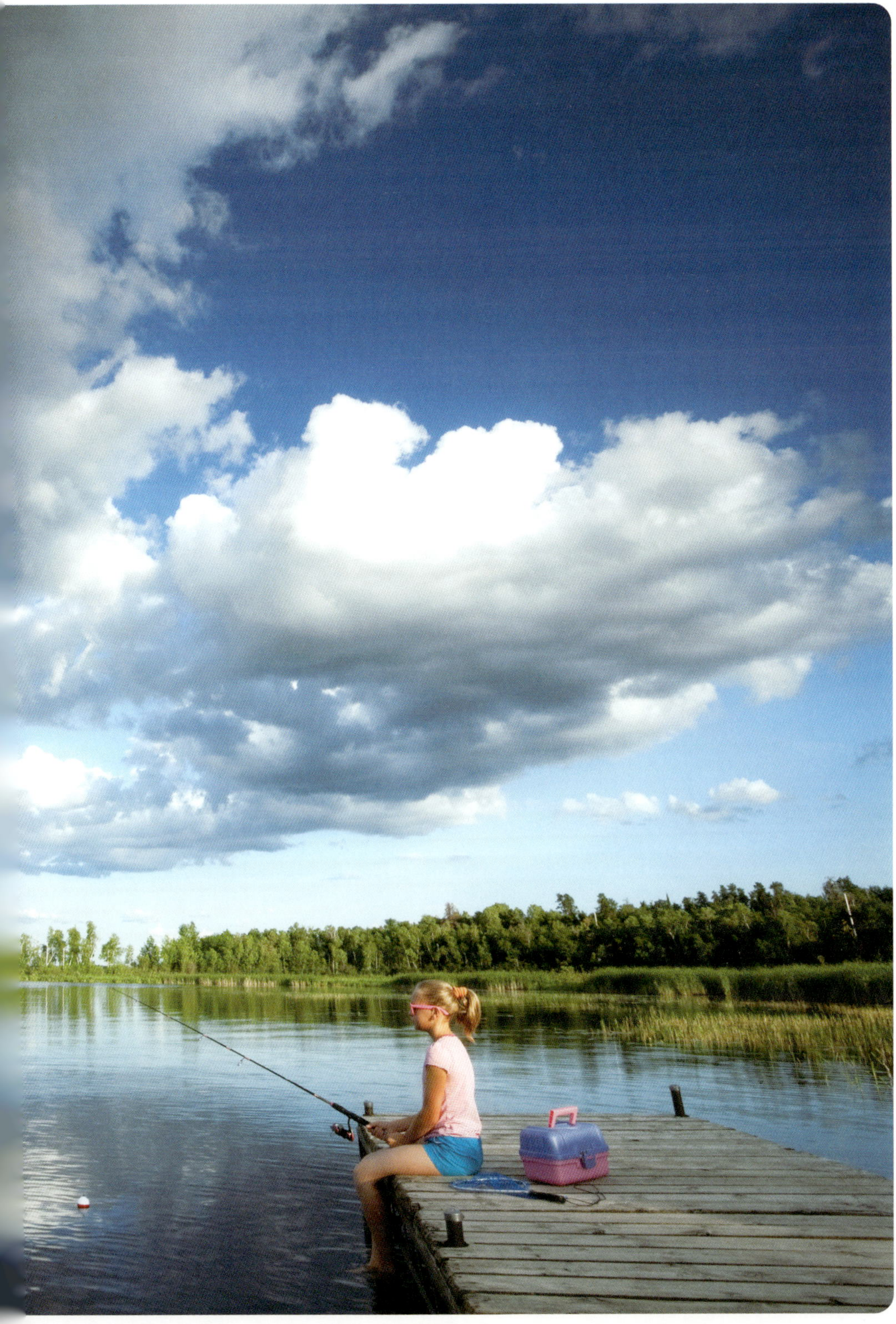

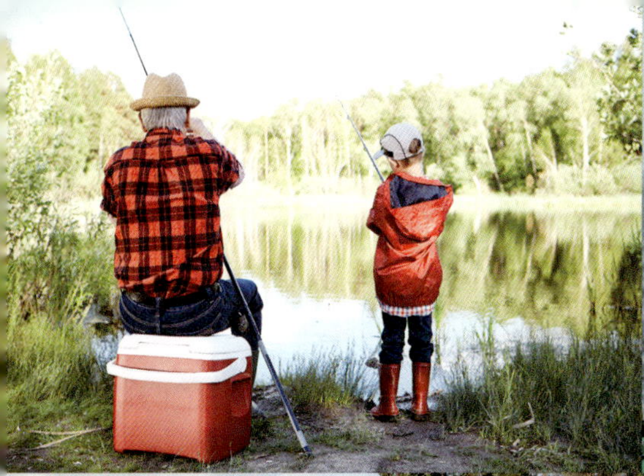
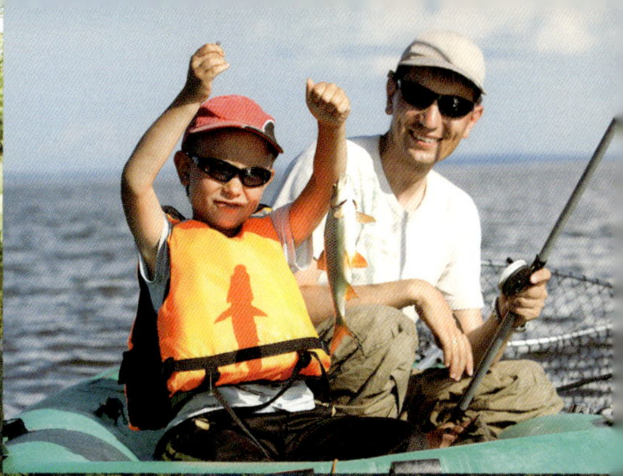
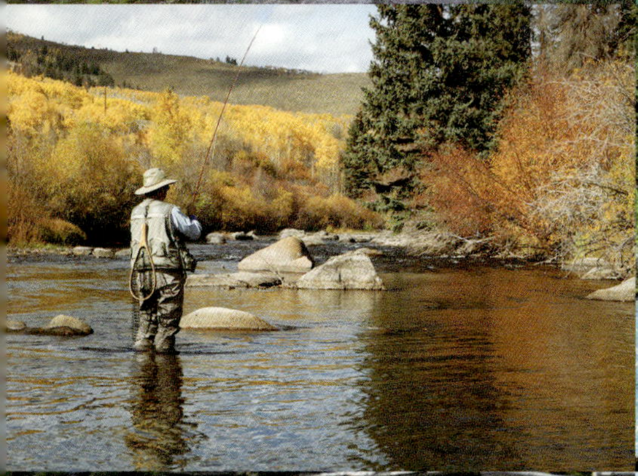
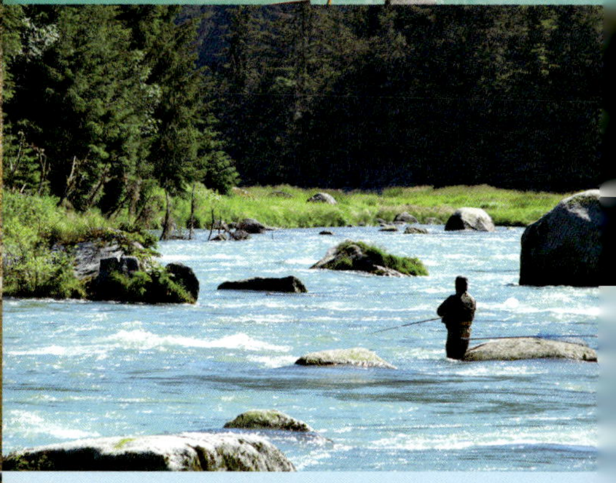
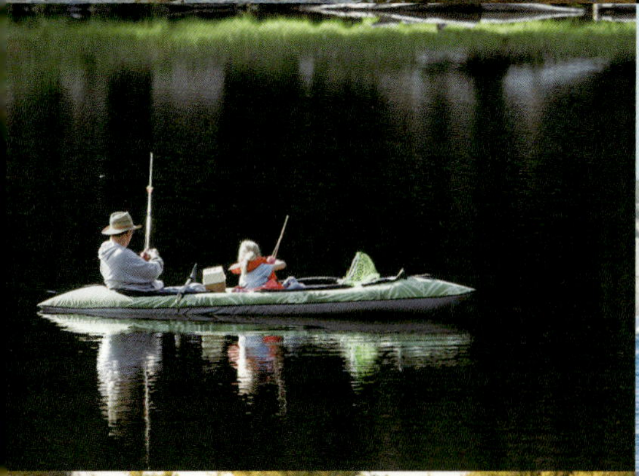
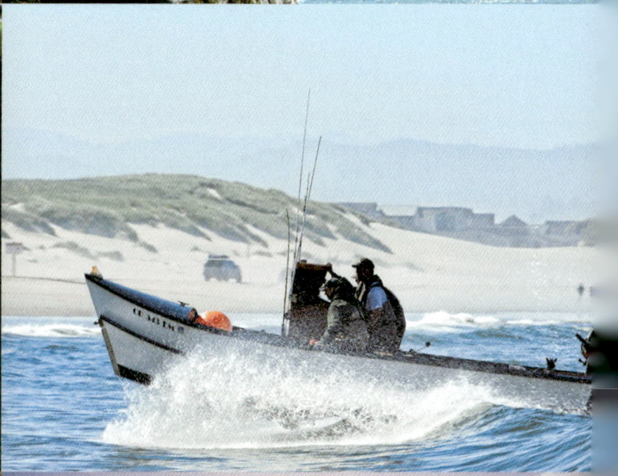
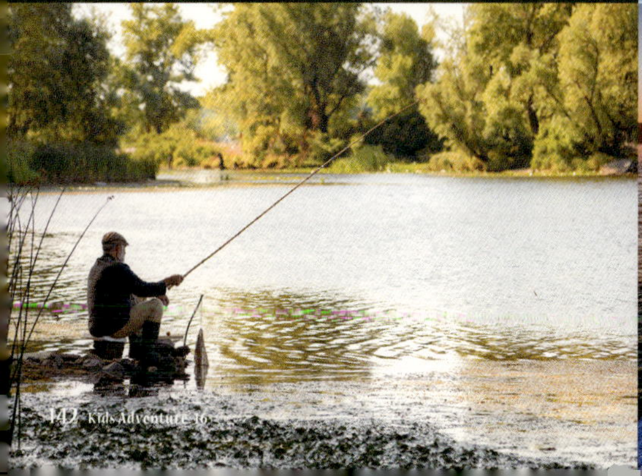
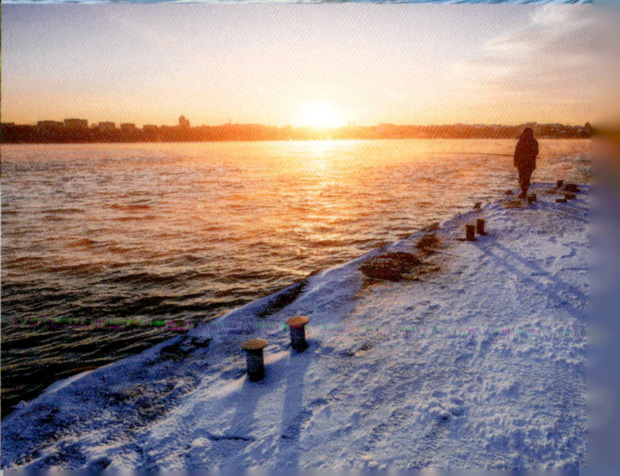

Kids Adventure 16 "FISHING"

「魚を釣り上げて、食べてみよう」

アジやイワシ、サバ、マグロなど、食卓にあがる様々な魚。元々は少し前まで、海や川などで泳いでいたものです。何気なく食べてしまいがちですが、「釣り」を通して命の大切さ、尊さ、ありがたさを学ぶことは、とっても大切な体験になります。

今では「釣り」という行為をただ楽しむスポーツフィッシングもありますが、やっぱり自ら釣った魚を自らが食す「釣り」は特別です。磯や防波堤などの沿岸部、沖合、川や湖など、釣りができる場所はたくさんありますし、季節や狙う魚によってエサや仕掛けなども異なるので、一口に釣りと言っても、その場所や、種類、方法は多岐に渡ります。
しかし未経験者からすれば、竿や仕掛けの選び方、またエサの付け方や糸の結び方など、知らないことがたくさんあり、なかなか手を出しづらいものかもしれません。本書では、誰でも気軽にトライできて、なおかつ、釣った魚を実際に食べることができる……そういった食育に繋がる「釣り」を紹介します。

沖釣りを例にしてみましょう。10メートル前後の漁船に乗って出港し沖合へ。船長さんの長年の勘や魚群探知機など頼りにポイントに到着したら、まずは針にエサを付けます。中には「うわっ気持ち悪い」と思うようなものもあるかもしれません。もちろん付けてもらうことも可能ですが、すぐに慣れるものなので、自分でがんばってみましょう。挑戦してみましょう。準備ができたら、針をゆっくりと海中に沈めます。しばらくすると竿を持った手に、「ビクビク、ビクビク」と魚の気配。そして「ビクビクーーー！」という大きな感触と共に釣り竿がしなったら、魚が針にかかったということです。その瞬間、きっと周りの声が聞こえなくなるぐらい興奮するでしょう。魚と格闘しながらリールを巻き続けると、次第に魚影が海面に近づいてきます。そうしたらタモと呼ばれる網ですくい上げるのです。自分の力で獲った魚を見れば、思わず満面の笑顔になってしまいます。見事釣り上げたその「ご馳走」は、船上で刺身にしたり、港近くのお店で調理してもらったり。もちろんクーラーボックスに入れて自宅に持ち帰ることもできます。自分で釣り上げた魚は、何故かいつもよりも格段に美味しく感じることでしょう。魚釣りを通して命と向き合う体験は、一生の「趣味」にもなるかもしれません。

SAMPLE PLAN
KIDS ADVENTURE:16 "FISHING"
「フィッシング／体験例」

6:00　受付
午前中であれば出港は日の出の時間帯。眠い目をこすりながら、受付を済ませ、ライフジャケットを着て船に乗り込みます。

ポイントに到着
船長さんの長年の経験を元に、その日の最適なポイントへ。ドキドキしながら、アタリが来るのを待ちます。竿を借りて、針にエサを付けたら、いよいよ釣りのスタート。
見事に魚を釣り上げたら、クーラーボックスに入れて保存しましょう。
貸切の場合は、その場で刺身にしたり、バーベキューで食べることができます。

●港に向けて出発
楽しい時間はあっという間に過ぎていきます。竿をしまって港に戻ります。

11:00　解散
クーラーボックスに入った魚と共に、港に降り立ちます。獲った魚がいれば、漁師の気分を味わえますし、なにより誇らしい気持ちになるでしょう。
持ち帰る場合は、オススメの料理方法などを船長さんに聞いてみましょう。

協力：<WITH OCEAN>　with-ocean.com

ADVENTURE INFORMATION

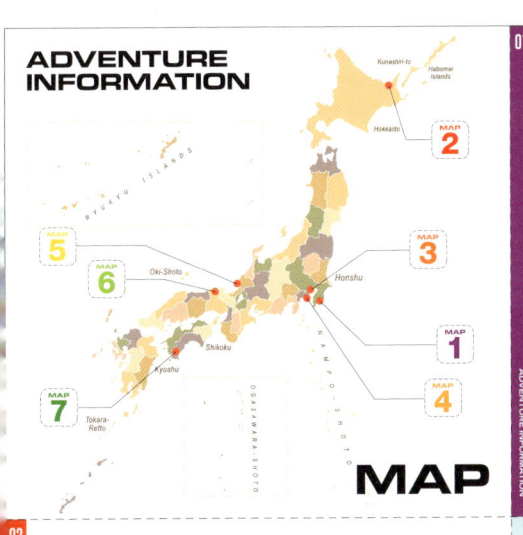

01 ADVENTURE INFORMATION: 01 — MAP 1
千葉県

WITH OCEAN

波が穏やかな勝浦湾を舞台に、クルーザーに乗って海釣りを楽しみます。釣れるのは、1年を通してはアジやヒラメ、真鯛、キスなど、季節によってはカンパチやヒラマサ、イカやイサキなどを狙うことができます。道具やエサがすべて揃っているので手ぶらで体験することが可能です。

- 料金：『クルーザーで船釣りプラン』¥8,000+税
- 対象年齢：なし
- 所要時間：約5時間
- 住：千葉県勝浦市墨名565-162
- TEL：093-452-2714　URL：with-ocean.com

02 ADVENTURE INFORMATION: 02 — MAP 2
北海道

オホーツク自然堂

アイスドリルを使って氷結した網走湖に穴をあけて、ワカサギ釣りを楽しみます。釣り上げたら、天ぷらにして食べます。湖の上に張ったテント内で行うので、寒さに震えることもありません。ガイドと共に行うので、安心して楽しめます。

- 料金：『網走湖・ワカサギ釣り体験』大人¥4,000　小学生¥3,000
- 対象年齢：小学生〜、保護者同伴必須
- 所要時間：約2時間（移動含む）
- 住：北海道網走市中園267-14
- TEL：0152-46-2777　URL：www.jinendo.net

03 ADVENTURE INFORMATION: 03 — MAP 3
東京都
※中学生以下は保護者同伴が条件

伝寿丸

江戸の人々の胃袋を支えてきた東京湾へと釣船「伝寿丸」で出港し、釣りを楽しみます。時期にもよりますが、メバルやカサゴ、アジ、タチウオ、シロギスなど、小物を狙います。釣り上げたら船上でお刺身にしたり、港近くのお店に持ち込んだり。もちろん自宅に持ち帰って食べることも可能です。

- 料金：『乗合船 メバルカサゴ船』大人：半日¥6,000+税　1日¥9,000+税、(女性・子ども半額)
- 所要時間：「半日」約3時間、「1日」約8時間
- 対象年齢：3歳〜　住：東京都大田区羽田6-22-13
- TEL：03-3744-5266　URL：blog.denjyumaru.mobi

Fishing 145

ADVENTURE INFORMATION: 04　MAP 4
神奈川県

※9歳未満は保護者の付き添い(付添入場100円)が条件
※調理代が別途かかります。

横浜・八景島シーパラダイス

500種類10万点の生きものが生活する「アクアミュージアム」、海の動物たちとさまざまなふれあい体験が楽しめる「ふれあいラグーン」、イルカたちが届ける夢と癒しの世界「ドルフィン ファンタジー」に加え、"海育"をコンセプトとした「うみファーム」があります。その中にある「食育ゾーン」で、自らの手で実際に釣ったり、とったりした魚を食べることができます。

- 料金：『魚釣り・魚とり』¥620、『アクアリゾーツパス』大人・高校生¥3,000、小・中学生¥1,750、幼児(4歳以上)¥850
- 対象年齢：4歳〜
- 神奈川県横浜市金沢区八景島
- 045-788-8888
- www.seaparadise.co.jp

ADVENTURE INFORMATION: 05　MAP 5
福井県

※出航時間：夕方5時以降(イカ)
※五目(魚)は朝便、昼便があります

越前の釣り船 釣船日昭丸

越前沖の海を知り尽くした、漁師歴35年を超す船長と共に釣り船日昭丸に乗船して海釣りへと出発します。福井県の越前町では釣船に乗ってイカを釣るイカ釣り体験が人気です。小学生から大人までみんなでイカ釣りが楽しめます。貸し竿もレンタル出来るので手ぶらで乗船出来ます。

- 料金：『イカ釣り体験』1人¥8,000(貸し竿、氷代含む)
- 対象年齢：小学生〜
- 所要時間：約3時間
- 福井県丹生郡越前町宿2-5
- 0778-37-1830 / 090-5682-5237
- www.tsurifune.jp

ADVENTURE INFORMATION: 06　MAP 6
兵庫県

城崎マリンワールド

多種多様な海の動物を見ながら1日楽しめる城崎マリンワールド。「アジ釣り」体験も可能で、釣ったアジはすぐに天ぷらにして食すことができます。他にも水族館の裏側を見学できる「バックヤードツアー」やイルカの調教を体験できる「ドルフィントレーナー」、「ドルフィンスイム」などの体験も可能です。

- 料金：『アジ釣り』¥650、『天ぷら加工料』1匹¥50　入場料別途
- 対象年齢：なし
- 所要時間：針糸が切れるまで
- 兵庫県豊岡市瀬戸1090
- 0796-28-2300
- marineworld.hiyoriyama.co.jp

ADVENTURE INFORMATION: 07　MAP 7
高知県

※小学生以下は保護者同伴が条件

四万十楽舎

廃校になった小学校を宿泊施設として改修した建物を拠点に様々な自然プログラムを実施しています。そこでは夏期限定で「川漁師体験」に参加できます。川エビ漁、柴づけ漁などの伝統漁法や「ろ」で舟を漕ぐ体験が可能です。また1年を通じて「川釣り体験」のプログラムも用意されています。

- 料金：『川漁師体験』1家族(5名まで)¥17,500+税
- 対象年齢：小学生〜、基本は家族での参加を推奨
- 所要時間：約1時間30分
- 高知県四万十市西土佐中半408-1
- 0880-54-1230
- gakusya.info

146　Kids Adventure：16

世界の「フィッシング」の旅

🇺🇸 ハワイ/Hawaii,USA

「ボートで南国の太平洋へ。ハワイで大物を狙う旅」

アメリカ合衆国50番目の州ハワイは、太平洋に一直線に浮かぶ19の島々から構成されています。その南部に位置するのが、ハワイ諸島最大の面積を誇ることから"ビッグアイランド"という愛称で親しまれているハワイ島。富士山よりも高い、標高4,200mの山"マウナケア"では満天の星空を眺められ、島西部の沖では遭遇率99％とも言われる好奇心旺盛な野生のイルカと泳ぐことなどができる自然豊かな島です。この島の沖合には、死の直前に体が鮮やかな青色に染まることから、ブルーマーリンと呼ばれるクロカジキが生息しています。標準で体長2.5m、体重100kgの大きさで、中には体長4m、体重500kgにもなる大物まで。これを釣り上げることができれば、間違いなく一生の自慢にできるでしょう。他にもマヒマヒやマグロなども狙えるハワイ島での釣り体験は、一生に一度はトライしてみたい夢のフィッシングなのです。

旅の予算 HOW MUCH?
大人1名分の総予算　18万円〜
※旅の予算は本書プラン例の目安料金です。
※飛行機代、現地ツアー代、食事含む、燃油サーチャージ除く

TRAVEL PLAN
4泊6日のプラン例
1日目：成田発〜ホノルル乗り継ぎ〜コナ着
2〜4日目：フィッシング
5、6日目：コナ発〜ホノルル乗り継ぎ〜成田着

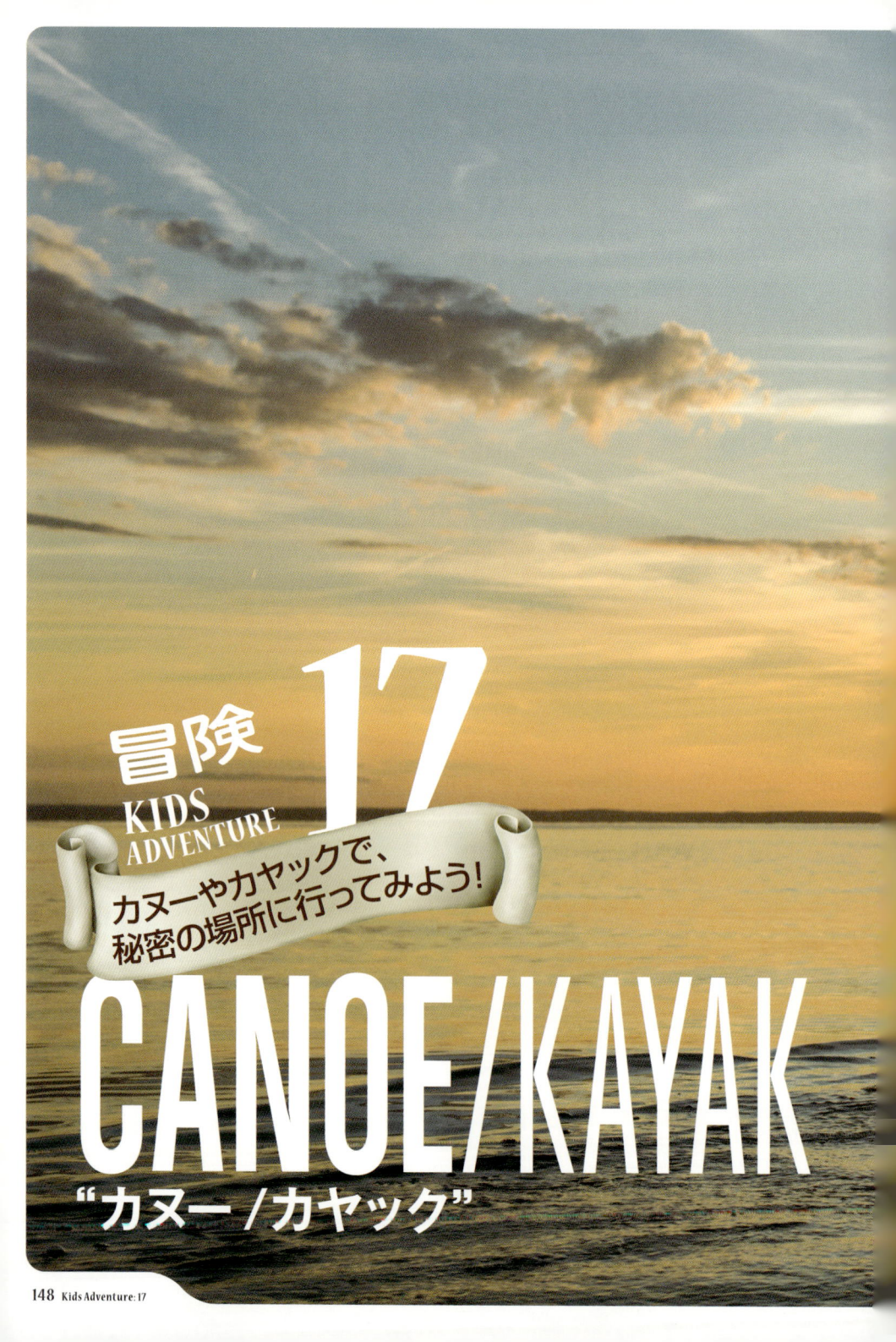

冒険 17
KIDS ADVENTURE

カヌーやカヤックで、秘密の場所に行ってみよう！

CANOE/KAYAK
"カヌー/カヤック"

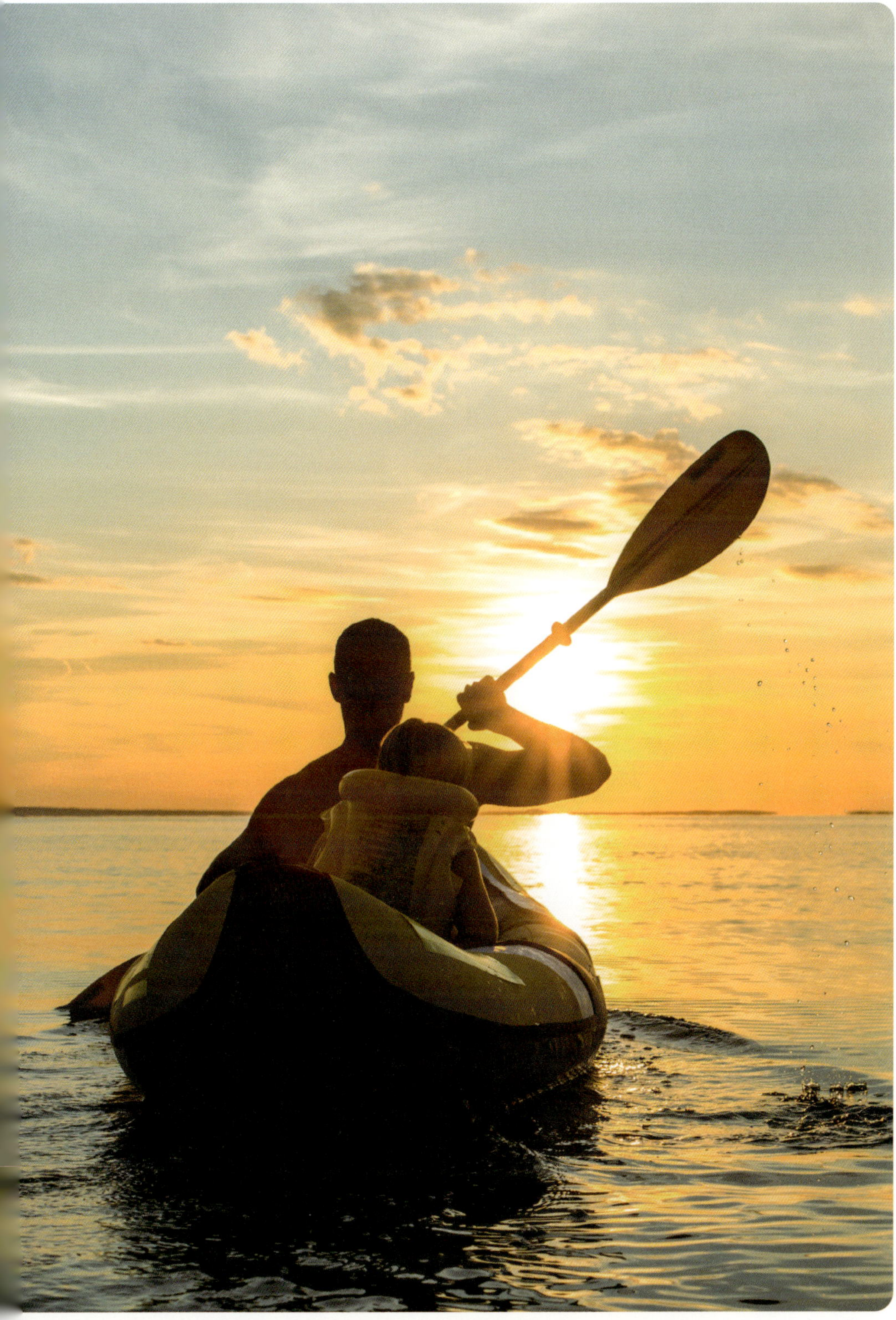

150 Kids Adventure 17

Kids Adventure
17
"CANOE/KAYAK"

「カヌーやカヤックで、秘密の場所に行ってみよう」

パドルの先端に付くブレード（水を漕ぐ部分）が片側のみにあるのが『カヌー』、両側にあるのが『カヤック』と大きく分けられています。他にも形や材質など細かな違いはありますが、どちらも自らの力で水上を動く小舟というのに違いはありません。

もともとは、アラスカやカナダなど、とても寒い地域に暮らしているエスキモーの人たちが、海の上を移動したり、魚を獲ったりするために使っていたもの。エンジンがついてないので、スクリューで水中の植物などを傷付けることも、大きな音で動物をびっくりさせることもありません。浅い場所や狭い場所にも行くことができるので、水の上を冒険するのに、とっても便利な乗り物なのです。

カヌーやカヤックができる場所は、海、湖、川、と幾つもあります。
パドルを握って、キラキラと太陽の光で輝く水の上の世界へと、漕ぎ出してみましょう。

水に浮かぶと、ゆらゆらと揺れて、ちょっとドキドキするかもしれません。でも、真ん中にちゃんと座ってバランスを取ってみると、すーっと安定していきます。浮かぶことに慣れたら、右に行ってみたり、左に行ってみたりしてみましょう。自分の思い通りに動くと、どこへでも行ける気になってきます。岸に近づいてみたり、岩と岩の間を通り抜けてみたり、あるときは秘密の洞窟に行ってみたり。透き通る水の中を泳ぐ魚が、自分の下を通り過ぎていくこともあります。カヌーやカヤックしか行けない場所、見られない景色がたくさんあるのです。

ぷかぷかと浮いていればまるで水鳥のように、陸地からは行けない場所へと行ってみれば、まるで冒険家のような気分にさせてくれる、水上アドベンチャーへ。

SAMPLE PLAN
KIDS ADVENTURE:17 "CANOE/KAYAK"

「カヤック/体験例」

10:30 受付に集合
申込書を記載したり、着替えをしたりしましょう。服装は濡れてもいいものなら、なんでもOK！ 特に日射しが強い日は、帽子をかぶるのがベストです。

●**カヤックの説明(約5分)**
カヤックを操縦するにあたって、パドルの使い方を習いましょう。カヤック中の注意事項に加え、どのようにすれば楽しめるかなどを教えてくれます。

●**カヤックに乗ってマングローブの森へ(約1時間)**
カヤックに乗り込むと、いよいよツアーがスタート。ドキドキしながらもパドルを動かせば、スイスイと水面を動けます。目指すはマングローブが生い茂る、まるでジャングルのような場所。左右に広がる、珍しい光景を眺めながら進んでいきます。

●**休憩(約10〜15分)**
マングローブの中にある木製デッキの上で、休憩タイムです。清々しい空気が満ちる大自然の中で、飲み物やちょっとしたおやつを味わいます。休憩が済んだら、再びカヤックに乗って、スタート地点へと戻ります。

12:00 プログラム終了
施設に戻ったら、シャワーを浴びて、着替えてサッパリ。

協力：<アンダゴ> www.andago.jp

ADVENTURE INFORMATION

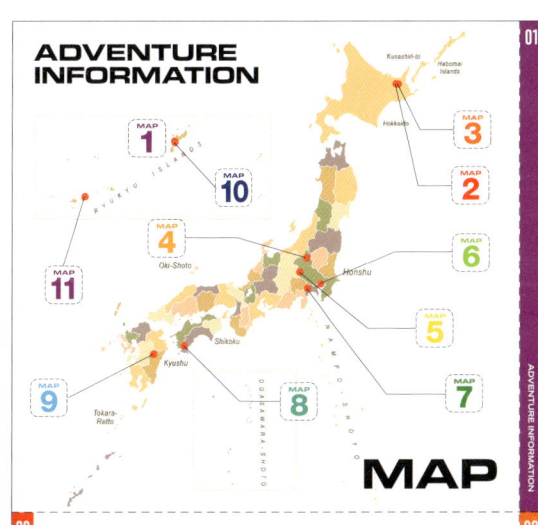

MAP

ADVENTURE INFORMATION: 01 — MAP 1
沖縄県
※中学生以下は保護者同伴が条件

アンダゴ
1歳からでも参加が可能なカヤックツアーを催行しています。参加可能年齢はいずれも異なりますが、カヤックで『青の洞窟』に行くものや無人島に行くツアーなどもあります。魚や鳥が多く生息するマングローブの林へとカヤックで漕ぎ出せば、熱帯のアマゾンと見間違うような光景に出会えます。

- 料金：『熱帯ジャングルマングローブのカヤック探検』¥5,500+税
- 対象年齢：1歳〜
- 所要時間：約1時間30分
- 沖縄県恩納村山田357
- TEL 070-5692-3212
- URL www.andago.jp

ADVENTURE INFORMATION: 02 — MAP 2
北海道
※小学生以下は保護者同伴が条件

屈斜路ガイドステーションわっか
釧路川の畔に建つガイドハウスを拠点に、釧路川源流を下るカヌーツアーやボート、キャンプなどのツアーを催行しています。子どもには、美しい水の流れる釧路川の源流部の森の中を抜けながら、ゆっくりと進む『ネイチャーカヌーみどりコース』がオススメ。安定性のある8人乗りネイチャーボートのツアーもあります。

- 料金：『ネイチャーカヌーみどりコース』¥5,600（税込）
- 対象年齢：5歳程度〜
- 所要時間：約1時間30分
- 北海道川上郡弟子屈町札友内87-2
- TEL 015-482-2484
- URL www.wakka.biz

ADVENTURE INFORMATION: 03 — MAP 3
北海道
※小学生以下はガイドと同乗が条件

リバーガイドカンパニー Nanook
釧路川源流や釧路湿原、和琴半島などのフィールドでカヌーツアーを体験できます。テントを張って1泊するキャンプツーリングから、4泊するような長期に渡るツアーもあります。まずは、屈斜路湖でレクチャー後、摩周湖の伏流水が湧き出す美しい釧路川の源流を下る『半日カヌーツアー』がオススメです。

- 料金：『釧路川源流半日カヌーツアー』大人¥7,500（税込）、子ども（小学生以下）¥4,000（税込）
- 対象年齢：全年齢
- 所要時間：約3時間
- 北海道川上郡弟子屈町字美留和514-10
- TEL 015-484-2766
- URL www.nanook-canoe.com

ADVENTURE INFORMATION: 04 — MAP 4
群馬県
※小学生以下は保護者同伴が条件

レイクウォーク
初心者に最適な四万湖や奈良俣湖、又はその周辺の湖上をフィールドにカヌーツアーを多数催行しています。早朝の静まりかえった湖へと漕ぎ出す『早朝散歩カヌーツアー』やスカイツリーを望む東京の川をゆく『スカイツリーカヌーツアー』などの珍しいカヌー体験もあります。

- 料金：『半日探検カヌーツアー』大人¥6,500円（税込）子ども（4歳〜小学6年生）¥5,500（税込）
- 対象年齢：4歳〜
- 所要時間：約3時間
- 群馬県利根郡みなかみ町大穴142-1
- TEL 0278-72-2870
- URL www.lakewalk.jp

ADVENTURE INFORMATION: 05 — MAP 5
埼玉県
※中学生以下は保護者同伴が条件

KANUTE
埼玉県秩父の荒川の中流域に位置する長瀞。景勝地でもあるこの場所は、カヌーやカヤックの楽園とも謳われています。カヌーテは創業以来26年楽しいカヤックやカヌーの体験と、長瀞で一番最初に営業開始の急流下りのラフティングも催行しています。楽しくのんびりと長瀞荒川の自然を満喫して下さい。

- 料金：『カヌー・カヤック半日コース』大人¥5,000（税込）子ども（小学生）¥3,000（税込）
- 対象年齢：なし
- 所要時間：約1時間30分〜2時間
- カヌー・カヤック会場：埼玉県大里郡寄居町末野22
- TEL 0494-66-3573
- URL www.kanute.co.jp

Canoe/Kayak 153

ADVENTURE INFORMATION: 06 — MAP 6
千葉県
※中学生以下は保護者同伴が条件

Outdoor Sports Club ZAC
千葉県にあるジャングルを彷彿とさせる亀山湖では新緑や紅葉の中を、山梨県にあるアクアブルーに輝く本栖湖では富士山を望みながらカヌーを楽しむことができます。他にもスカイツリーを見ながら下る東京でのツアーなど、女性や家族、シニアの方まで楽しめるツアーを催行しています。

- 料金：『亀山湖新緑カヌーツアー』
  大人¥10,500+税、子ども(小学生以下)¥8,500+税
- 対象年齢：5歳〜
- 所要時間：約5時間
- 住：東京都江戸川区北葛西2-1-39
- TEL：03-6671-0201
- URL：www.zacsports.com

ADVENTURE INFORMATION: 07 — MAP 7
神奈川県
※中学生以下は保護者同伴が条件
※年齢は本人のやる気次第では5歳未満も可能です

みの石滝キャンプ場＆相模湖カヌースクール
船でしかアクセスすることができない相模湖の一番大きな入り江にあるキャンプ場。スクールでは、カヌーやカヤックの他、レーシング艇も体験することができます。スクール内容によっては、パドリングだけでなく1人でのボートの運営方法や桟橋上での移動など、取り扱い方も習うことができます。

- 料金：『相模湖カヌースクール』大人¥3,000+税
  子ども¥3,000+税 ※キャンプ場利用時は¥2,500+税
- 対象年齢：5歳〜
- 所要時間：約2時間
- 住：神奈川県相模原市緑区若柳1628
- TEL：042-685-0330
- URL：www.camp-minoishi.com

ADVENTURE INFORMATION: 08 — MAP 8
高知県
※小学校3年生以下は原則2人乗り

四万十楽舎
廃校になった小学校を宿泊施設として改修した建物を拠点に様々な自然プログラムを実施しています。ショートからロングまでが揃うカヌー体験はもちろん、川漁師体験や川釣り体験、イカダ遊び、沢歩き、ドラム缶でピザ作りなど、子どもも大人も楽しめるプログラムが多数揃っています。

- 料金：『ショートカヌーツーリング』
  大人¥4,167+税、子ども(小学生以下)¥3,240+税
- 対象年齢：4歳〜
- 所要時間：約1時間30分
- 住：高知県四万十市西土佐中半408-1
- TEL：0880-54-1230
- URL：gakusya.info

ADVENTURE INFORMATION: 09 — MAP 9
宮崎県
※小学生以下は保護者同伴が条件

自然屋かわじん
熊本県南阿蘇蘇陽町の秘境「蘇陽峡」に流れる、五ヶ瀬川や小川でカヌーを体験できます。川の宝石と言われるカワセミやヤマセミ、子育て中の鴨の親子、大きな鯉や、ウグイの群れ、小判型の斑点を付けたヤマメの姿を見ることもしばしばあります。

- 料金：『蘇陽カヌー体験』 中学生以上¥5,500(税込)
  小学生以下¥4,000(税込)、小学生未満¥2,000(税込)
- 対象年齢：1歳〜
- 所要時間：約2時間30分
- 住：宮崎県西臼杵郡五ヶ瀬町鞍岡6452
- TEL：090-6871-5997
- URL：ag1967.wix.com/kawajin

ADVENTURE INFORMATION: 10 — MAP 10
沖縄県
※高校生以下は保護者同伴が条件

なきじん海辺の自然学校
沖縄本島で人気の「美ら海水族館」のすぐ近く。自然豊かな今帰仁村に茂るマングローブ河口域を舞台にシーカヤックを楽しむことができます。5歳以上には2時間半コースもオススメ。カヤックだけでなくシュノーケリングや、やんばるの森トレッキングツアーなども催行しています。

- 料金：『シーカヤックマングローブ1時間30分コース』
  大人¥3,980+税、子ども¥2,980+税
- 対象年齢：3歳〜
- 所要時間：約1時間30分
- 住：沖縄県今帰仁村仲宗根992
- TEL：0980-56-5881
- URL：www.umibe-nature.com

ADVENTURE INFORMATION: 11 — MAP 11
沖縄県
※小学生以下は保護者同伴が条件

Sea Smile 石垣島
ミシュラン三ツ星にも選ばれたエメラルド色に染まる美しい川平湾。シーカヤックに乗って、驚くほど透き通った海に漕ぎ出し、手つかずの自然が残る無人島を目指します。島に上陸したらビーチでのんびり過ごしたり生き物を探したり。日本一との呼び声も高い海をのんびり楽しめるツアーです。

- 料金：『川平湾カヤック＋無人島探検』中学生以上¥6,300(税込)
  小学生¥4,200(税込)、幼児(2歳〜)¥2,100(税込)
- 対象年齢：2歳〜
- 所要時間：約2時間30分
- 住：沖縄県石垣市川平1218-151
- TEL：0980-88-5004
- URL：www.sea-smile.com/

世界の「シーカヤック」の旅

🇦🇺 **アラスカ / Alaska**

アラスカ最大の都市アンカレッジから車で約2時間の距離に位置する町、スワード。フィヨルド観光の拠点として知られ、大型客船も多く寄港する港町です。そこからボートでアクセスするのが、住人は野生動物のみという、まさに秘境です。到着し、ベースキャンプを設営したら、パドルを握って、海に適したカヤック「シーカヤック」で海へと漕ぎ出します。

そこは、いくつもの氷が海面に浮び、太古の氷河が周囲の山肌を覆う別世界。海上に浮かんでみれば、潮の香りが心地良く鼻をつき、凛とした空気に頬を撫でられます。時にはザトウクジラをはじめとする野生動物に遭遇したり、氷河が崩れ落ちる雷のような轟音が聞こえてくることもあります。思わずパドルの手を止めてしまうほど、五感が刺激されるでしょう。想像を絶するほど、圧倒的な存在感を放つ大自然が、アラスカにあるのです。

旅の予算 HOW MUCH?
大人1名分の総予算　33万円〜 ※現地予算は本書プラン例、個人手配時の目安料金
※飛行機代、宿泊費、現地ツアー代含む、現地交通費、一部食事、燃油サーチャージ除く

TRAVEL PLAN
6泊8日のプラン例
- **1、2日目:** 成田発〜シアトル乗り継ぎ〜アンカレッジ着、スワードに移動
- **3〜5日目:** キャンプ、シーカヤック
- **6〜8日目:** アンカレッジに移動、アンカレッジ発〜シアトル乗り継ぎ〜成田着

この旅の相談、手配先 ARRANGING THE TRIP
[HAIしろくまツアーズ] www.haishirokuma.com

冒険 **18**
KIDS ADVENTURE

自由な移動を楽しむ、水上散歩！

STANDUPPADDLE
"スタンドアップパドル"

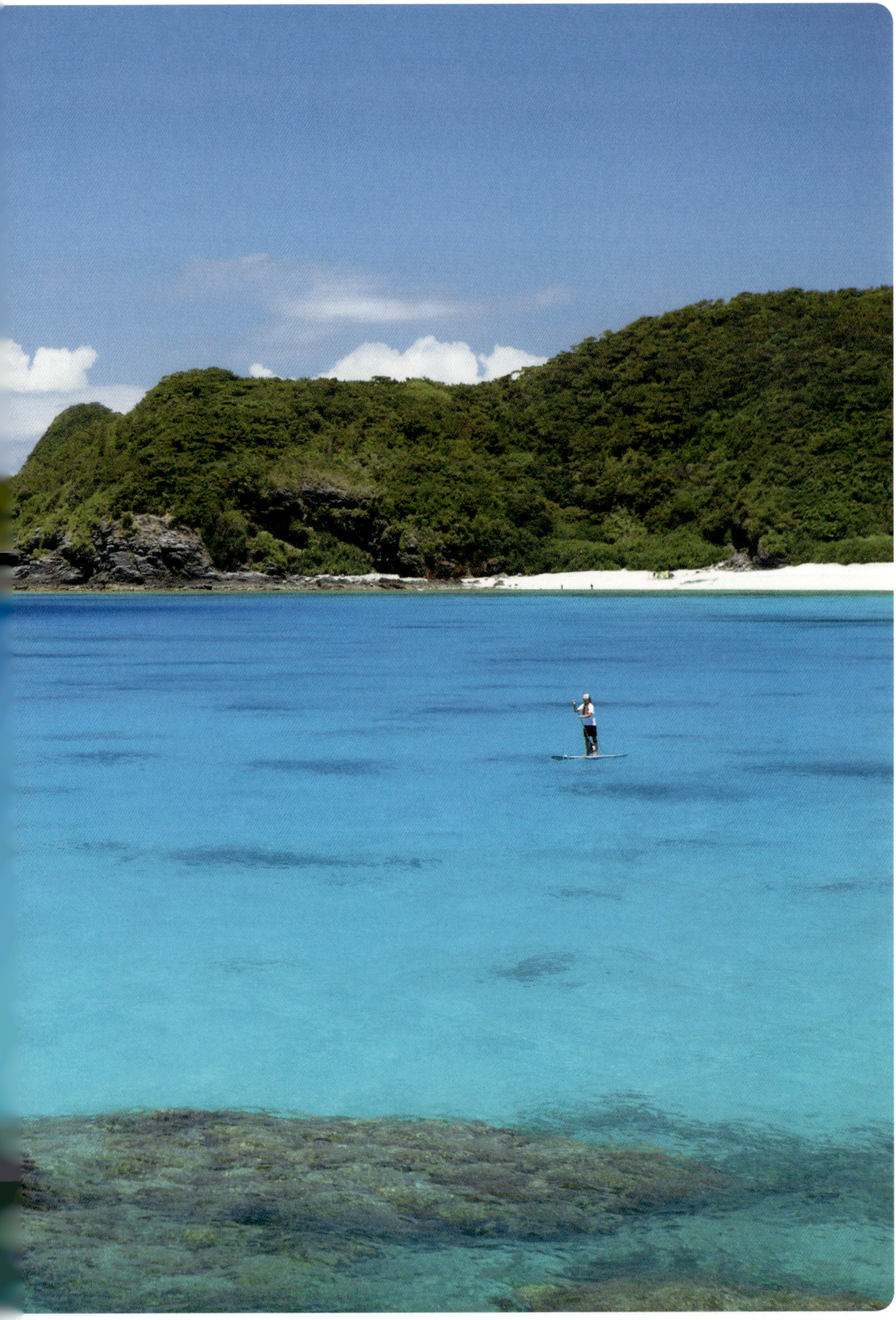

158 Kids Adventure: 18

Kids Adventure 18
"STAND UP PADDLE"

「自由な移動を楽しむ、水上散歩」

サーフィンなど、マリンスポーツが盛んなハワイが発祥と言われるスタンドアップパドル。英語の「Stand Up Paddle」の頭文字三つを取ってサップ（SUP）と呼ばれています。

使用するボード（板）は、サーフィンで使われるものと形は似ていますが、ちょっと違います。長さはロングボードとあまり変わりませんが、幅が広く、厚みがあるのです。それは浮力を強め、水上で安定したバランスを保つため。ボードの上で寝転ぶことだってできるのです。

SUPは、水の上ならどこでも楽しめます。海でも湖でも川でも、遊びの舞台が無数に存在するのです。穏やかな水面では、スイスイとクルージングや水上散歩をしたり、波のある海ではがんがんサーフィンを楽しんだり。さらに、釣竿を腰に付けてルアーをたらせばフィッシングもできるし、最近ではボード上でのヨガをやるSUP YOGAも流行しているほど、遊び方は本当に多様です。

さっそく水の上にボードを浮かべて、その上に立ってみましょう。もちろん水の上に立つわけですからちょっと不安定です。しかし体重の軽い子どもであれば、少し練習するだけで簡単に立つことができるでしょう。逆に体重の重い大人の方が、水に落ちてしまうかも。「パパより僕の方が上手だ」と子どもたちは自信を持っちゃうかもしれません。

立つのに慣れてきたら、水をかくパドルという道具を動かして、自分の好きな所に行ってみましょう。右へ左へと回ってみたり、陸地に近づいたり、離れたり。水の上をスイスイ移動できるので、まるで散歩しているような楽しい気分になります。

普段の海水浴では絶対に行くことのできない場所までパドルを漕いでいくと、まったく違った景色が広がっています。ボードの上から水を覗き込むと、想像以上の美しさに驚くでしょう。ボードの下を魚が潜ったり、岩場でウニを見つけたり。シュノーケルセットを持っていき、途中で潜ってみれば、さらに世界は広がります。

自由な水上散歩を楽しみながら、いろんな世界に触れてみましょう。

SAMPLE PLAN
KIDS ADVENTURE:18 "STAND UP PADDLE"

「SUP／体験例」

9:30　受付に集合
受け付けや精算などの手続きをしましょう。

●着替え
水着の上から、レンタルのウエットスーツを着ます。サイズが色々あるので、自分の身長にあったものを選らんでもらいましょう。

10:00　海へ移動
パドルの使い方などの説明を聞いて、準備運動をしたら、いよいよ海の上へ。まずは、座って漕ぐ練習からトライ。最初はグラグラするので立つだけでもちょっと大変かもしれません。漕ぐのに慣れたら、次は立つ練習です。すぐに慣れるので、とっても簡単です。

●SUPで水上散歩
立つのも漕ぐのも慣れたら、海の上を自由に移動してみましょう。漕ぐのにちょっと疲れたら、ボードの上に寝転んで休憩してみるのも楽しいひとときです。

12:00　プログラム終了
海上でのレッスンは終了です。海を眺めながら、お茶を飲んで体を少し休めましょう。

協力：＜SEVENSEAS＞　www.7seas.jp

ADVENTURE INFORMATION

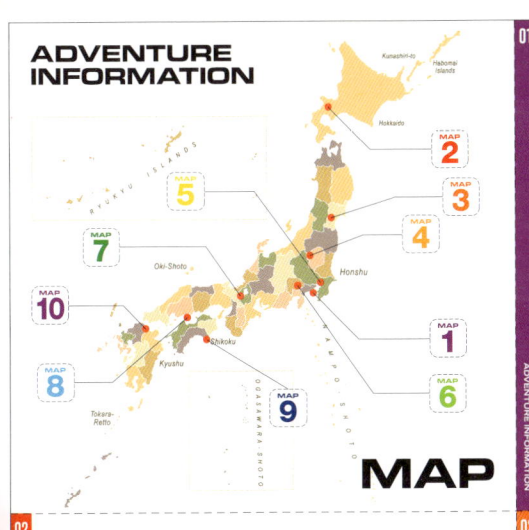

MAP

ADVENTURE INFORMATION: 01　MAP 1
神奈川県
※小学4年生以下は保護者同伴が条件

SEVENSEAS
近くは江ノ島、遠くは富士山までもが見える鎌倉の海で、SUPやウインドサーフィンを企画しています。ショップやラウンジ、シャワールーム、更衣室などが揃うセブンシーズの店舗の屋上では事前に予約すればバーベキューも可能。鎌倉に根付くマリンスポーツを心ゆくまで楽しめます。

- 料金：『SUP体験スクール』¥7,000+税
- 対象年齢：小学1年生～
- 所要時間：約2時間
- 住：神奈川県鎌倉市材木座6-16-35
- TEL：0467-22-5050　URL：www.7seas.jp

ADVENTURE INFORMATION: 02　MAP 2
北海道
※小学生以下は保護者又はガイドと同乗が条件

SUP Niseko
スキー場としても有名な山・ニセコアンヌプリと羊蹄山の麓を流れる1級河川・尻別川。その両岸に連なる木々を横目に清流の上に立ってSUPを楽しむことができます。川だけでなく、日本海や太平洋といった海、静かな水を湛える湖などでも実施しています。

- 料金：『川のツアー』¥6,480(税込)、『海のツアー』¥8,640(税込)
- 対象年齢：5歳～
- 所要時間：『川のツアー』約3時間30分、『海のツアー』約5時間
- 住：北海道虻田郡ニセコ町字ニセコ481-1
- TEL：0136-54-2820　URL：www.guide.co.jp/sup_niseko

ADVENTURE INFORMATION: 03　MAP 3
宮城県
※小学生は保護者同伴が条件、小学3年生以下は要問い合わせ

ZAOC
東北、宮城蔵王をベースにSUPをはじめキャニオニングやトレッキングなどを催行しています。SUPスクールでは穏やかな水面の上で行います。基本動作を覚えてSUPツアーに参加すれば、宮城の奥松島をはじめとする東北各地を舞台にSUPを楽しむことができます。

- 料金：『SUPスクール(入門&ステップアップ)』¥7,500(税込)
- 対象年齢：小学4年生～
- 所要時間：2時間弱
- 住：宮城県刈田郡蔵王町遠刈田温泉字上ノ原
- URL：www.zaoc.org

ADVENTURE INFORMATION: 04　MAP 4
群馬県
※タンデムの場合は保護者同伴が条件　※SUPレンタル¥3,000+税、ウェットスーツレンタル¥2000+税

HIGH FIVE
関東の最奥に位置する湖・菅沼は、本州においても透明度1位を誇ります。個人私有地のため、滅多に人が立ち入ることがなく、周囲を囲む原生林と相まって、貴重な自然が保たれている場所です。15mにもなる衝撃の透明度を誇る湖でSUPを体験することができます。

- 料金：『SUP半日ツアー』大人¥5,000+税　子ども(小学6年生まで)¥4,000+税
- 対象年齢：1人乗りは小学校中学年～、タンデムは身長100cm～
- 所要時間：約3時間
- 住：群馬県利根郡片品村東小川4658-5
- TEL：080-7826-0815　URL：highfive-mountainworks.com

ADVENTURE INFORMATION: 05　MAP 5
千葉県
※小学生以下は保護者同伴が条件

倶楽部FANATIC
都内からもアクセスが良好な千葉県の稲毛海岸に拠点を構えています。世界的に有名なブランド「ファナティック」の直営クラブなので、常に最新の道具が揃っています。ペットと一緒に楽しむこともできるので、親子に加えてワンちゃんと楽しむことができます。

- 料金：『体験コース』¥5,400+税
- 対象年齢：小学生～
- 所要時間：約2時間
- 住：千葉県千葉市美浜区真砂1-3-7
- TEL：043-301-4127　URL：clubfanatic.net

Stand up paddle 161

ADVENTURE INFORMATION: 06
山梨県
MAP 6

🌰GAKUROKU MARINE

富士山を望める透明度の高い湖、山中湖でSUPをはじめ、ウエイクボード、バナナボート、水圧で空を飛ぶフライボード・フライサーフ、大きな球体に入り、濡れずに水上を楽しめるウォーターボール、水上オートバイなどアクティビティが体験できます。また、湖畔でのバーベキューも楽しめます。

- 💰 料金：『SUPスクール』¥4,500（税込）
- 対 対象年齢：小学生～、小学生以下は保護者同伴
- 時 所要時間：約1時間30分
- 住 山梨県南都留郡山中湖平野1915
- TEL 090-9301-3760　URL www.wake-yamanakako.com

ADVENTURE INFORMATION: 07
滋賀県
MAP 7

🌰RIVRE Windsurfin School

琵琶湖の南西部に位置する、静かなプライベートビーチから穏やかな水を湛える湖の上へ。琵琶湖大橋を一望できるロケーションでSUPを手軽に楽しめます。また、ウインドサーフィンスクールも実施しています。ロッカールームやシャワー、トイレ、洗面所なども完備されています。

- 💰 料金：『半日体験コース』¥4,000+税
- 対 対象年齢：小学生～、低学年は事前に要相談
- 時 所要時間：約2時間30分
- 住 滋賀県大津市今堅田3-23-19
- TEL 077-573-5656　URL www.rivre-wind.com

ADVENTURE INFORMATION: 08
広島県
MAP 8

🌰Rakuoli-Stand Up Paddle School

広島県尾道市の離島「百島」は瀬戸内海中部に浮かぶ小さな島。島の海岸線の一部には、長い年月をかけて波によって浸食された連なる岩や白砂のビーチがあります。カヤックやフィッシング、陶芸などもできるので、百島の海を遊び尽くすことができます。

- 💰 料金：「STEP1 体験コース」¥5,092+税
- 対 対象年齢：8歳～、小・中学生は保護者同伴が条件
- 時 所要時間：約2時間
- 住 広島県尾道市百島町2625
- TEL 050-3557-9371　URL rakuoli.com

ADVENTURE INFORMATION: 09
徳島県
MAP 9

🌰Pavilion Surf

四国・徳島には豊かな自然が広がっています。浅瀬でSUPに慣れてきたら、そのひとつターコイズ色の水を湛える海に浮かぶ小さな無人島や珊瑚の島へとアクセスすることができます。他にもサーフィンやボディボード、宍喰や生見、白浜ビーチでの海水浴、阿波牛炭火バーベキューなども楽しめます。

- 💰 料金：『SUPクルーズベーシック』大人¥6,000円+税　小学生以下¥5,000+税
- 対 対象年齢：3歳～　時 所要時間：約2時間
- 住 徳島県海部郡海陽町宍喰浦字松原215-1
- TEL 0884-76-3277　URL www.pavilion-surf.com

ADVENTURE INFORMATION: 10
福岡県
MAP 10

🌰BACK BONE

川や湖、海など、福岡でSUPスクールを開校しています。他にもサーフィンやウエイクボード、陸上でのロングスケートボード、冬のスノーボードなど様々なスクールがあり、またインラインスケートなどで体幹を鍛えるプログラムも実施しています。

- 💰 料金：『パドルボードスクール』¥8,000（税込）
- 対 対象年齢：やる気次第では、幼児から可能（要問い合わせ）
- 時 所要時間：約3時間30分
- 住 福岡県京都郡苅田町尾倉4-12-6
- TEL 093-435-0770　URL backbone-bb.com

162　Kids Adventure:18

世界の「SUP」の旅

🇺🇸 ハワイ/Hawaii,USA

「SUP発祥の地ハワイで、南国の海を漕ぐ旅」

太平洋に浮かぶハワイ諸島。古来よりほとんど姿を変えない原始の風景が広がるカウアイ島や、世界最高の星空鑑賞地のひとつに数えられ「ビッグアイランド」と称されるハワイ島など、魅力的な島々が点在しています。そのひとつがマウイ島。世界最高レベルのホエールウォッチングや、全米ナンバーワンビーチに選出されたカアナパリ・ビーチが有名な島です。またマリンスポーツが盛んな島でもあり、ハワイ発祥として知られるSUPももちろん体験することができるのです。4月下旬〜9月は、は比較的波が穏やかなので、SUP初心者でも気軽に挑戦することができます。透き通った美しい海では、海ガメや熱帯魚に出会えたり。南国特有の気持ちいい日射しを浴びながら、SUP発祥の地ハワイで、本場のSUPを楽しみましょう。

旅の予算 HOW MUCH?
大人1名分の総予算　15万円〜　※現地予算は本書プラン例、個人手配時の目安料金
※飛行機代、宿泊費、SUP体験含む、食事、燃油サーチャージ除く

3泊5日のプラン例
1日目: 成田発〜ホノルル乗り継ぎ〜マウイ島着
2、4日目: SUP体験
4、5日目: マウイ島発〜ホノルル乗り継ぎ〜成田着

この旅の相談、手配先 ARRANGING THE TRIP
[The Maui Windsurf Company]　www.mauiwindsurfcompany.com/jp
[Maui Dream Vacations]　www.mauidreamhawaii.com

冒険 **19**
KIDS ADVENTURE

白銀の世界を巡る、雪上散歩！

SNOWSHOE
"スノーシュー"

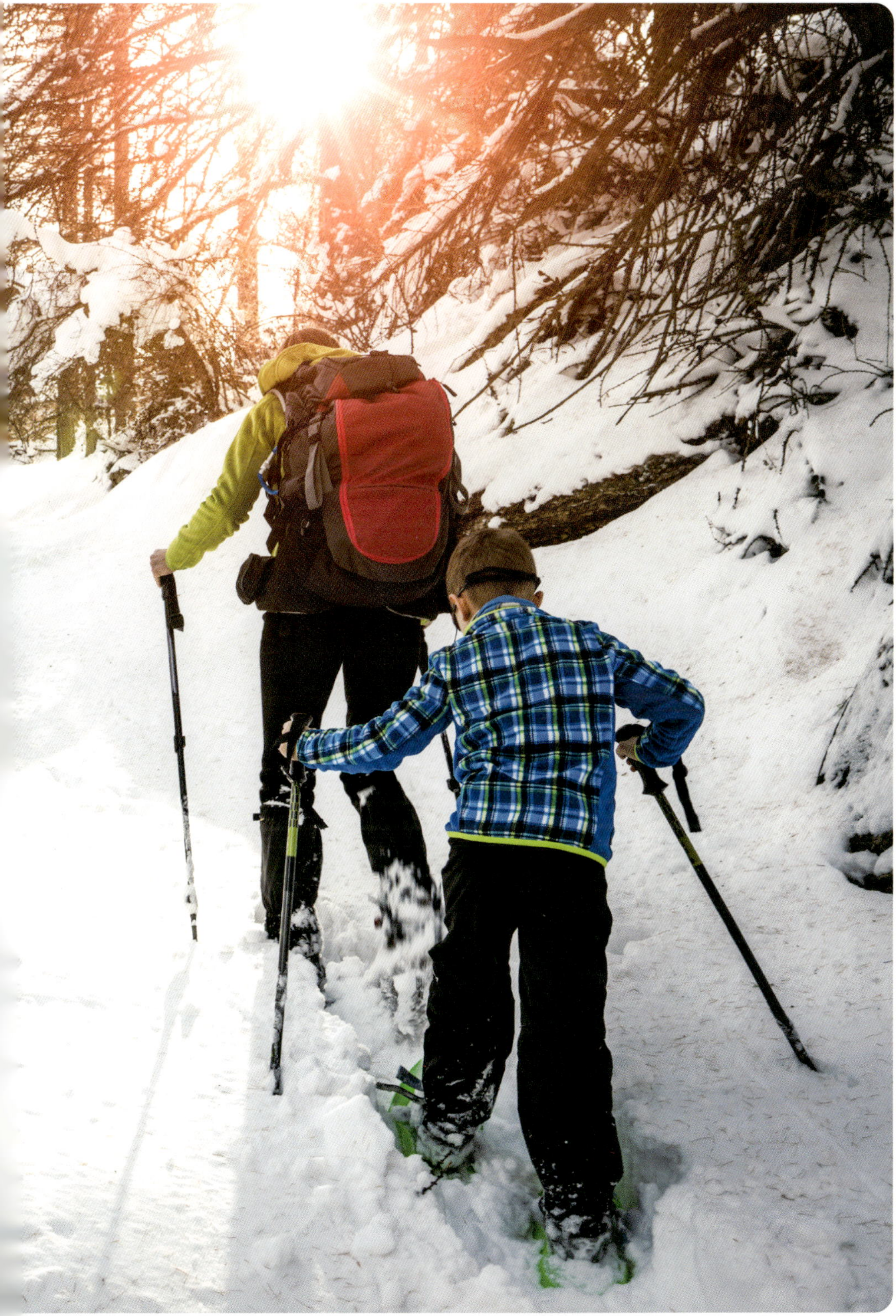

166 Kids Adventure 19

Kids Adventure
19
"SNOW SHOE"

「白銀の世界を巡る、雪上散歩」

しんしんと降り積もる雪が生み出す、白銀に染まった世界。
雪が音を吸収し、ひんやりとした空気と共に、独特の静けさが広がります。
そんな凛とした雰囲気に包まれる、美しい白の別世界を歩いたことはありますか？

スノーシューハイキングは、雪の上を歩くアクティビティです。
スノーシューとは、長靴やスノーブーツの下に着けるもの。西洋かんじきとも言われていて、雪の上を簡単に歩くことができる道具です。日本のかんじきは丸味を帯びた形が特徴のひとつですが、スノーシューは細い板状のもので、とっても短いスキーの板のようにも見えます。

スノーシューを着けて、普通ならズボっと足が埋まってしまって歩くことができない、フカフカの深雪の上へと行ってみましょう。すると、あら不思議。簡単に雪の上を歩くことができて「あれっ？ いつもと違って歩きやすいよ」と思うはずです。

雪の世界には発見がいっぱいあります。「あっ、動物の足跡！」、「あそこに動物がいる！」、「雪の間から芽が出ているよ」など、あちらこちらで様々な発見があるでしょう。
辺りの景色も見回してみましょう。木の枝に積もった雪がまるで白い葉っぱのようにキラキラと輝き、遠くには雪化粧を施した雄大な山が見えるかもしれません。そんな息をのむような綺麗な雪景色が楽しめるのです。
一面に雪が広がる冬の時期なので寒いと思うかもしれませんが、実は、歩いているとむしろ暑いぐらい。ジワッと、背中に汗をかいてくるほどです。動いていないとさすがに体が冷えてくるので、休憩時には温かいスープを雪の上で味わいましょう。それがまた格別なのです。いつもと変わらないスープのはずなのに、なぜかとっても美味しくて……きっと忘れられない味になるはずです。

白銀に染まった別世界を、一歩一歩ゆっくりと冒険してみましょう。

SAMPLE PLAN
KIDS ADVENTURE:19 "SNOW SHOE"
「スノーシュー/体験例」

9:00　受付に集合
申込書を記載して、精算を済ませます。
着替えをして、準備が整ったら車に乗ってスタート地点に向かいます。

●スノーシュー（約●時間）
スタート地点に到着したら、安全に楽しめるように注意点が説明されます。説明後、いよいよ雪上散歩スタートです。
最初は慣れないけど、コツをつかめば簡単。スノーシューのおかげで雪の上をずっぽりと埋まることなく、歩くことができてとっても楽しい！
ふかふかの雪の上を歩きながら、動物の足跡を発見したり、春に備える木々を観察したりします。運がよければ動物たちにも出会えるかも!?
途中に雪の上で軽食、お茶タイムも楽しめます。

●ゴール
ゴール地点に到着したら、記念撮影しましょう。
そこから車に乗って、ベースに戻ります。

12:30　プログラム終了
レンタルしていたスノーシューなどを返却し、汗や雪で濡れた服を着替えましょう。
着替えたら、今日の冒険を写真で振り返ることもできます。

協力：＜フォレスト＆ウォーター＞　www.fw-snowshoe.com

ADVENTURE INFORMATION

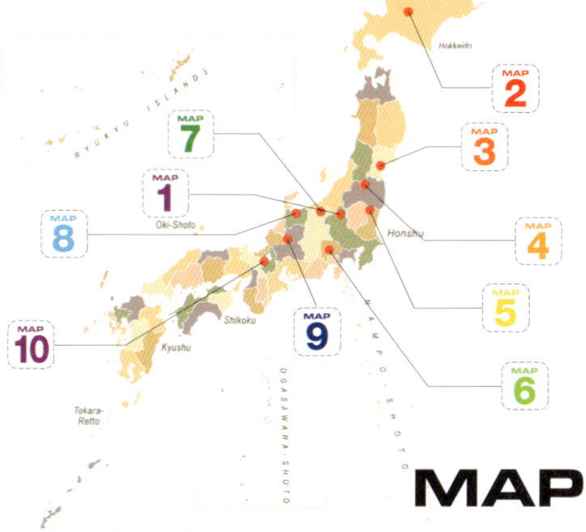

MAP

ADVENTURE INFORMATION: 01 群馬県 MAP 1

フォレスト＆ウォーター

みなかみ町の奥部に位置する藤原集落。そこに暮らす人々が干ばつを防ぐため、雨乞いの儀式を行っていた山、雨呼山を舞台にスノーシューを楽しめます。日本の百名山のひとつで標高2,158mの武尊山や、日本海側と太平洋側を分ける分水嶺などを遠方に望むことができます。

- 料金：『半日コース』大人¥5,093＋税、子ども¥4,166＋税
- 対象年齢：4歳～、足のサイズ18cm～
- 所要時間：約3時間30分
- 群馬県利根郡みなかみ町湯檜曽191-12
- 0278-72-8017　www.fw-snowshoe.com

ADVENTURE INFORMATION: 02 北海道 MAP 2
※中学生以下は保護者同伴が条件

富良野ネイチャークラブ

富良野から車で約1時間移動して、大雪山国立公園十勝岳へ。白銀の世界に包まれた大雪山の森をスノーシューで巡ります。また、満天の星空に照らされる夜を歩くものや、『北の国から』の舞台を巡るものも実施しています。他にもわかさぎ釣りや熱気球なども体験可能です。

- 料金：『大雪山スノートレッキング半日コース』¥6,019＋税
- 対象年齢：小学生～
- 所要時間：約3時間
- 北海道富良野市北の峰町14-6
- 0167-22-1311　www.alpn.co.jp

ADVENTURE INFORMATION: 03 宮城県 MAP 3
※小学生以下は保護者同伴が条件

宮城蔵王自然学校

スタート地点となる山の中腹までゴンドラで移動し、広がるブナ林を歩きます。体験コースは主に下りとなります。他にも小学3年生からでも可能なえぼし岳登頂コースや、刈田岳登頂コースもあります。運がよければウサギやカモシカに出会えることも。

- 料金：『スノーシュー体験コース』¥3,800＋税　『ゴンドラ片道』大人¥1,100、小人¥600
- 対象年齢：小学生～
- 所要時間：約2時間30分
- 宮城県刈田郡蔵王町遠刈田温泉みやぎ蔵王えぼしスキー場
- 022-34-4665　www.mz-natureschool.com

ADVENTURE INFORMATION: 04 福島県 MAP 4

Natural Biz

四季折々の美しい風景を楽しめる裏磐梯。磐梯山の噴火によって形成された大地に根を張るカエデの森を歩き、裏磐梯の代名詞でもある五色沼をスノーシューで目指します。他にクマの爪痕が残るブナの森を歩くツアーもあります。夏にはカヌーやウォーターハンティング、キャンプなども楽しむことができます。

- 料金：『五色沼スノーシューウォーク』¥4,167＋税
- 対象年齢：小学生～
- 所要時間：約2時間15分
- 福島県耶麻郡北塩原村桧原字蛇平原山1074-841
- 0241-32-3477　natural-biz.info

ADVENTURE INFORMATION: 05 栃木県 MAP 5
※中学生以下は保護者同伴が条件
※現地直通電話：080-6678-1117

Nature Planet

那須連峰を一望できるスキー場「マウントジーンズ那須」にて、山を登ったり下ったり滑ったりしながら楽しむことができます。夏にはカヤックやカナディアンカヌーを楽しめ、愛犬と共に乗ることも可能です。那須ガーデンアウトレット内では、様々な体験教室も企画しています。

- 料金：『半日スノーシューツアー』大人(中学生以上)¥6,019＋税、小人(小学生)¥4,630＋税
- 対象年齢：小学生～
- 所要時間：約2時間
- 栃木県那須郡那須町大字大島マウントジーンズ那須 ベースロッジ2Fレストラン入口前特設ブース
- 0288-78-1177　www.nature-planet.com

snow shoe 169

ADVENTURE INFORMATION: 06 　MAP 6
山梨県

八ヶ岳アウトドア・アクティヴィティーズ

八ヶ岳ブルーを背景に雪化粧を施した美しい山並みを眺めながらのスノーシュー。途中で温かなティータイムを挟みながら、約3時間30分の雪上散歩を楽しめます。中学生以上では雪山トレッキングに挑戦することも可能です。夏には標高約1,500mに位置する湖でのカヤックなども楽しめます。

- 料金：『雪原と絶景を楽しむスノーシューハイキング』中学生以上￥5,000+税、小学生￥2,500+税
- 対象年齢：小学生〜
- 所要時間：約3時間30分
- 住：山梨県北杜市高根町清里3545
- TEL：080-4436-8423
- URL：www.y-outdoor.com

ADVENTURE INFORMATION: 07 　MAP 7
長野県
※小学1〜3年生は保護者同伴が条件

サンデープランニング

野尻湖周辺に存在する30以上あるコースの中から、難易度や天候、積雪状況などを勘案して、その日のベストコースを選択します。雪上ランチやカフェも楽しめます。夏期にはカヌーやカヤック、ラフティング、山菜採り、きのこ狩りハイキングなども企画しています。

- 料金：『スノーシューハイキング【1日ガイド】』￥8,500+税
- 対象年齢：小学生〜
- 所要時間：約6時間
- 住：長野県上水内郡信濃町野尻379-2
- TEL：026-258-2978
- URL：www.sundayplanning.com

ADVENTURE INFORMATION: 08 　MAP 8
富山県

エコロの森 とやまガイドツアー

富山市からアクセスのよい立山山麓、合掌造り集落で知られる世界遺産五箇山地区の森、白木峰の麓である大長谷などで、積雪期はスノーシューを楽しめます。立山黒部アルペンルートが開通する4月中旬になると、標高1,600mの弥陀ヶ原など、立山でも可能になります。他にも様々なエコツアーを企画しています。

- 料金：『スノーシュー立山山麓エリア』大人￥5,000+税 子ども（小学生）￥4,000+税
- 対象年齢：保護者同伴で3歳〜
- 所要時間：約2時間
- 住：富山県富山市文京町3-4-8
- TEL：076-444-0576
- URL：ecolonomori.com/toyama_guide

ADVENTURE INFORMATION: 09 　MAP 9
岐阜県
※小学生、中学生は保護者同伴が条件

OD-FARM荘川

荘川高原であいの森にてのスノーシュー。他に雪遊びスノーシュー＆石窯クッキングの1日コースや、ひるがの高原の1日コースもあります。中学生以上ではアイスクライミングの体験コースも企画されています。夏期にはシャワークライミングやカヌー、SUPが楽しめます。

- 料金：『半日コース』中学生以上￥4,700（税込） 小学生￥3,500（税込）
- 対象年齢：小学生〜
- 所要時間：約2時間
- 住：岐阜県高山市荘川町牧戸395-1
- TEL：05769-2-1011
- URL：www.od-farm.jp

ADVENTURE INFORMATION: 10 　MAP 10
滋賀県
※中学生以下は保護者同伴が条件

ZERO GRAVITY

シャワークライミング、ロッククライミング、ハイキング、スノーシュー、ガイド登山などの多様なプログラムを実施しています。スノーシューでは初級から上級まで様々なコースを設定。初心者コースでは、関西の秘境とも言われる芦生の森などを歩くことができます。

- 料金：『初めての雪山散策コース（ランチ付）』￥9,000+税
- 対象年齢：小学生〜
- 所要時間：約3時間
- 住：滋賀県高島市勝野1400 びれっじ7号館
- TEL：075-702-9330
- URL：www.zero-gra.com

世界の「スノーシュー」の旅

カナダ/Canada

「雪化粧を施した世界遺産の景色の中を、スノーシューで巡る旅」

カナダ南部に広がる大自然の中に築かれたバンフ。世界遺産に登録されている「カナディアン・ロッキー山脈自然公園群」を形成するひとつ、バンフ国立公園にある街です。そこから車で僅か15分の距離に、カナダ最高の雪質を持つ言われるゲレンデ「サンシャイン・ビレッジ」があります。100以上ものゲレンデすべてが標高2,000mを超えるため、人工降雪機を使う必要がなく、100%ピュアの雪を楽しめます。高速ゴンドラを含む12のリフトを備えるこの場所では、スキーやスノーボードはもちろん、新雪の中をスノーシューで巡ることが可能です。日本のそれを遥かに凌駕する規模の銀世界、それも世界遺産の景色が広がる中で楽しむ雪歩きは、忘れられないひとときとなります。その環境から、11〜5月という長期に渡って、雪遊びを楽しむことができるのです。

旅の予算 HOW MUCH?
大人1名分の総予算　15万円〜　※現地予算は本書プラン例の目安料金
※飛行機代、宿泊費含む、スノーシューレンタル代、一部食事、燃油サーチャージ除く

TRAVEL PLAN
4泊6日のプラン例
1日目：成田発〜カルガリー着
2日目〜4日目：バンフ滞在
5、6日目：カルガリー発〜成田着

この旅の相談、手配先 ARRANGING THE TRIP
[ism]　shogai-kando.com

冒険

KIDS ADVENTURE **20**

静寂に包まれる夜に、星に願いを！

STARWATCHING
"天体観測"

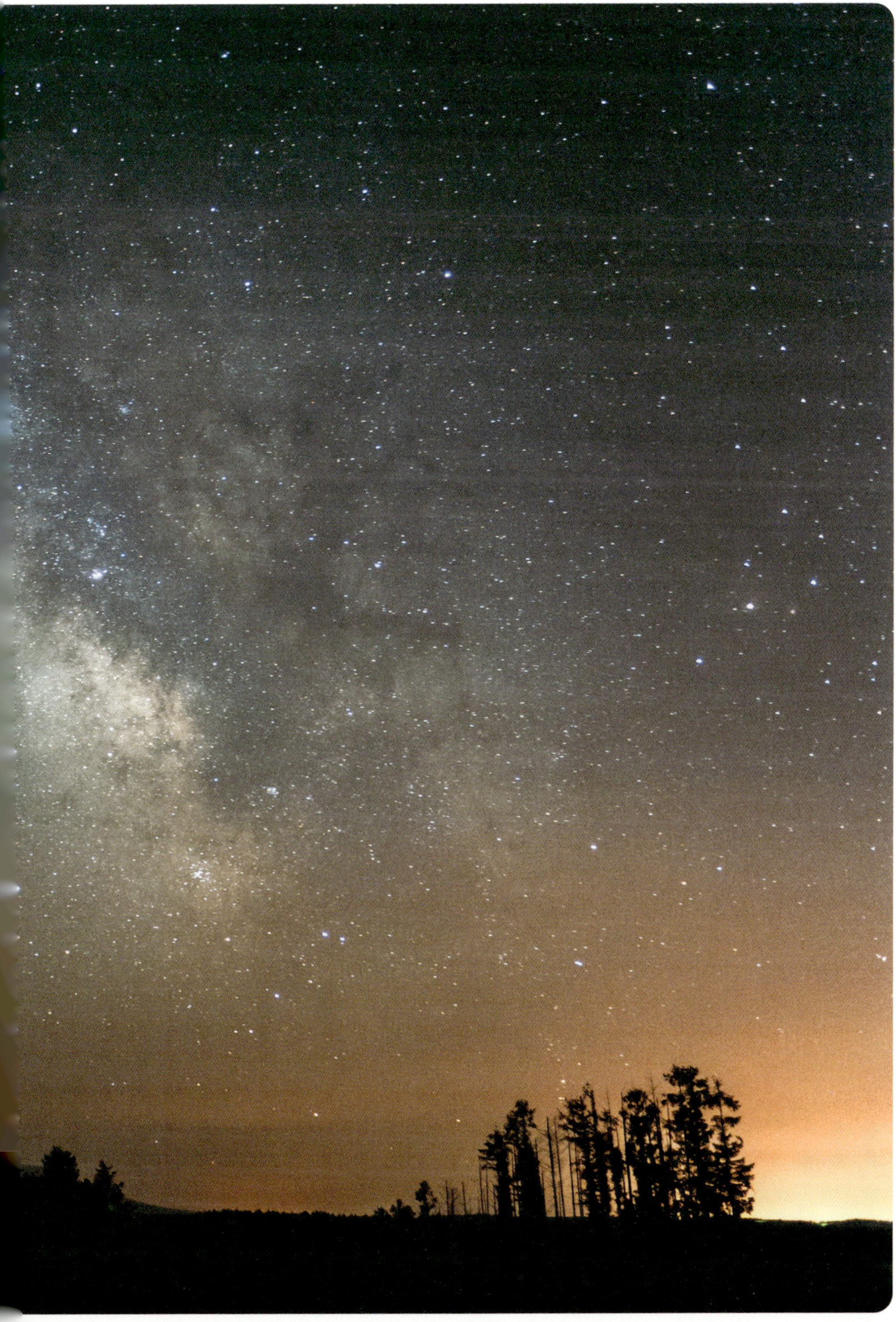

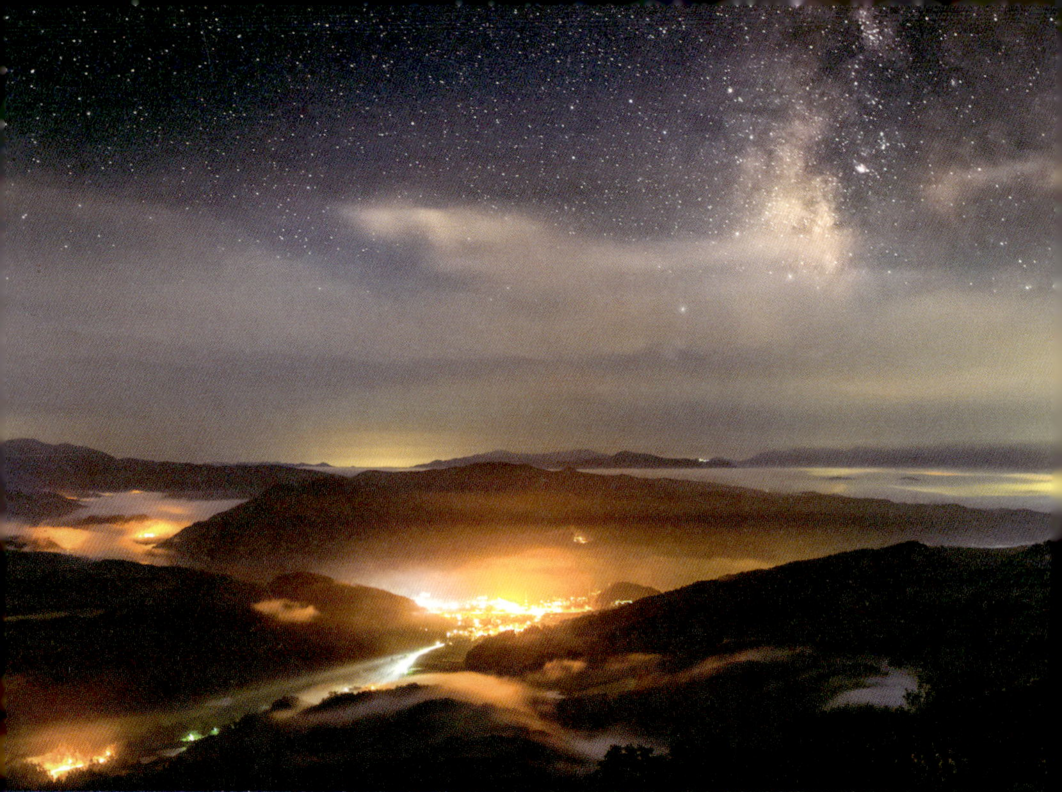
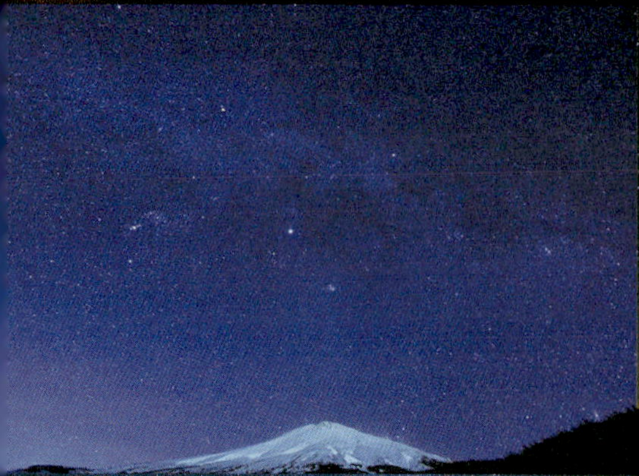
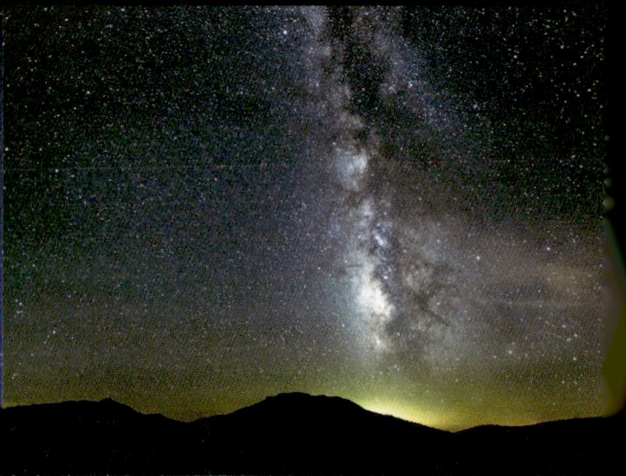
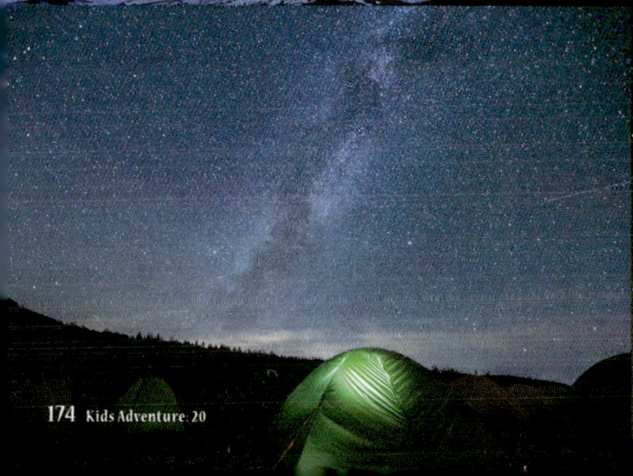
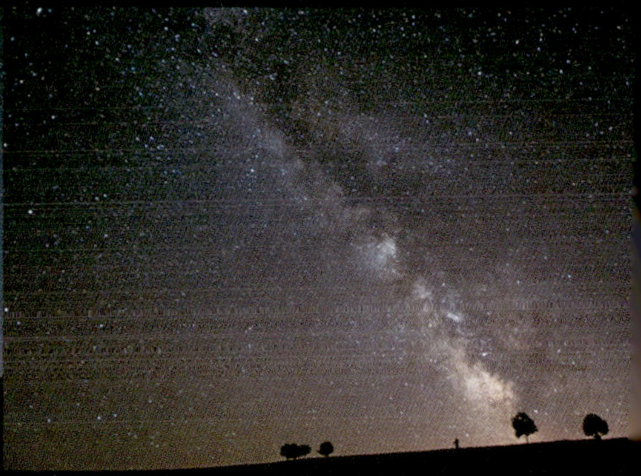

Kids Adventure 20 "STAR WATCHING"

「静寂に包まれる夜に、星に願いを」

最近、夜空を見上げていますか？
普段生活している街中ではなかなか星が見られないので、忘れてしまうかもしれませんが、様々な光や空気の塵などに邪魔されて見えていないだけで、空にはいつだって無数の星が浮かんでいるのです。

夜空を埋めるほどに光り輝く星屑、降り注ぐように流れる流星群、ミルクをこぼしたかのような白く美しい天の川……そんな夢のような星空や天体ショーは、はるか遠くの海外まで行かないと見ることができないと思ってはいませんか？ いやいや、そんなことはありません。日本でも、光源の少ない山や海など場所を選べば、息をのむような満天の星空が楽しめるのです。光の少なそうな場所へと車を走らせて、なんとなく空を見上げてみるだけでも、「うわ！　こんなに星ってあるんだ！」と驚くはずです。

でもせっかくなら、最高の星空を求めて旅してみませんか？
長野県南牧村、沖縄県石垣市、岡山県井原市美星町といった『日本三選星名所』と言われる名所や、天文台を備えた宿やホテル、絶景星空ツアーなど、星空を楽しむ方法はたくさんあります。子どもと一緒に少し足をのばしてみましょう。きっとそこには、想像を超えた別世界が広がっているはずです。

流れ星に3回願い事をすると叶う。そんな伝説を聞いたことはありませんか？
実はこれって、本当なんです。なかなか見ることができない、一瞬で流れて消えてしまう流れ星。そんな流れ星が流れた瞬間に3回も願い事を言えるのは、普段からいつも願い続けている証拠です。そこまで願い続けているのであれば、その願い事は絶対に叶う！　ということなのです。

子どもと一緒に満天の星空を見上げて、夢を語り合いながら流れ星を探す……そんなロマンあふれる夜を、ぜひ。

SAMPLE PLAN
KIDS ADVENTURE 20 "STAR WATCHING"

「天体観測／星空ツアー／体験例」

20:30　お迎え
送迎をご希望の場合、「離島ターミナル」または「宿泊しているホテル（市街地周辺）」まで、専用車での送迎があります（先着お申し込み順、8名まで）。※送迎が満席の場合は、21:00現地集合

●星空スポットへ向けて出発
360°地平線が広がる全天パノラマビューの星空スポット「石垣島星空ファーム」へ。

21:00　星空スポットへ到着
雲がない快晴の日は満天の星々に囲まれる、まさに天然プラネタリウムです。

●天体観測
天体望遠鏡を使って星雲・星団・月・惑星などを観測しましょう。リクライニングチェア、双眼鏡のレンタルのレンタルや、ワンドリンクサービスもあります。
また、認定を受けた専門の星空ガイドによる、レーザーポインターを使った旬の星座や星の解説があります。宇宙の不思議や謎、八重山の星文化、星占いなど、インスピレーションを刺激するお話も。日本最南端の星空特等席で、石垣島ならではの最高のひとときをお楽しみください。満天の星空を眺めながら生の唄三線で聴く沖縄の星民謡（三線の演奏は不定期）もあります。

22:00　天体観測終了、出発
星空をしっかり焼き付けたら、出発です。車に乗って戻りましょう。※現地集合の方は、そのまま解散

22:30　解散
「離島ターミナル」または「宿泊しているホテル（市街地周辺）」に戻り、解散となります。お疲れ様でした。

※季節や月の朔望、流星群や珍しい天文現象など、時期によってベストな星空観望のタイミングがあるため、時間を変更する場合があります。

協力：＜星空ツーリズム株式会社＞　http://hoshisora.jp/

176　Kids Adventure 20

ADVENTURE INFORMATION

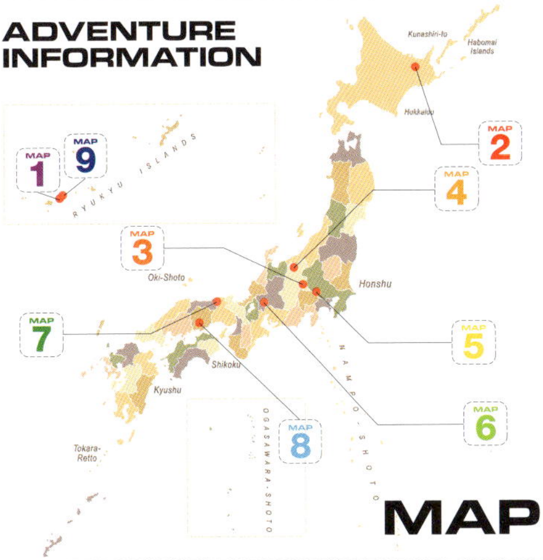

ADVENTURE INFORMATION: 01 　MAP 1
沖縄県
※大人1名につき幼児1名無料。

星空ツーリズム株式会社
世界屈指の星空環境を有する八重山諸島・石垣島において、星空ツアーに特化した唯一の専門会社。ツアー専用の星空観望スペース「星空ファーム」では、南十字星を日本で唯一見ることができます。体験例で紹介した1DAYプランは、指定日1夜限りの参加プラン。他のプランはお問い合わせください。

- 料金：『石垣島の星空浴ツアー 1DAY（ワンデー）プラン』大人（中学生以上）¥3,800＋税、子ども（小学生以上）¥2,500
- 対象年齢：全年齢　所要時間：約2時間
- 沖縄県石垣市石垣147-18-303
- TEL 0980-87-5790　URL http://hoshisora.jp/

ADVENTURE INFORMATION: 02 　MAP 2
北海道

ツーリズムてしかが
人気No.1プログラム「摩周湖星紀行」は摩周地域では展望台へ行く唯一のナイトツアー。夜の摩周湖は周りに景色を遮る山もなく、360℃星空を眺めることができます。月明かりと星明かりのみが照らす空間で、星の探し方や星座にまつわるエピソードを聞きながら至極の時間を過ごしましょう。

- 料金：『摩周湖星紀行』大人（中学生以上）¥2,700（税込）、小人（小学生）¥1,700（税込）、幼児（小学生未満）¥500
- 対象年齢：全年齢　所要時間：約1時間30分
- 北海道川上郡弟子屈町川湯温泉2丁目3-16
- TEL 015-483-2101　URL www.tourism-teshikaga.co.jp

ADVENTURE INFORMATION: 03 　MAP 3
長野県
※ツアー所要時間：約30分

八ヶ岳グレイスホテル
『日本三選星名所』の八ヶ岳野辺山高原に位置する「八ヶ岳グレイスホテル」では、毎晩「星空観賞会」が開催されています。澄み切った夜空が360度見渡せる場所では、1年を通してまるで天然のプラネタリウムのようなスターウォッチングが楽しめます。

- 料金：『星空観察3点セット付1泊2食付プラン』¥12,300〜（ツインルーム2名1室利用時）
- 対象年齢：全年齢　所要日数：1泊2日
- 長野県南佐久郡南牧村野辺山217-1
- TEL 0267-91-9515　URL www.y-grace.com

ADVENTURE INFORMATION: 04 　MAP 4
長野県
※子どもは保護者同伴が条件

大町・青木湖アドベンチャークラブ
北アルプス山麓、澄みきった「北アルプスの鏡」青木湖に位置する大町・青木湖アドベンチャークラブ。星の光が降り注ぐ青木湖上の「テントを張ったいかだ」で1泊するプログラムはとてもドラマチック。宝石箱をひっくり返したような星の微かな輝きが、青木湖に降り注ぎます。

- 料金：『星の光が降り注ぐ青木湖湖上でテント泊』大人（12歳以上）¥10,000＋税、子ども（8歳〜11歳）¥8,000＋税
- 対象年齢：8歳〜　所要時間：1泊2日
- 長野県大町市平20780-1
- TEL 0261-23-1021　URL www.avis.ne.jp/%7eaokiko/

Star watching　177

ADVENTURE INFORMATION:05
埼玉県 MAP 5

※ツアー所要時間：約1時間
※料金は「星空観賞会＆日本の夜景100選の夜景ツアー付宿泊」

秩父・いこいの村ヘリテイジ美の山

埼玉県の観光スポットとしても有名な秩父・長瀞唯一の独立峰・美の山(蓑山)中腹で、宿泊者限定の無料ツアー「星の鑑賞会＆夜景ツアー」を体験できます。日本の夜景100選にも入っている美の山山頂からの夜景はまさに圧巻。夜景を鑑賞した後、都会では見れない星空を堪能します。

- 料金：大人1名￥10,000＋税、子ども1人￥7,350＋税〜（1泊2食／平日・日曜 2〜4名1室利用時）
- 対象年齢：全年齢
- 所要日数：1泊2日
- 埼玉県秩父郡皆野町皆野3415
- 0494-62-4355
- www.ikoinomura-minoyama.jp

ADVENTURE INFORMATION:06
岐阜県 MAP 6

※別途スキー場入場料1,000円＋税

エアロクルーズ

パラグライダーをはじめとする遊び、ツアー、イベントを開催するエアロクルーズ。夜にはとっておきの特等席「星空BAR」が、揖斐高原スキー場のゲレンデにオープンします。ドリンクやおつまみと共に、星空を眺めながらロマンチックな時間を過ごせます。もちろん子連れファミリーもOKです。

- 料金：『星空BAR』￥5,000＋税
- 対象年齢：全年齢、未成年にはソフトドリンクを提供
- 所要時間：約3時間
- 岐阜県岐阜市加納新本町4-17
- 058-276-4452
- aero-cruise.com

ADVENTURE INFORMATION:07
兵庫県 MAP 7

※小学生は保護者同伴が条件

オーベルジュ アルビレオ天文台

屋上の天文台に大きな望遠鏡を完備し、本格的な天体観測ができるホテル。満天の星空が広がる神鍋高原は、天体観測にぴったりの立地。神秘の星空を眺め、神鍋温泉のお湯につかってリラックスを。ホテルから車を50分ほど走らせれば、「天空の城」として話題の竹田城跡へも行けます。

- 料金：『天体観測付き、季節の高原フレンチプラン(1泊2食)』1名￥11,900(税込)〜(2名1室利用時)
- 対象年齢：全年齢
- 所要日数：1泊2日
- 兵庫県豊岡市日高町山田147-1
- 0796-45-1066
- www.hotel-albireo.com

ADVENTURE INFORMATION:08
岡山県 MAP 8

美星天文台

『日本三選星名所』に選ばれた岡山県井原市美星町にある「美星天文台」は、吉備高原の高台に位置し、まさに360度の展望が開け全天を見ることができます。美星天文台は、国内屈指の公開天文台で、誰もが気軽に望遠鏡で星を見ることができます。最高の星空を最高の条件で眺めてみましょう。

- 料金：『入館料』￥300(小学生以上)
- 対象年齢：全年齢
- 営業時間：＜昼間＞木曜を除く 9:30〜16:00 ＜夜間＞金・土・日・月18:00〜22:00
- 岡山県井原市美星町大倉1723-70
- 0866-87-4222
- www.bao.city.ibara.okayama.jp

ADVENTURE INFORMATION:09
沖縄県 MAP 9

※小学生以下は保護者同伴が条件

オリオン石垣島エコツアーサービス

『日本三選星名所』に選ばれている石垣市。地上が暗く、空気もきれいなのですっきり星が見えます。日本で確認できる星座のすべてが見える八重山の夜空は、夜光虫やウミホタルでキラキラ光る海の上でカヌーに寝そべりながら、レーザー光線による星座解説を聞きながら眺められます。

- 料金：『星空ツアー』大人￥3,000(税込)、小学生￥2,000(税込) 2歳以上の未就学児￥1,000(税込)、1歳以下無料
- 対象年齢：全年齢
- 所要時間：約1時間30分
- 沖縄県石垣市桴海337-261
- 0980-89-2755
- www.orionza.jp

世界の「星空・天体観測」の旅

ウユニ塩湖・ボリビア/Salar de Uyuni, Bolivia

「360°に空が広がる世界一の絶景『天空の鏡』で、星空に包まれる旅」

南米・ボリビアの標高3,692mの地点に存在する巨大な塩湖。"ウユニ塩湖"と呼ばれるそれは、長い年月をかけ地層に眠っていた大量の塩が、アンデス山脈形成時に地上に顔を出したもの。想像を遥かに凌駕する量の塩が見渡す限りの大平原に敷き詰められ、白銀の美しい世界を生み出しています。雨期にあたる1月中旬から4月には、期間限定でさらに素晴らしい光景が広がります。降り注いだ雨が地上に湛えられると、大地が天然の鏡のようになり空の色が映り込み、まるで雲の上にいるかのような上下対称の夢幻世界が生まれるのです。真っ青な空も、純白の雲も、人も車も、その地に存在するすべてが映り込むこの神秘的な風景は「天空の鏡」「世界一の絶景」と称され、旅人に驚きと感動を与えています。真っ白な塩と雨の恵みによって出現する満天の星空に包まれる世界は、天国か宇宙か。すべてを映す天空の鏡は、地球上とは思えない程の別世界へと誘ってくれるでしょう。

旅の予算 HOW MUCH?
大人・子供2名参加の場合1名分の総予算 45万円〜　※現地予算は本書プラン例の目安料金
※飛行機代、宿泊費、現地送迎、現地ツアー（英語ガイド）代含む、燃油サーチャージ除く

TRAVEL PLAN
4泊7日のプラン例
1、2日目：成田発〜米国2都市、ラパス乗り継ぎ〜ウユニ着
3、4日目：ウユニ塩湖、ウユニ発〜ラパス着
5〜7日目：ラパス発〜米国2都市乗り継ぎ（マイアミにて要宿泊）〜成田着

この旅の相談、手配先 ARRANGING THE TRIP
[ism]　shogai-kando.com

冒険

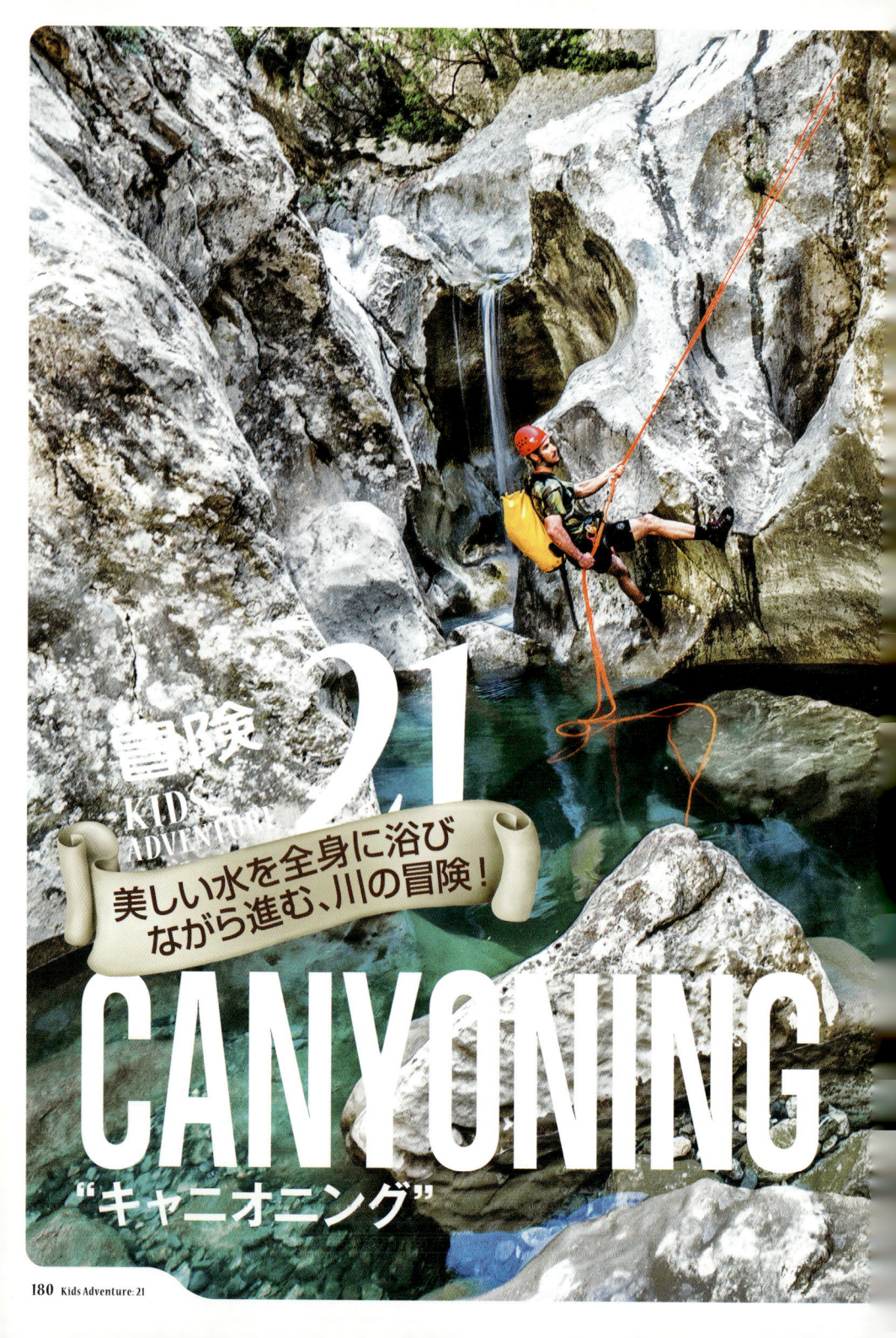

KIDS ADVENTURE 21

美しい水を全身に浴びながら進む、川の冒険！

CANYONING
"キャニオニング"

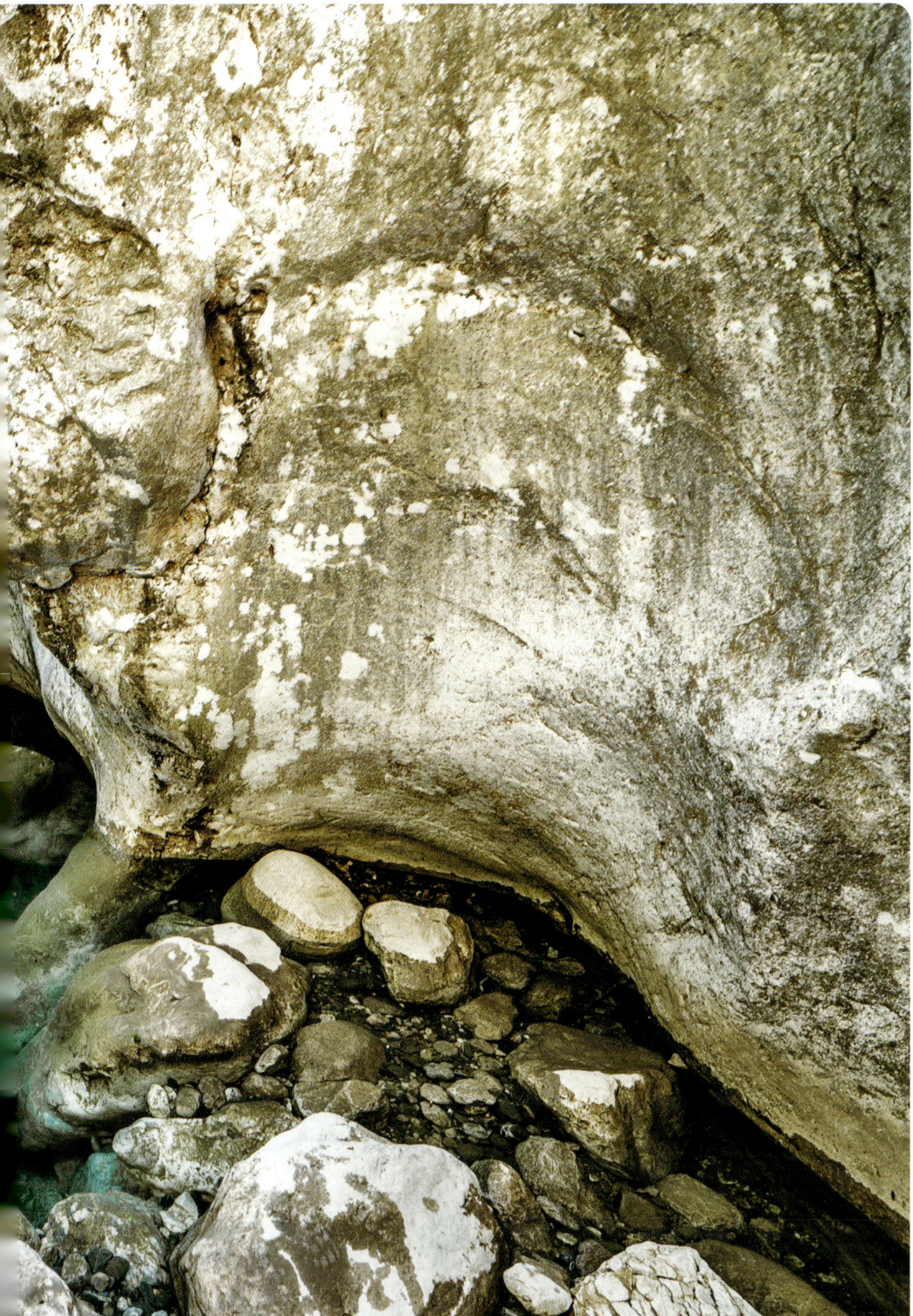

182 Kids Adventure 21

Kids Adventure 21
"CANYONING"

「美しい水を全身に浴びながら進む、川の冒険」

ボートやカヌー、カヤックなどの乗り物を使うだけでなく、自分の体ひとつでも刺激に満ちた川遊びができます。全身びっしょりと濡れながら、爽快感を味わえる冒険。それがキャニオニングです。

渓谷のことを英語で「Canyon（キャニオン）」といいます。そこに流れる清流をくだることを、キャニオニングと呼びます。フランスが発祥のスポーツで、ヘルメットやグローブなどを装着し、時にはロープを使ったりしながら次々と現れる岩を降り、時に滑りながら、下流を目指していくというものです。同じように清流をフィールドとしながらも、川をのぼっていく日本発祥のスポーツもあります。それはシャワークライミングと呼ばれ、水飛沫を浴びながら、滝に打たれながら、上流を目指していくというものです。

登ったり、降りたりということはあるものの、内容的には近いものが多いので、本書では合わせて紹介します。どちらも本格的なものになれば体力が必要となりますが、子どもから大人まで、初めての人でも楽しめるものがたくさんあります。

渓谷に流れる清流は、山からの恵みです。足下に流れる透き通った水に触れてみると、きっと「きゃー、冷たい」と思うことでしょう。でもそんな思いも一瞬です。多くの場所では、ウエットスーツを着て行いますし、動き続けるので、体が温まり、その冷たさが気持ちよくなっていきます。

舞台となるのは、自然そのままの地形です。大きな岩や小さな岩、水の流れが急な所や穏やかな所、盛大に水飛沫を上げる滝に天然のプール、天然のウォータースライダーまで。他にはないその場所だけのコースを、自分の手足だけを使って進んでいくのです。その中で、岩場を登ったり降りたり、高さ数mから滝つぼへとジャンプしたり、深い場所では潜水をしたり、滝をくぐって裏側をのぞいてみたり、天然のウォータースライダーを滑ったり、天然のプールでプカプカと浮いたり泳いだり……。頭から足まで、全身びっしょりと濡れながらも、そこには満面の笑顔が広がります。

自然の川に存在する数々の難所を乗り越えてゴールを目指す「川の冒険」キャニオニングをおもいっきり楽しみましょう。

SAMPLE PLAN
KIDS ADVENTURE 21 "CANYONING"

「キャニオニング/体験例」

9:30　受付
これから訪れる川の地形を知り尽くしたガイドさんの案内で、受付や着替えを行います。準備ができたら車に乗って出発します。

10:15　ツアーの安全講習
川を歩く際のヒントや注意事項、ロープの使い方を習います。川には危険がいっぱいなので、ガイドさんの案内をきちんと聞きましょう。

10:45　キャニオニングスタート
いきなり難所が待ち受けています。勇気を出して飛び込む場所や流れが急な所など、みんなで少しずつ進んでいきます。

11:00　水中観察
水深が深い所で、ゴーグルを付けて水中観察してみましょう。もしかしたら、川に住む生物たちに出会えるかも。

11:30　ウォータースライダー
水量によっては、天然のウォータースライダーを楽しめます。ライフジャケットを着ているので、安心して挑戦できます。

11:45　ゴール
ワクワク、ドキドキが続いた川の冒険も終わりです。
この場を離れるのはちょっぴり寂しいけど、車で受付の場所に移動します。

12:15　終了
受付の建物に着いたら、着替えをして、解散になります。

協力:＜Creek Sound＞　creeksound.com

ADVENTURE INFORMATION

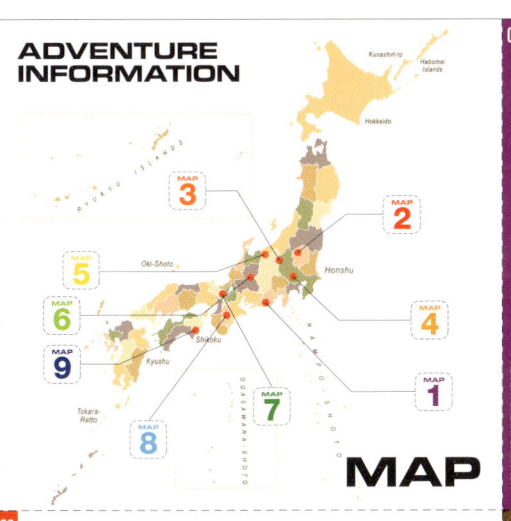

MAP

ADVENTURE INFORMATION: 01 — MAP 1
静岡県
※小学生以下は保護者同伴が条件

Creek Sound
小さな子どもからできる「るんるんコース・半日」の他、「どきどきコース・1日」、「うきうきコース・半日」などのキャニオニングツアーを開催しています。「るんるんコース・半日」では岩の上からジャンプしたり、天然のウォータースライダーを滑ったりと、子どもから大人まで笑顔になれる水遊びを体験できます。

- 料金：『キャニオニング るんるんコース・半日』大人¥6,500（税込）、小学生以下¥5,500（税込）
- 対象年齢：小学生〜
- 所要時間：約2時間45分
- 静岡県磐田市平松396-6
- TEL 0539-62-1772／090-4233-3466
- URL creeksound.com

ADVENTURE INFORMATION: 02 — MAP 2
栃木県
※小学生以下は保護者同伴が条件

eラフティング
キャニオニングは「ベーシック」、「ミドル」、「チャレンジ」、「アドバンス」と、様々なコースが用意されています。小さな子どもから楽しめる「ベーシック」でも、大人も十分楽しめる要素が満載で、ウォータースライダーも体験できます。また、ラフティングも催行しているので同日に合わせて参加することも可能です。

- 料金：『キャニオニング・ベーシックコース』中学生以上¥7,700（税込）、小学生以下¥6,200（税込）、別途保険料500円/人
- 対象年齢：4歳〜
- 所要時間：約3時間
- 栃木県日光市鬼怒川温泉大原1416-1
- TEL 050-1378-7920／090-6518-9647
- URL www.edoguard.jp

ADVENTURE INFORMATION: 03 — MAP 3
群馬県
※小学生以下は保護者同伴が条件

Top Minakami
キャニオニングは半日コースや1日コースの他、上級コースも設定されています。キャニオニングに加えバーベキューやバンガローの宿泊がセットになったツアーや半日キャニオニングと合わせてラフティングやカヌーなどを楽しむ1日コースなど多彩な選択肢から選ぶことができます。

- 料金：『キャニオニング半日』大人¥7,500+税 小学生¥5,500+税
- 対象年齢：小学生〜
- 所要時間：約3時間
- 群馬県利根郡みなかみ町綱子170-1
- TEL 0278-72-5086
- URL www.topminakami.com

ADVENTURE INFORMATION: 04 — MAP 4
東京都
※中学3年生までは保護者同伴が条件
※各種割引あり、詳細は要問い合わせ

多摩川ラフティングwinds
「東京」とは思えないほど、豊かな自然を誇る奥多摩。都心から90分という近さも自慢のひとつです。そこには、子どもから大人まで本気で遊べる遊びが満載。シャワークライミング（沢登り）と共に、御岳渓谷をくだるラフティングや2人乗りのゴムボートで川をくだるダッキーなどのプログラムも提供しています。

- 料金：『シャワークライミング』大人¥6,800（税込）子ども¥4,800（税込）
- 対象年齢：小学1年生〜
- 所要時間：約2時間
- 東京都青梅市柚木町2-411-1
- TEL 0428-85-9210
- URL winds-rafting.jp

Canyoning 185

05

ADVENTURE INFORMATION: 05
長野県
MAP 5
※小学生は保護者同伴が条件

小谷アウトドアクラブ

北アルプスに端を発する清流で「シャワークライミング」を体験できます。小さな子どもも楽しめる初心者向けのコースでは、川を歩く練習から始め、滝つぼにジャンプしたり、滝を登ったり、天然のすべり台を滑ったりなどができます。更に上流へ、渓谷最大の滝つぼを目指す「チャレンジコース」もあります。

- 料金：『シャワークライミング』¥6,000(税込)
- 対象年齢：小学生〜
- 所要時間：約3時間
- 住：長野県北安曇野郡小谷村白馬乗鞍高原4169
- TEL：090-3312-1069
- URL：http://www.valley.ne.jp/~seisadao/otariodc

06

ADVENTURE INFORMATION: 06
岐阜県
MAP 6
※小学生は保護者同伴が条件

マウンテンライフ飛騨

清流に恵まれた南飛騨地域で、さらに澄んだ水を求め源流域を訪れます。参加者の体力や技術に適したフィールドを選択し、子どもからご年配の方まで楽しめます。ジップラインなどのアスレチックが楽しめる「森のニンジャ」や外国人スタッフと遊ぶ「プチ留学」も企画しています。

- 料金：『沢登り』大人¥6,000(税込) 高校生以下¥5,000(税込)
- 対象年齢：120cm〜
- 所要時間：約3時間
- 住：岐阜県下呂市馬瀬西村1450
- TEL：050-3579-5871
- URL：www.mt-life-hida.com

07

ADVENTURE INFORMATION: 07
滋賀県
MAP 7
※小学生以下は保護者同伴が条件

自然派企画

滋賀県を舞台にキャニオニングを楽しめる「明王谷コース」では、小さな滝や天然のプール、水深3mでの潜水などを楽しめます。自由参加ですが高さ6mから飛び込みできる場所も。他にも三重県や奈良県、兵庫県などでも小学1年生から参加できるキャニオニングツアーを催行しています。

- 料金：『明王谷コース』¥5,000+税
- 対象年齢：小学生〜
- 所要時間：約4時間
- 住：京都府京都市北区小山元町55
- TEL：075-492-1798
- URL：www.shizenha.sakura.ne.jp

08

ADVENTURE INFORMATION: 08
奈良県
MAP 8
※小学生以下は保護者同伴が条件

自然派企画

奈良県の渓谷を舞台にする「天川コース」では、次から次へと出現する天然のウォータースライダーを滑ることができます。ゴールとなるウォータースライダーでは、何度も滑ったりお弁当を食べることも可能です。キャニオニングの他、ラフティングやケイビングも体験することが可能です。

- 料金：『天川コース』¥10,000+税
- 対象年齢：小学生〜
- 所要時間：約3時間
- 住：京都府京都市北区小山元町55
- TEL：075-492-1798
- URL：www.shizenha.sakura.ne.jp

09

ADVENTURE INFORMATION: 09
徳島県
MAP 9
※保護者同伴が条件

むぎ青空プロジェクト

徳島県南部の豊かな自然を舞台にシャワークライミングをはじめ、SUPやカヌーなど様々な体験型プログラムを提供しているむぎ青空プロジェクト。シャワークライミングでは、牟岐町の喜来の滝をゆく3時間コースに加え、がっつり楽しみたい方向けに海陽町の轟の滝をゆく4時間コースもあります。

- 料金：『初心者コース【3時間コース】』大人¥5,000+税 中学生以下¥4,500+税
- 対象年齢：小学2年生〜
- 所要時間：約3時間
- 住：徳島県海部郡牟岐町中村字本村260-1
- TEL：0884-70-1301
- URL：map-tokushima.jp

186　Kids Adventure:21

世界の「キャニオニング」の旅

スイス/Switzerland

「アルプスから流れる美しい水と共に、渓谷を下る旅」

スイスは、「ヨーロッパの屋根」と呼ばれるアルプス山脈の観光に最適な国です。アルプス三大名峰を筆頭に4,000mを超える山々が連なり、その凛とした佇まいを一目見るために世界中から観光客が訪れています。物語『アルプスの少女ハイジ』の舞台として知られる高原地帯をハイキングしたり、絶景が広がる展望台を登山列車で目指したり、清々しい空気の中でスイスの大自然を満喫することができるのです。そのような素晴らしい環境の中で楽しめるアクティビティのひとつがキャニオニングです。起点となる街、インターラーケンの近郊に位置する、大きな岩肌が迫る峡谷に流れる川で体験できます。狭い岩山の間をロープを使って懸垂下降したり、数mの高さから川へと飛び込んだり、アドレナリンが湧き出る刺激的なキャニオニングに挑戦できます。3時間程度の初心者コースから中級、上級コースまで揃っているので体力に合わせて選択が可能です。

旅の予算 HOW MUCH? 大人1名分の総予算 20万円〜 ※現地予算は本書プラン例、個人手配時の目安料金
※飛行機代、現地ツアー代、食事含む、燃油サーチャージ除く

4泊6日のプラン例 TRAVEL PLAN
1、2日目: 成田発〜チューリッヒ着、インターラーケンに移動
3、4日目: キャニオニングツアー、ユングフラウ観光
5、6日目: チューリッヒに移動、チューリッヒ発〜成田着

この旅の相談、手配先 ARRANGING THE TRIP [ALPIN RAFT] alpinraft.ch

冒険
KIDS ADVENTURE 22

人生観を変えてしまうほどの、水中冒険へ！

SCUBA DIVING
"スキューバダイビング"

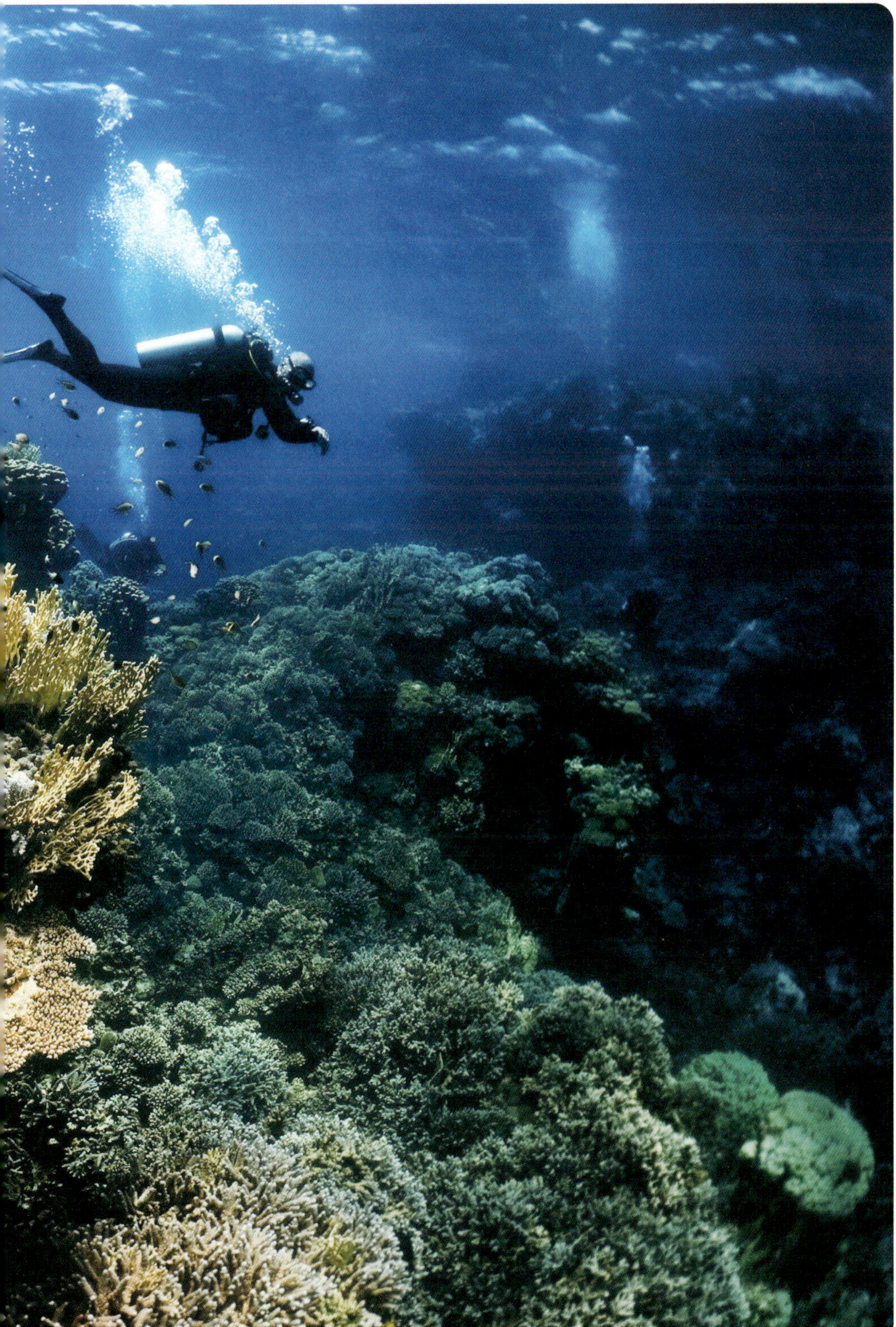

490 Kids Adventure

Kids Adventure
22
"SCUBA DIVING"

「人生観を変えてしまうほどの、水中冒険へ」

スキューバダイビングとは、空気を詰めたタンクを背負って、水中で呼吸をしながらダイビング（潜水）をする冒険のことです。ちなみに、『スキューバ（SCUBA）』は、Self‐Contained Underwater Breathing Apparatus（自給気式潜水器）の頭文字を取ったものです。
普段、陸上で呼吸をして生きている私たち人間が、水中で呼吸をしながら、海へと潜っていく。そこには、日常では絶対に味わえない体験が待っています。スキューバダイビングを始めた人たちは、「人生感が変わった」と言うほどです。

「海に潜るなんて、恐い」という人もいると思いますが、実は、海中にはなんとも言えない安心感があり、心地良い空間が広がっているのです。伝説のダイバー、ジャック・マイヨールは言いました。「地球上の生命はみんな海から生まれた。地球がすべての生物の母であるとすれば、海はその子宮である」と。海水の成分は、お母さんのお腹の中の羊水に近いとも言われています。雑音のない母なる海に抱かれる……海中は、お腹の中にいるような安心感に似ているのかもしれません。

そしてやっぱり、水中に広がる素晴らしい景色も大きな魅力です。あたりまえですが、海中は人間が作り出したものなど何もない空間です。自然が作り出した水中地形を眺めたり、色鮮やかな魚たちに囲まれたり、野生のイルカやマンタに出会ったり、海底洞窟に降り注ぐ青い光に包まれたり、サンゴ礁の森を越えるように泳いだり……水中に広がるそれらの景色に、きっと何度も息をのむことでしょう。

どこまでも広がる海へ、不思議な浮遊感に包まれながら、舞うように潜っていきましょう。そこに広がるのはまさに別世界。陸上にはない驚きや感動、幻想的な景色に出会えるはずです。
さぁ、人生観を変えてしまうほどの、水中の冒険へ。

SAMPLE PLAN
KIDS ADVENTURE 22 "SCUBA DIVING"

「スキューバダイビング／体験例」

10:00　店舗受付に集合
沖縄・青の洞窟近くの港の正面にある店舗に集合します。

●着替え
貴重品、荷物をお店に預け、レンタルのウエットスーツに着替え、港へ出発します。を着ます。ウエットスーツは、小さいサイズ、大きいサイズもあります。

10:30　海へ移動、ボートで青の洞窟近くのポイントへ
港へ移動したら、ボートに乗り込み、青の洞窟へ向かいます。船酔いしやすい人でも安心して参加できます。港から青の洞窟かでは5分ほどですぐ着きますので、

●ポイントに到着、器材を着けて海へ
ボートの上でダイビング器材を実際に使いながらの説明を受け、器材を装着したら、ゆっくりと海に入ります。たくさんの魚を見ながら、青の洞窟へ向けて出発です。水深の浅い場所で、呼吸や耳抜きの練習をします。マスターできたら、青の洞窟体験ダイビングスタートです。

●青の洞窟へ
専属のインストラクターと一緒に、青の洞窟へ。洞窟内は最初は少しだけくらく感じますが、だんだんと目が慣れてくると、神秘の青さに驚くはずです。クマノミをはじめとした沖縄ならではのカラフルな魚と一緒に遊ぶことができます。水中魚の餌付けもできるので、写真もスタッフが無料で撮影してくれます。

11:30　プログラム終了
存分にダイビングを楽しんだら、ボートの乗って港に戻り、店舗へ。お店でシャワーを浴びて、着替えましょう。現地集合のダイビングとは違い、レンタカーが濡れる心配もなく、そのまま観光や食事を楽しむことができます。

協力：＜沖縄 青の洞窟体験ダイビング『ブルーオーシャン』＞　blue-cave.com

ADVENTURE INFORMATION

ADVENTURE INFORMATION: 01 — MAP 1
沖縄県
※料金は税込・ネット予約割の金額です。

沖縄 青の洞窟体験ダイビング『ブルーオーシャン』
沖縄県恩納村の真栄田岬にある神秘の洞窟『青の洞窟』に専用ボートを使ってわずか数分で行くことができます。ツアーは1組限定で行われ、専属のインストラクターが案内してくれます。3歳から参加できる「青の洞窟キッズシュノーケルコース」なども楽しめます。

- 料金:『青の洞窟体験ダイビング』¥8,000
- 対象年齢:10歳〜
- 所要時間:約2時間
- (集合場所):沖縄県恩納村前兼久59番地
- TEL 098-965-1888(予約専用携帯 080-9101-7677)
- URL blue-cave.com

ADVENTURE INFORMATION: 02 — MAP 2
北海道
※クリアカヤックやスノーシューもあり

オーシャンデイズ
北海道屈指の大自然を眺めることができる支笏湖でファンダイビング。水質日本一に選ばれる透明度の高い湖の中で、まるで空を飛んでいるかのような、浮遊感たっぷりのダイビングを楽しめます。また、6歳から体験できる、積丹ブルーに包まれる青の洞窟シュノーケリングツアーも実施しています。

- 料金:『支笏湖体験ダイビング』¥12,000(税込)
- 対象年齢:中学生以上
- 所要時間:約2〜3時間
- 住 北海道千歳市支笏湖温泉92番
- TEL 080-6073-8600
- URL www.ocean-days.com

ADVENTURE INFORMATION: 03 — MAP 3
神奈川県
※10歳以下の子どもが体験を希望する場合は要相談

湘南DIVE.com
湘南DIVE.comは鎌倉・逗子・葉山・西湘・真鶴の海を中心にダイビングサービスを提供するスクールであり旅行会社でもあります。相談をしながらそれぞれの希望にあったプランを決めるオーダーメイド体験ダイビングを楽しめます。完全マンツーマンか、1グループのプライベートツアーであることも魅力です。

- 料金:『体験ダイビング(半日)』¥8,980(税込)〜
- 対象年齢:10歳以上(浅場に限り8歳から)
- 所要時間:約3時間
- 住 神奈川県鎌倉市七里ガ浜東2-7-20-106
- TEL 0120-560-777
- URL www.shonandive.com

Scuba diving 193

ADVENTURE INFORMATION: 04
静岡県
MAP 4

Keep Smiling!

伊豆高原・城ヶ崎エリアを中心にダイビングとスノーケリングのプログラムを開催しています。体験ダイビングは10歳以上からですが、8〜9歳の子供用のプール、または浅い海を利用したプログラムもあります。また、3歳くらいからでも参加できる体験スノーケリングコースもあります。

- 料金:『体験ダイビング』¥12,900(税込)
- 対象年齢: 8歳以上
- 所要時間: 約4時間
- 静岡県伊東市富戸842-229
- 0557-51-6888
- www.geocities.jp/keepsmilingizu

ADVENTURE INFORMATION: 05
長崎県
MAP 5

アクアフェイスダイビングスクール

長崎周辺のゲレンデでダイビングを体験できます。「あまり泳ぎが得意でないがダイビングに憧れている」という人や「海の中の景色が見てみたい」という人に、水中撮影が大好きなオーナーが懇切丁寧に指導してくれます。8歳から安心してダイビングが体験可能。長崎の美しい海や魚たちの魅力が満喫できます。

- 料金:『体験ダイビング』¥10,000+税
- 対象年齢: 8歳〜
- 所要時間: 約2時間
- 長崎県佐世保市木風町2-10
- 0956-88-8650
- www.aquafaith.com

ADVENTURE INFORMATION: 06
鹿児島県
MAP 6

シードリーム沖永良部

沖永良部島唯一のPADI認定ダイビングリゾート。地元出身オーナーがその日一番のコンディションの海へ案内してくれます。潜る深さは9m以内の穏やかな海での体験ダイビングは、8歳から体験可能で、ウミガメなどの様々な海の生物に出会えることも。ケイビングプログラムもあります。

- 料金:『体験ダイビング 1DIVE』¥12,500+税
- 対象年齢: 8歳〜
- 所要時間: 約3時間30分
- 鹿児島県大島郡知名町下城1132-1
- 0997-93-3395
- www.okierabu.net

ADVENTURE INFORMATION: 07
沖縄県
MAP 7

イエローサブマリンスタジオ

最北端の平久保エリアから、米原、川平のマンタポイントまで、広範囲に渡って、その時一番旬の海を案内してくれます。生態に詳しい船長から海の不思議を聞き、時には無人ビーチに上陸して釣りや貝殻探し。夜には天の川、そしてホタルに出会えることも。オーナーの娘さんは3歳からマンタにも会っているそうです。

- 料金:『体験ダイビングコース(半日)』大人¥11,000+税 子ども¥9,000+税
- 対象年齢: 5歳〜
- 所要時間: 約3時間
- 沖縄県石垣市伊原間2-390
- 0980-89-2240
- www.ys-ds.com

194 Kids Adventure:22

世界の「ダイビング」の旅

メキシコ/Mexico

「神々しい光が射し込む地底湖で、光のカーテンに包まれる旅」

メキシコ東部から、メキシコ湾とカリブ海を隔てるように突き出しているユカタン半島。そこには、緑色や青色の美しい水を湛えた泉「セノーテ」が幾つもあります。その中のひとつ、ユカタン半島で最も美しいと言われるのが『グラン・セノーテ』。ジャングルの中に突如として開いた穴に、透明度100m以上とも言われる美しい水を湛えている泉です。ウェットスーツに身を包み水中へと旅立てば、強烈に射し込む光によって生み出された神々しい世界に身を置くことができます。ダイビングライセンスを所持していない人でもシュノーケリングで楽しむことができます。しかし、ダイビングでしか行けない奥深い場所もたくさんあるので、可能であればライセンスを取得してから訪れたい場所です。まるで旅人を祝福してくれているような"光のカーテン"が舞う水中世界。静寂に包まれた地底湖に潜り、絶景の中を泳いでみましょう。

旅の予算 HOW MUCH? 大人1名分の総予算 17万円〜 ※旅の予算は本書プラン例の目安料金です。
※飛行機代、宿泊費、現地送迎、食事(昼1回)、2・3日目のツアー代、セノーテ入園料、ウェットスーツレンタル代含む、燃油サーチャージ除く

3泊5日のプラン例
1日目：成田発〜ダラス乗り継ぎ〜カンクン着
2、3日目：セノーテ、コスメル島観光
4、5日目：カンクン発〜ダラス乗り継ぎ〜成田着

この旅の相談、手配先 ARRANGING THE TRIP [Queen Angel] www.queenangel.com

Scuba diving 195

冒険 23
KIDS ADVENTURE

誰もいない別世界、無人島に上陸しよう！

UNINHABITED ISLAND
"無人島"

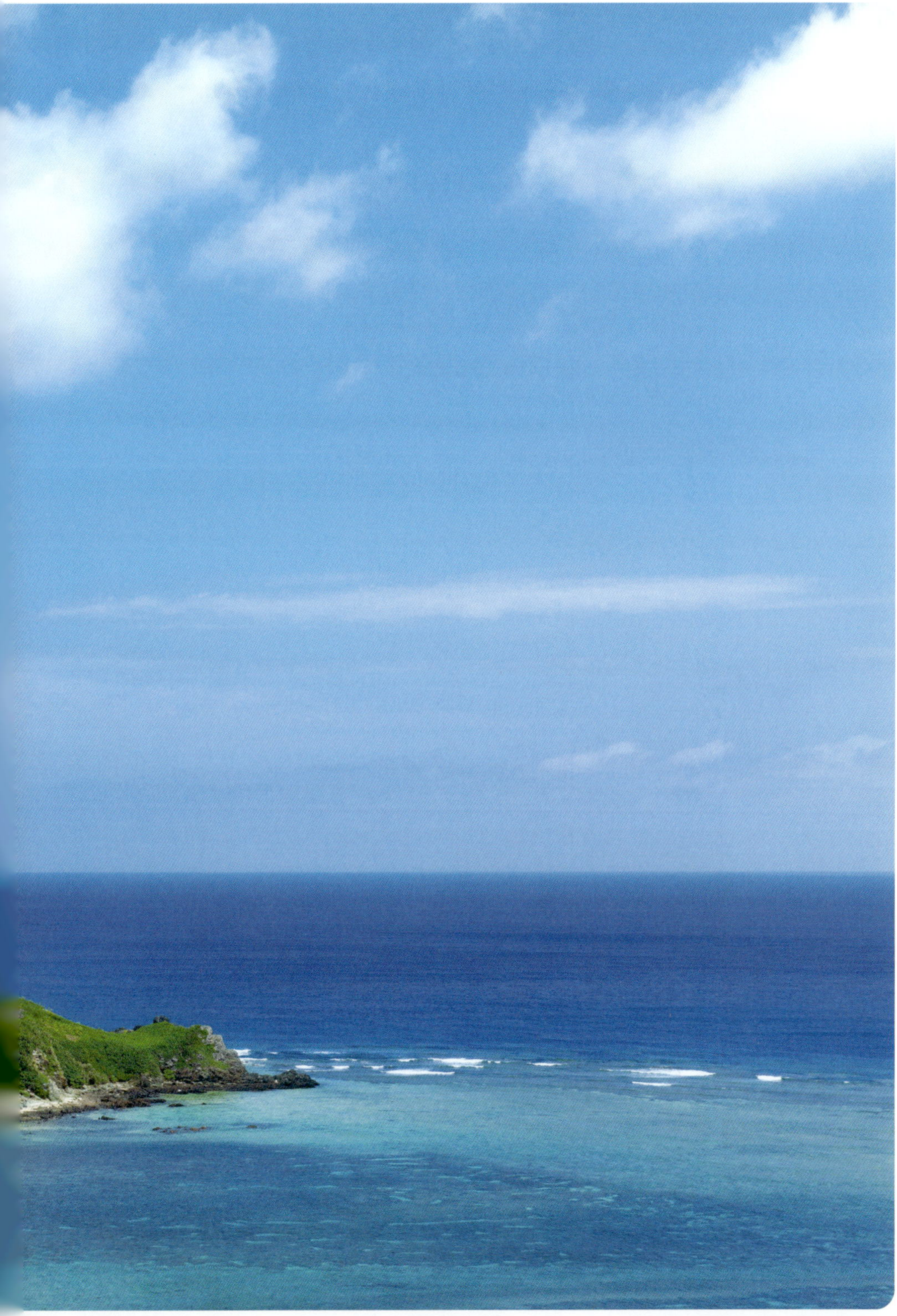

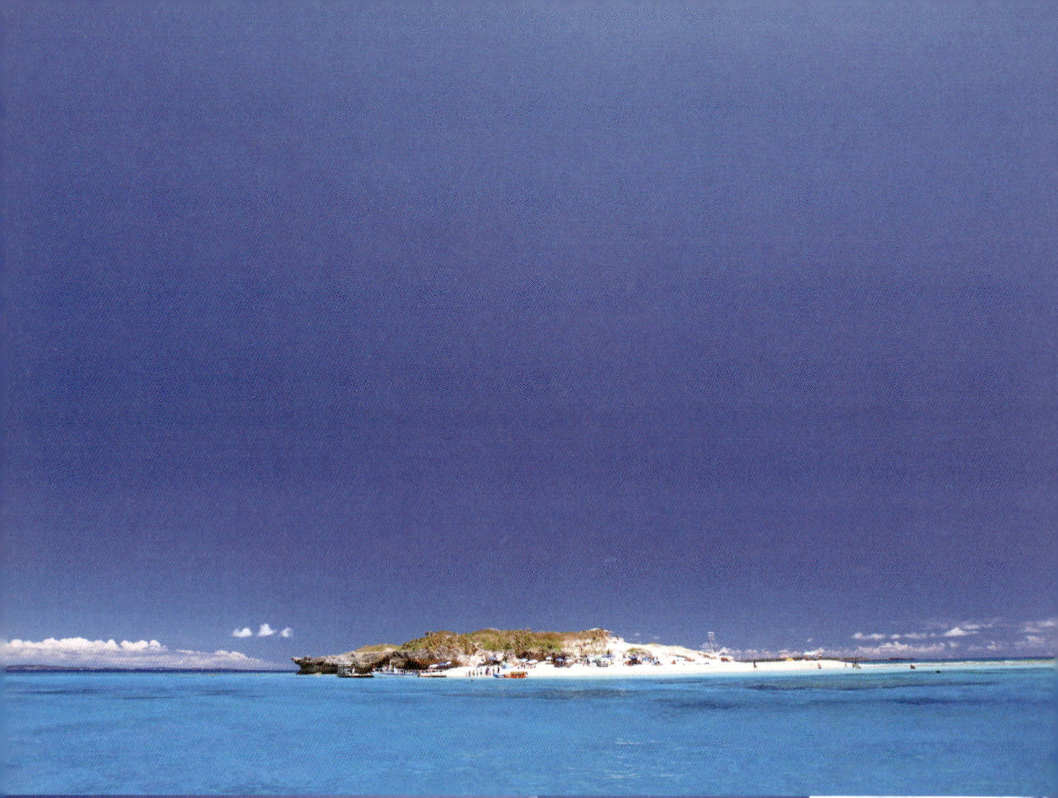
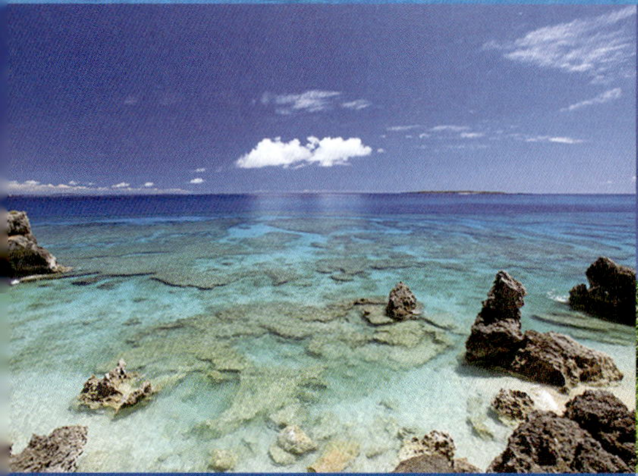
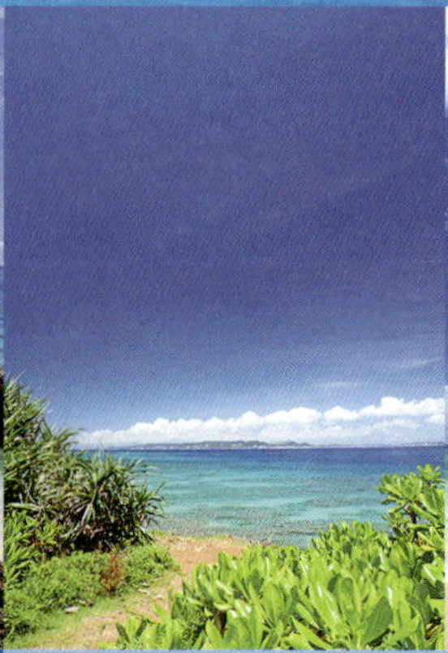
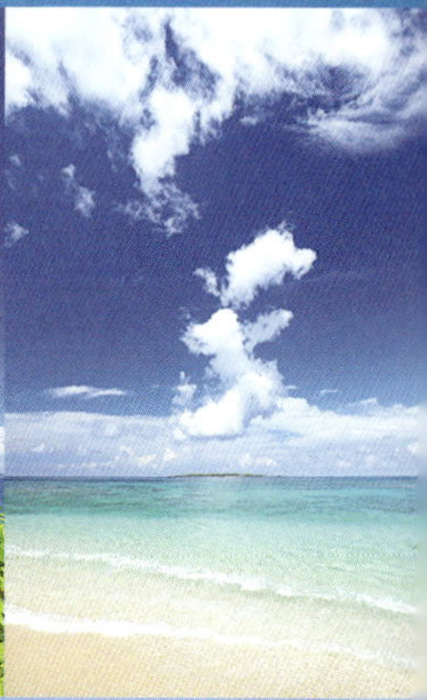
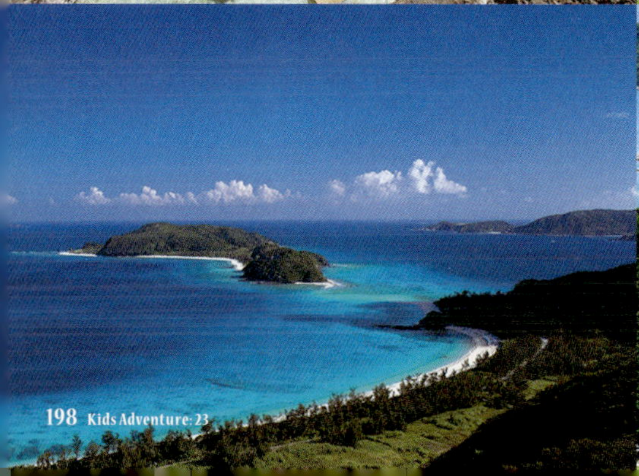
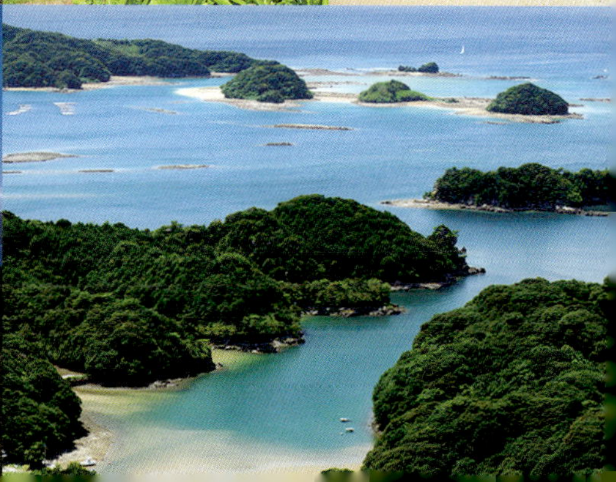

Kids Adventure
23
"UNINHABITED ISLAND"

「誰もいない別世界、無人島に上陸しよう！」

誰ひとり住んでいない島で、貸し切りのビーチに寝転ぶ。
何もせずのんびりと海と空を眺め、西の海に沈む夕陽に頬を染める。
夜になれば、星空を見上げながら、波の音を聞く……。
そこは、本土から切り離された別世界、無人島。
ゆっくりと流れる時間は、もはや別次元です。

「さぁ、無人島に上陸してみよう！」

なんて冒険心をくすぐる言葉でしょう。日本には、海岸線の長さが100m以上ある島が6,852個もあります。そのうち人が住んでいるものは僅か400にしか過ぎません。圧倒的に無人島の方が多いのです。
しかし、それらのどの島にも所有者が存在するので、自由に上陸していいということではありません。事前に了承をもらい、船をチャーターするなどのステップが必要になります。いきなりそれは難しいかもしれませんので、ここでは、ツアーなどで比較的簡単に上陸できる島を紹介します。水と、ナイフと、マッチと、魚を採るアミだけを持って、無人島にひとり……といった本格的なサバイバルではありませんが、まずは無人島の魅力に触れてみるところから始めてみましょう。

いざ無人島に上陸すれば、そこには一緒に訪れた人以外は誰もいません。だからこそ手つかずの自然が残っていて美しいのです。しかし、それと同時に不便に感じることも多いでしょう。でもそれこそが無人島の証。いかに恵まれた環境で日々を過ごしているのかを、再確認することができる良い機会になるはずです。

様々なことが制限される環境に日々の恩恵を再確認しながらも、同時に「自由」を感じることができる無人島へ渡る旅は、きっとみんなの冒険心を満たしてくれるはずです。

SAMPLE PLAN
KIDS ADVENTURE:23 UNINHABITED ISLAND
「無人島／体験例」

7:30　集合
那覇市三重城(みえぐすく)港内の待合所に集合します。受付をして揃い次第8:00までに出港。

8:00　無人島へ向けて出港
高速クルーザーに乗り込み慶良間諸島へ向けて出港します。

8:40　無人島へ到着
約40分で、渡嘉敷島の東北に浮かぶ島々の一角にある無人島(中島)、シータトルズアイランド(ウミガメの形をした島)に到着します。

●無人島上陸
無人島に上陸を希望する方はバナナボートにて上陸します。人の手が入っていない天然のビーチを心ゆくまで満喫できます。

●マリンスポーツ
クルーザー周辺では、「パラセーリング」、「ニモに出会えるシュノーケリンツアー」、「体験ダイビング」など様々なマリンスポーツを楽しむことができます(オプション)。アクティブに過ごしたい人は、いろいろなものに挑戦してみましょう。

12:00　港へ向けて出発
それぞれのスタイルで思いっきり楽しんだら、クルーザーに乗って無人島を出発します。

12:00　帰港、終了
那覇へ帰港後、解散となります。お疲れ様でした。

協力:＜リーファーズ＞　www.reeffers.com

ADVENTURE INFORMATION

MAP

ADVENTURE INFORMATION: 01 — MAP 1

沖縄県

※小学生以下は保護者同伴が条件、中学生は受付の際に保護者が必要

リーファーズ

世界でも有数の透明度と珊瑚礁に恵まれた海に囲まれた国立公園でもある慶良間(ケラマ)諸島の日帰りツアー専門店。無人島ツアーでは、海水浴を楽しんだり、マリンスポーツでアクティブに過ごすなど、それぞれのスタイルで過ごすことができます。

- 料金：『慶良間諸島・半日無人島ツアー』大人¥4,300+税、子ども(11歳以下)¥3,300
- 対象年齢：全年齢
- 所要時間：約5時間30分
- 住：沖縄県那覇市西1-21-6
- TEL：098-862-3496
- URL：www.reeffers.com

ADVENTURE INFORMATION: 02 — MAP 2

東京都

Take Nature Academy

リクエストや島のコンディションに合わせたツアーを案内してくれます。無人島上陸ツアーの舞台は、父島の南西に浮かぶ「南島」。天然記念物のオカヤドカリや絶滅危惧種の貴重な植物が生息していたり、海鳥達の繁殖場所やアオウミガメの産卵場所にもなっています。

- 料金：『南島上陸(半日コース)』¥6,600+税
- 対象年齢：全年齢、子どもは保護者同伴が条件
- 所要時間：約3時間30分
- 住：東京都小笠原村父島字東町
- TEL：04998-2-3305
- URL：take-na.com

ADVENTURE INFORMATION: 03 — MAP 3

静岡県

※小学生以下は原則保護者同伴

AQUA VILLAGE

西伊豆の海にある、一日一組限定の完全貸切プライベートキャンプ場。目の前は多様な魚が生息するコバルトブルーの海。背後には近づく人を拒む、切り立った山。船でしか近づけないこの陸の孤島には、大自然以外に何もありません。『島』ではありませんが、無人島そのものの気分を楽しめます。

- 『AQUA VILLAGE』大人(4名以上から)¥15,000+税 2日間、子ども(小学生)¥7,500+税/2日間
- 対象年齢：年齢制限なし
- 所要日数：1泊2日～
- 住：静岡県下田市3-13-11 Matthew's Square 2F(オフィス)
- TEL：0558-25-1060
- URL：villageinc.jp/aqua

ADVENTURE INFORMATION: 04 — MAP 4

愛媛県

※子どもは保護者同伴が条件

津波島

瀬戸内海に浮かぶ、自然いっぱいの小さな無人島。魚釣り、磯遊び、海水浴、昆虫採集などアウトドア派にはたまらないフィールドです。民宿よし正の渡船(往復大人1,500円・子ども750円)を利用して島に渡ります。日帰りも可能ですが、ログハウスまたはテントで宿泊することができます。

- 料金：『無人島体験プラン』施設使用料(1人)日帰り¥350 宿泊¥700、テント1張1泊：¥500、ログハウス宿泊(大人4名まで)：1泊1棟5,000(税込)
- 対象年齢：全年齢
- 住：愛媛県越智郡上島町岩城1540(民宿よし正)
- TEL：0120-37-4403
- URL：www.yoshimasa.jp/plan/404.html

ADVENTURE INFORMATION: 05 — MAP 5

広島県

※子どもは保護者同伴が条件
※人数・料金は要相談

広島・大黒神島『大黒神島本舗』

広島県江田島市沖美町に属する瀬戸内海最大、全国でも4番目の大きさの無人島です。夏には無人島サバイバル体験を楽しもうとチャーター船で上陸する人も多数。大黒神島本舗では、遊魚(渡船)・フィッシングクルーズなどを行っていて、サバイバルキャンプの相談にも乗ってもらえます。

- 『キャンプ・海水浴プラン』キャンプ¥3500円/1人(3人以上)+送迎5,000円
- 所要時間：海水浴は半日～、キャンプは1泊～ ※要相談
- 対象年齢：全年齢
- 住：広島県江田島市美町鹿川3822-1
- TEL：0823-40-2667/090-6904-0019
- URL：www.ookurokamisima-honpo.com

Uninhabited island 201

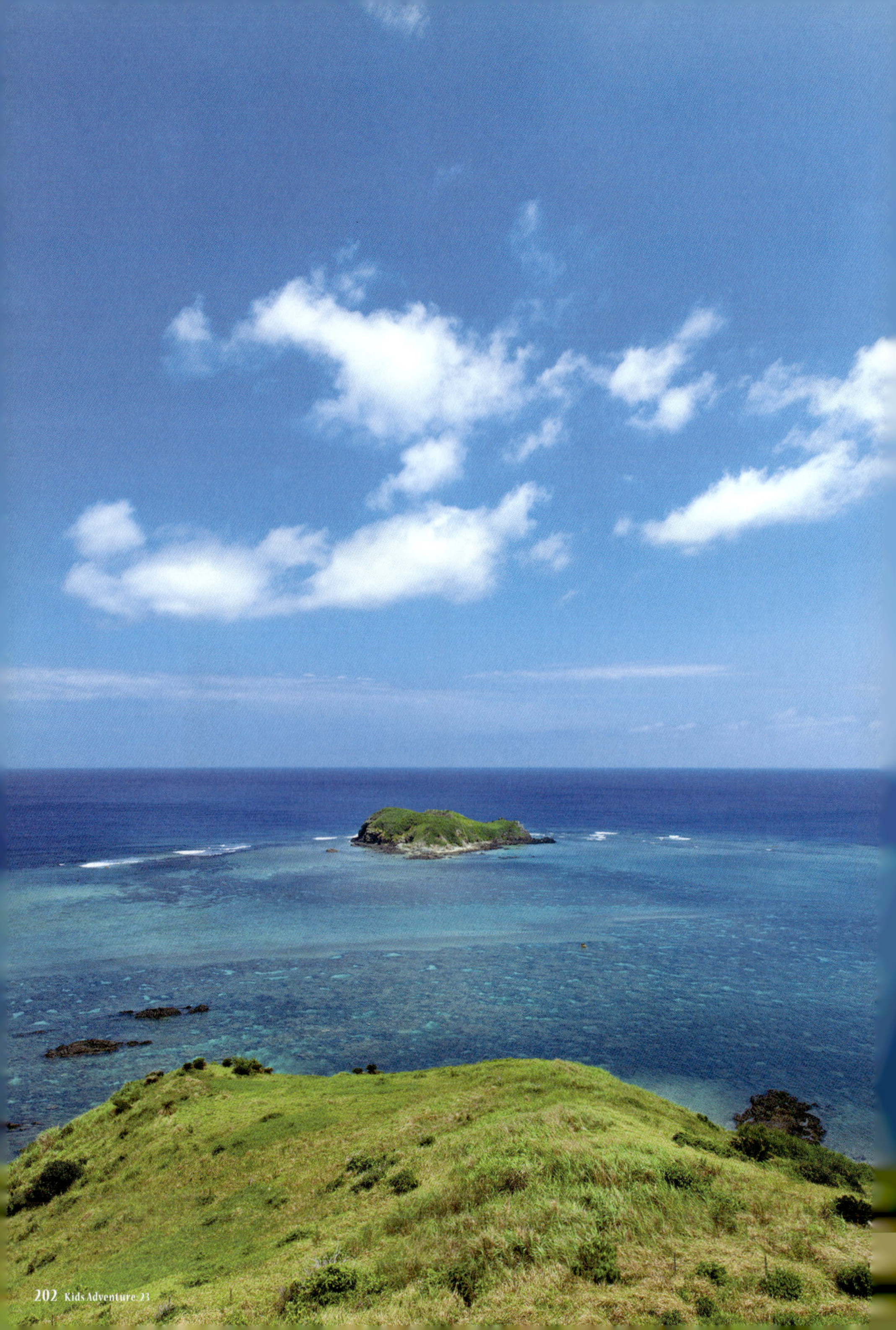

世界の「無人島」の旅

ミクロネシア/Micronesia

「野生のイルカと月と虹のファンタジーアイランド」

グアムから飛行機でわずか1時間半。ミクロネシアのトラック環礁にポッカリと浮かぶ小島。"ジープ島"と名付けられたその島の周囲はハウスリーフと呼ばれる枝サンゴの群落があり、海洋生物たちのオアシスとなっています。バンドウイルカの通り道でもあるため、海を泳げばイルカとの出逢えることも！　また、360度すべてが海で視界が広く、さらにスコールが頻繁に発生することから、虹を見られる機会が非常に多く、「世界一の虹の島」と称されています。二重にかかるダブルレインボーは当たり前、奇跡のトリプルレインボー、さらに夜になれば月の光で生み出されるナイトレインボーを見られることもあるほど。
ジープ島には最大13人まで宿泊可能なコテージがあります。朝陽が昇ると共に起床し、海を眺め、海で遊び、木陰に吊したハンモックで昼寝し、食事を堪能し、そして満天の星空に抱かれ眠る……。コバルトブルーの海にぽっかり浮かぶ、真っ白いビーチに11本の椰子がそびえる小さな無人島で、「何もない贅沢」を体感しよう。

旅の予算 HOW MUCH?　大人1名分の総予算　15万円〜　※現地予算は本書プラン例、個人手配時の目安料金
※飛行機代、現地送迎、宿泊費、食事（朝3回、昼3回、夕3回）含む、燃油サーチャージ除く

TRAVEL PLAN　4泊5日のプラン例
1日目：成田発〜グアム乗り継ぎ〜チューク（ウエノ島）着【ウエノ島泊】
2日目〜5日目：ジープ島滞在
5日目：ジープ島発〜チューク（ウエノ島）〜グアム乗り継ぎ〜成田着

この旅の相談、手配先 ARRANGING THE TRIP　[PLAY THE EARTH]　www.play-the-earth.com

私たちは、美しくて、魅力的で、冒険に満ちた素晴らしい世界に住んでいる。
目を開いて探していれば、私たちの物語に終わりはない。

ジャワハルラール・ネルー（インド・初代首相）

We live in a wonderful world that is full of beauty, charm and adventure.
There is no end to the adventures that we can have if only we seek them
with our eyes open.

--- Jawaharlal Nehru ---

【協力一覧】（敬省略、掲載順）

構成協力、写真提供：

自然体験倶楽部、まるごと御蔵島ツアー、Take Nature Academy、DIVE KIDS、ポパイズハウス、ドルフィン・ベイス、淡路じゃのひれアウトドアリゾート、日本ドルフィンセンター、室戸ドルフィンセンター、うみたま体験パーク つくみイルカ島、もとぶ元気村、PLAY THE EARTH、ODSS、洞窟マン、ジャグスポーツ、カントリーレイクシステムズ、大佐山オートキャンプ場、ハートランド平尾台株式会社、沖永良部島ケイビングガイド連盟、GUIDE-YA-SAN（ガイド屋さん）、ジスコ・ポルネオ旅行社、ぴわ湖バレイ、スプリングバレー泉高原スキー場、水上高原フォレストジップライン、ターザニア（生命の森リゾート内）、湯沢高原パノラマパーク／アルプの里、ジップラインアドベンチャー立山、斑尾高原ホテル・斑尾高原スキー場、花の駅ひるがの高原 コキアパーク、淡路ワールドパーク ONOKORO、ユートピアサイオト、ism、Sweet Grass、Sunbu farm、おだぎりガーデン、Santa Hills、ホウリーウッズ久留米キャンプ村、茅ヶ崎市 市民の森、風蘭の館、Beach Rock Village、フィンツアー、MUSHING WORKS、北海道アドベンチャーツアーズ、NPO法人どんころ野外学校、水上高原リゾート、GRAND VOLEE、スカイブルー 八方尾根パラグライダースクール、アサギリ高原パラグライダースクール、スカイトライ、ア・ロールアウト パラグライダースクール、ゼロパラグライダースクール、パラフィールド火の鳥、葉山セーリングカレッジ、びわ湖港マリーナ、セイラビリティ江の島、ピーウイングス・セイリングクラブ、山中湖ヨットハーバー、津ヨットハーバー、BSCウォータースポーツセンター、CHART HOUSE、Wind Valley Sailing School、気球屋、富良野ネイチャー倶楽部、摩周気船、BALLOON COMPANY、安曇野気船、道祖神、PADDY FIELD、どさんこトレッキング、ホーストレッキングファーム三浦海岸、浅間トレッキング、スエトシ牧場、関西京都府乗馬クラブ 丹波ホースパーク、ハーモニーファーム淡路、夢☆大地グリーンバレー、波ん馬、Explore!地球探検隊、NATURAL GROOVE、Top Minakami、CRUSOE RAFTING、SUNBURST ADVENTURES、Creek Sound、RUN ABOUT、エバーグリーン、ビッグスマイルラフティング、ZERO GRAVITY、CHANNEL SQUARE、Rockyボルダリングジム、PEKID'S、Climbing Gym Bigrock、ヤマノボ、HAIしろくまツアーズ、FIELD ADVENTURE、クライムセンター CERO、Climbing Garden ECOLE、ADVENTURE SEEKERS、株式会社サンドストーン、知床ナチュラリスト協会、ゴジラ岩観光、かんなべ自然学校、狼山-Monkey Mountain、ウォーターパーク長瀞ラフティング、エコサーファー、Mother Tree ふぉーらむ 木登りキャプテン まるやま、TREE CLIMBING HIRUGANO、Tree Cafe、森の国、ウニベルソール、SEVENSEAS、銭函ヨットハーバー、フォワード 茨城ウインドサーフィンスクール、浩庵（本栖湖ボードセイリングスクール）、エアーボーン新舞子ウインドサーフィンスクール、ビワコPROウインドサーフィンスクール、The Maui Windsurf Company、Maui Dream Vacations、CLUBMAN、MTB JAPAN Adventure Tours、湯沢中里スキー場、富士見パノラマリゾート、Hakuba47 Mountain Sports Park、レールウォンテンパーク ガッタンゴー、サイクルスポーツセンター、MIZUHO MTB PARK、WILD EDGE、WITH OCEAN、オホーツク自然堂、伝寿丸、横浜・八景島シーパラダイス、越前の釣り船 剣船日昭丸、城崎マリンワールド、四万十楽舎、アンダゾ、屈斜路ガイドステーションわっか、リバーガイドカンパニー Nanook、レイクウォーク、KANUTE、Outdoor Sports Club ZAC、みの石滝キャンプ場＆相模湖カヌースクール、自然屋かわじん、なぎじん海辺の自然学校、Sea Smile 石垣島、HAIしろくまツアーズ、SUP Niseko、ZAOC、HIGH FIVE、倶楽部FANATIC、GAKUROKU MARINE、RIVRE Windsurfin School、Rakuoli-Stand Up Paddle School、Pavilion Surf、BACK BONE、フォレスト＆ウォーター、宮城蔵王自然学校、Natural Biz、Nature Planet、八ヶ岳アウトドア・アクティヴィティーズ、サンデープランニング、エコロの森 とやまガイドツアー、OD-FARM荘川、星空ツーリズム株式会社、ツーリズムてしかが、八ヶ岳グレイスホテル、大町・青木湖アドベンチャー倶楽部、秩父・いこいの村かいテイジ美の山、エアロクルーズ、オーベルジュ アルビレオ天文台、美星天文台、オリオン石垣島エコツアーサービス、eラフティング、多摩川ラフティングwinds、小谷アウトドアクラブ、マウンテンライフ飛騨、自然派企画、むぎ青空プロジェクト、Alpin Raft、青の洞窟体験ダイビングブルーオーシャン、オーシャンデイズ、湘南DIVE.com、Keep Smiling!、アクアフェスダイビングスクール、シードリーム沖永良部、イエローサブマリンスタジオ、Queen Angel、リーフィーズ、AQUA VILLAGE、津波島、広島・大黒神島守護「大黒神島本舗」

■ iStockphoto: ©iStockphoto.com/ramilyan, Utyf, southtownboy, Mark Harris, matthewzinder, Mordolff, JStantonphotography, Andrew211, sergey02, Brostock, ewg3D, skodonnell, dlinca, Patrick Heagney, mtreasure, fotolinchen, Patrick Heagney, wallix, missisya, Welsing, r0mu, Brostock, Pamela Moore, Cathy Yeulet, Steversiewert, JohnnyG, supercavie, ad_foto, fotogaby, benoitrousseau, ImagineGolf, Zinni-Online, Holly Kuchera, RomanBabakin, StephaneDaoust, ventdusud, hopsalka, Jodi Jacobson, kjekol, RobertYoungPhotos, Necrolinchen, KellyJHall, SimonPRBenson, DIMUSE, Mehmet Hilmi Barcin, tunart, GrandmasterLou, BirdofPrey, Skouatroulio, MaFelipe, corolanty, Phooey, BremecR, danishkhan, 79mtk, satinka, hbak, fotoMonkee, Thaddeus Robertson, simspix, edelmar, vkbhat, Catherine Lane, Taitai6769, Isteo, artpritsadee, 2nix, Göran Domeij, padchas, 501room, epicurean, Renphoto, ElaineMcDonald, JulieJJ, Kevin Landwer-Johan, dreamnikon, Catherine Lane, brendanvanson, LifesizeImages, archives, TAGSTOCK1, NejroN, vgajic, vm, Tatiana Morozova, PacoRomero, IMAG3S, nullplus, simongurney, JacobH, Giovanni Carlone, ihsanyildizli, simonkr, ozgurdonmaz, groveb, Danijela Pavlovic Markovic, Adventure_Photo, YanC, Christine Glade, junpinzon, muratart, Giovanni Carlone, Dominik Pabis, adwalsh, mathess, Vernon Wiley, photobac, Buenaventuramariano, fishwork, JonathanCohen, AnnettVauteck, epicurean, MivPiv, fioriigianluigi, epicurean, Kenneth Canning, ktrifonov, motive56, DmitryND, Orchidpoet, TY34, mcseem, LeshkaSmok, Alex Belomlinsky, dutchicon, Jamie Farrant, miteman, Rakdee, LifeJourneys, pamspix, SPrada, GarySandyWales, Alexander Dunkel, akrp, waldru, pierivb, jordanhetrick, TACrafts, jpgfactory, binabina, dchadwick, GibsonPictures, stockstudioX, nullplus, Guenter Guni, RyanJLane, David Hanlon, Gorfer, Wavebreakmedia, amygdala_imagery, LockieCurrie, VisualCommunications, highluxphoto, naumoid, s-eyerkaufer, Image_Source_, tropicalpixsingapore, simongurney, ivanmateev, simonkr, Andrew Conway, technotr, fkienas, Volodymyr Goinyk, Brainsil, Andrew Parker, ImagineGolf, wwing, spxmp, nullplus, jdwooly, 7000, YinYang, clumpner, oneinchpunch, FtLaudGirl, StphaneLemire, Christopher Futcher, deebrowning, shalamov, donmeuli, Henris94, findlayphotography, Susan Chiang, Christian Wheatley, Jodi Jacobson, Vernon Wiley, RobinSJohnson, Alessandro Di Noia, DDieschburg, MadHadders, Pierre-Luc Bernier, gaspr13, fabernova, lightpix, DOUGBERRY, ericmichaud, Eerik, Cameron Strathdee, Predrag Vuckovic, alxpin, szwedowski, Martin McCarthy, gelyngfjell, helovi, Peter-Evans, Predrag Vuckovic, Carrie Merrell, Yuri, MaFelipe, paulbcowell, kjorgen, DJMattaar, strmko, Rostislav Ageev, Tammy616, richcarey, RichardALock, michaelgatewood, Pumba1, targovcom, hiphunter, Saro17, strmko, Jodi Jacobson, fototrav, fotolinchen, fotolinchen, VFRed, joelclements, _ba_, shalamov, federicoriz, gubernat, Photonikaagency, simonkr, stockstudioX, Image_Source_, woolzian, fotoVoyager, VichoT, kotangens, jimveilleux, Predrag Vuckovic, Kenan Olgun, Dieter Meyrl, Andrew Rich, andreiuc88, salajean, ramilyan, Andrew211, DanBrandenburg, Hailshadow, benjaminjk, slobo, kodachrome25, travenian, urbancow, Serega, jtyler, Petegar, Charles Schug, Serega, nikitje, CBCK-Christine, SimonPRBenson, opulent-images, newsfocus1, chert61, mtilghma, epixx, Pichunter, uniseller, corolanty, corolanty, Roberto A Sanchez, endopack, fotografixx, JestersCap, carolo7, FCerez, alexytrener, twohumans, vgajic, noblige, salamandraoutdoor, Richard Gillard, mediaphotos, Steve Krull, RLWPhotos, Diane Diederich, Linderb76, njgphoto, Alain de Maximy, deebrowning, standret, skibreck, JLBarranco, dannay79, BanksPhotos, twity1, dsullivan33, Ljupco, wojciech_gajda, CatherineMarie, shihina, superjoseph
■ PIXTA: ©tomopy09, yanmo, asante, MAO, Akira.t, Toma, tk219, lux5817, akane, naoya, eiichi, alexytrener, Yoshitaka, Tamotsu Matsui, Kzenon、すなべしょう、スペシャルサンド、ミッフィー、ペンケイ、フォトクリエイト / PIXTA
■ dreamstime: ©Kshishtof

本書は制作開始時（2015年）のデータをもとに作られています。掲載した情報は現地の状況などに伴い変化することもありますので、アクティビティに参加する前に必ず詳細をご確認ください。また、写真はあくまでもイメージです。必ずしも同じ光景が見られるとは限りません。あらかじめお知りおきください。
本書を参考にアクティビティを体験し、何か問題や不都合などが生じた場合も、弊社では責任を負いかねますので、ご了承ください。

2015年9月30日　株式会社A-Works 編集部

A-WORKS 旅ガイドシリーズ

A-Works HP　http://www.a-works.gr.jp/　　旅ガイド Facebook　http://www.facebook.com/TRIPGUIDE

地球を遊ぼう！　DREAM TRIP GUIDE
発行・発売：A-Works　ISBN978-4-902256-27-7／定価：1,500円＋税

人生で一度は行ってみたい…
そんな夢の旅に、手頃な値段で、本当に行けちゃう！
究極の旅ガイドが誕生。

**地球は僕らの遊び場だ。
さぁ、どこで遊ぼうか？**

7日間で人生を変える旅　7DAYS TRIP GUIDE
発行・発売：A-Works　ISBN978-4-902256-29-1／定価：1,500円＋税

脳みそがスパーク！する極上の地球旅行！
限られた休日でも行けちゃう！　予算から交通手段、スケジュールまで、
リアルでツカえる情報満載の旅ガイド！

**この旅をきっかけに、人生が変わる。
きっと、新しい何かに出逢える。**

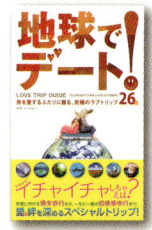

地球でデート！　LOVE TRIP GUIDE
発行・発売：A-Works　ISBN978-4-902256-34-5／定価：1,500円＋税

ふたりきりで、夢のような別世界へ。
旅を愛するふたりに贈る、究極のラブトリップ26選。
気軽に行ける週末旅行から、一生に一度の超豪華旅行まで、
愛の絆を深めるスペシャルトリップ！

世界中で、イチャイチャしちゃえば？

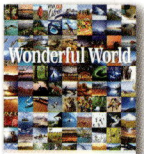

Wonderful World
冒険家のように激しく、セレブのように優雅な旅へ
発行・発売：A-Works　ISBN978-4-902256-38-3／定価：1,500円＋税

「冒険」と「優雅」が融合した、新しいスタイルのジャーニー。
さぁ、素晴らしきWonderful Worldへ。
世界中の"秘境"が、僕らを待っている。

さぁ、次は、どこに旅しようか？

両親に贈りたい旅　GUIDE BOOK FOR TRAVELLING WITH PARENTS
発行・発売：A-Works　ISBN978-4-902256-43-7／定価：1,500円＋税

一緒に旅をして、特別な時間を過ごすこと。
それこそが、最高の親孝行…。

**お父さん、お母さんに、
「夢の旅」を贈るためのガイドブック！**

人生で最高の1日 〜極上のハッピーに包まれる旅のストーリー88選〜

発行・発売：A-Works　ISBN978-4-902256-46-8　定価：1,400円＋税

旅に出て幸せを見つけよう！
自由人・高橋歩が選んだ「旅人88人の絶対に忘れられない旅物語」。

一人旅から家族旅まで、素敵な街から秘境まで、極上のハッピーに包まれる旅のストーリー。旅に出ると、自分の幸せのカタチがハッキリと見えてくる。

5日間の休みで行けちゃう！
絶景・秘境への旅
5 DAYS WONDERFUL TRIP GUIDE

発行・発売：A-Works　ISBN978-4-902256-48-2　定価：1,500円＋税

一生の宝物になる最高の景色に出逢う旅へ。
5日間の休みで行けちゃう「絶景」、「秘境」を完全ガイド！

地球が創造した奇跡の別世界へ！

5日間の休みで行けちゃう！
楽園・南の島への旅
5DAYS PARADISE TRIP GUIDE

発行・発売：A-Works　ISBN978-4-902256-52-9　定価：1,500円＋税

究極の解放感＆癒しを求める旅に出よう！
5日間の休みで行けちゃう「楽園」、「南の島」を完全ガイド！

解放感溢れる夢のパラダイスへ！

5日間の休みで行けちゃう！
美しい街・絶景の街への旅
5DAYS BEAUTIFULTRIP GUIDE

発行・発売：A-Works　ISBN978-4-902256-56-7　定価：1500円＋税

一生に一度は歩きたい！ 絵本のような別世界へ。
5日間の休みで行けちゃう「美しい街」、「絶景の街」を完全ガイド！

魅惑のアートが広がる街を歩こう！

一度きりの人生、絶対に行きたい夢の旅50
心震える絶景＆体験ガイド

発行・発売：A-Works　ISBN978-4-902256-59-8　定価：1400円＋税

言葉を失うほどの絶景を見たい。心が震えるような体験をしたい。

3泊5日、11万円から、本当に行けちゃう！夢の旅を「今すぐ叶える」ための旅プラン＆ガイド！

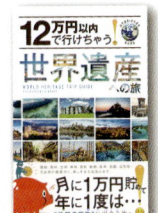

12万円以内で行けちゃう！
世界遺産への旅
WORLD HERITAGE TRIP GUIDE

発行・発売：A-Works　ISBN978-4-902256-61-1　定価：1500円＋税

地球と人類が創造した宝物に出会う旅へ。
12万円以内で行けちゃう世界遺産43選＋α！

月に1万円貯めて、年に1度は魅惑の世界遺産を旅しよう！

子どもと楽しむ！ 週末の冒険

2015年9月30日　初版発行

編　集　　　A-Works

プロデュース　高橋歩
編　集　　　多賀秀行、滝本洋平
デザイン　　　高橋実
協　力　　　小海もも子

発行者　　　高橋歩

発行・発売　株式会社A-Works
東京都世田谷区玉川3-38-4
玉川グランドハイツ101　〒158-0094
URL : http://www.a-works.gr.jp/　E-MAIL : info@a-works.gr.jp

営業　　株式会社サンクチュアリ・パブリッシング
東京都渋谷区千駄ヶ谷2-38-1　〒151-0051
TEL : 03-5775-5192　FAX : 03-5775-5193

印刷・製本　中央精版印刷株式会社

ISBN978-4-902256-67-3
乱丁、落丁本は送料負担でお取り替えいたします。
本書の無断複写・複製・転載を禁じます。

ⒸA-Works 2015　PRINTED IN JAPAN